製造中國

近代中國如何煉成的九個關鍵詞

THE INVENTION OF CHINA

比爾・海頓 著

林添貴 譯

BILL HAYTON

獻給我的父母，他們是奉獻者與實踐者。感謝你們做的一切。

目錄

圖片版權說明

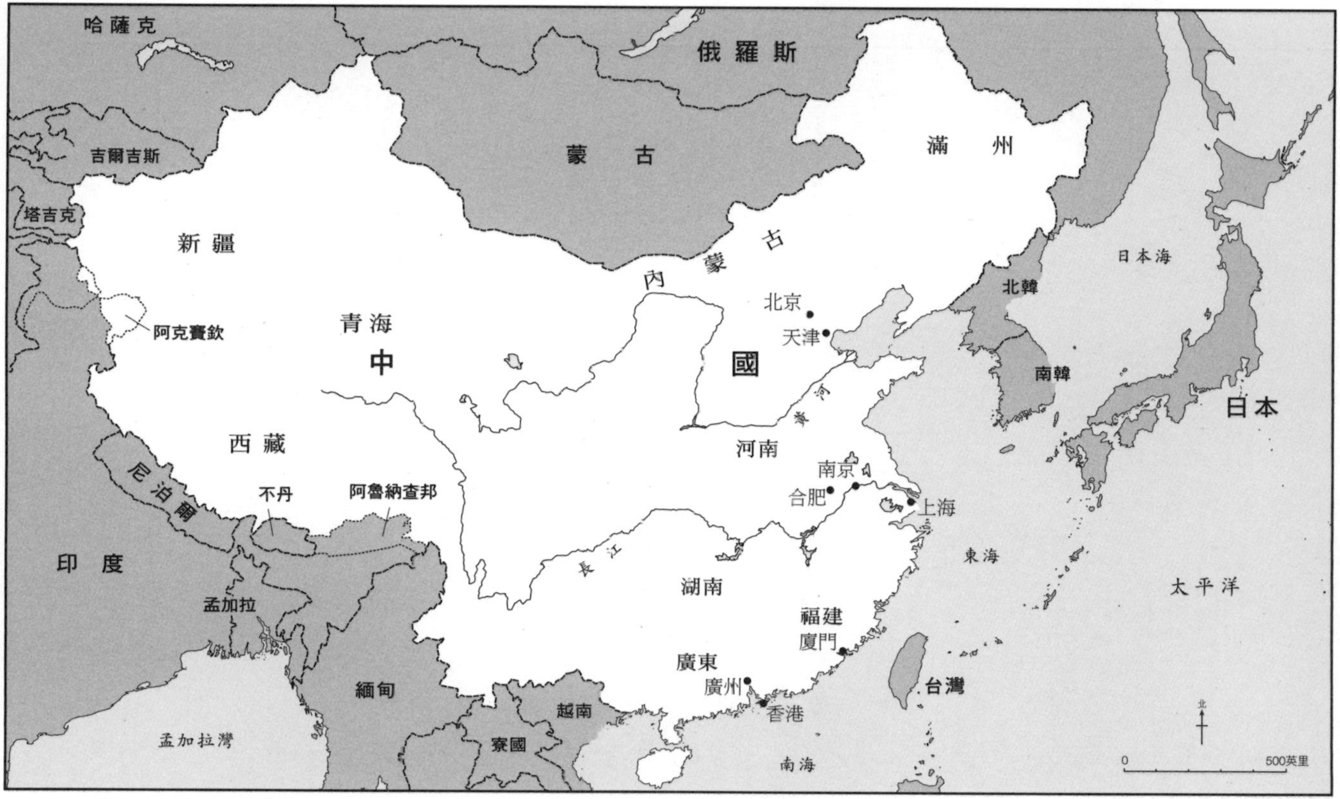

地圖一　當代中國人民共和國

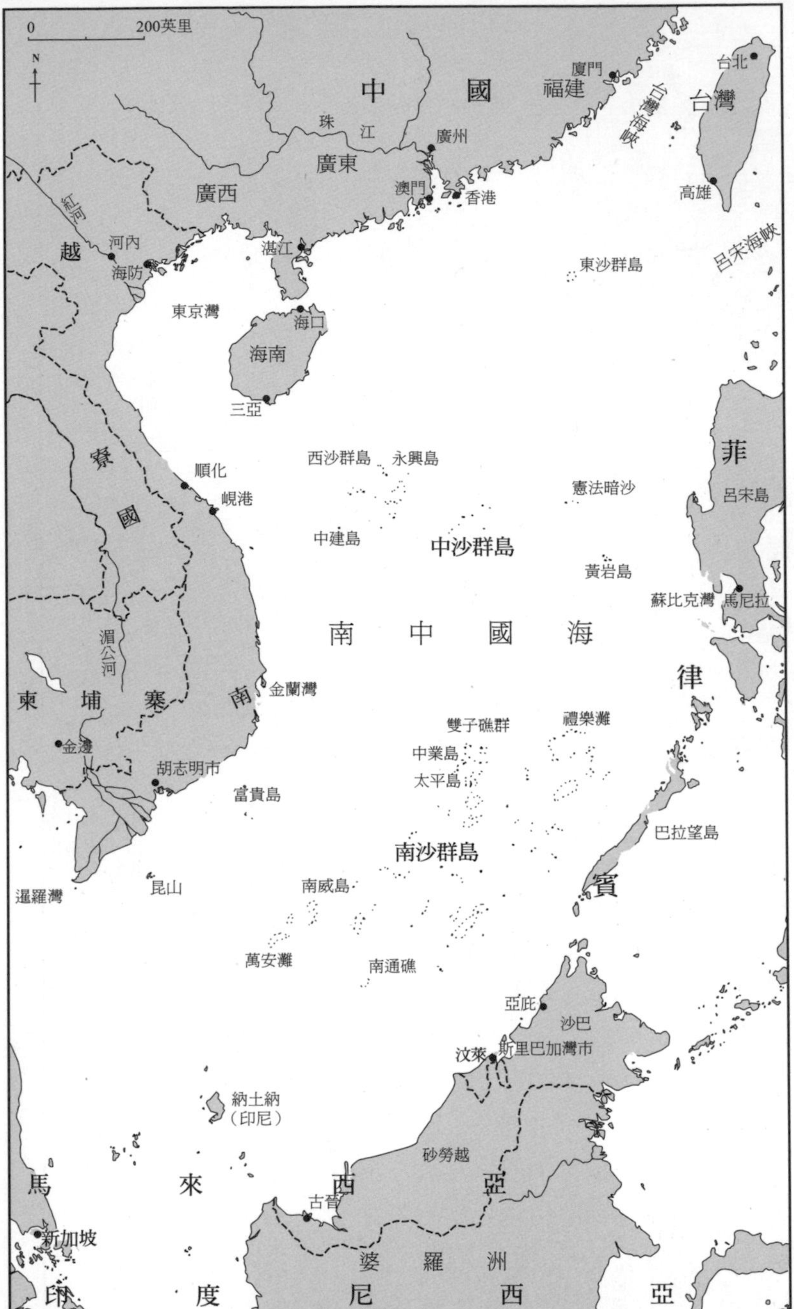
0
200英里
N
中
國
福建
廈門
台北
台灣
台灣海峽
珠江
廣州
廣東
廣西
紅河
澳門
香港
高雄
越
河內
海防
湛江
東沙群島
呂宋海峽
東京灣
海口
海南
三亞
寮
國
順化
峴港
西沙群島
永興島
憲法暗沙
菲
呂宋島
中建島
中沙群島
黃岩島
蘇比克灣
馬尼拉
湄公河
南
中
國
海
律
柬
埔
寨
南
金蘭灣
雙子礁群
禮樂灘
金邊
中業島
太平島
胡志明市
富貴島
巴拉望島
南沙群島
暹羅灣
昆山
南威島
賓
萬安灘
南通礁
亞庇
沙巴
汶萊
斯里巴加灣市
納土納
（印尼）
砂勞越
馬
來
西
亞
古晉
新加坡
婆
羅
洲
印
度
尼
西
亞

地圖二　南中國海

導論　中國即將成為什麼樣的國家？

中國即將成為什麼樣的國家？我們都知道，這個國家的人口會非常多，而且若以目前的趨勢持續下去，經濟會很強大、軍事也會很強盛。但是，這個超級強國的表現又會如何？它會怎麼對待其人民、鄰國，以及世界其他國家？中國是世界上唯二人口超過十億、具有龐大軍隊、核子武器，而邊界又不時出現爭端的大國之一。可是，少有人認為印度是對國際穩定的威脅，反之，中國卻使各國決策者、分析家和評論者不敢掉以輕心。中國的確與眾不同。固然許多人視其崛起為機會——在貿易、投資、獲利及發展上——但很少人無不持保留態度。中國是什麼樣的國家？它會使世界變成什麼模樣？

對於這個問題，有個一了百了的答案。這個答案已經成為中國共產黨和諸多評論者的教條。它只要訴諸「百年國恥」即可。二〇一七年十月十八日，在中國共產黨十九屆全國代表大會上，習近平站在巨幅鎚頭與鐮刀圖像前，以一句話歸納這個教條。他對全場聽眾宣稱：「中華民族有五千多年的文明歷史，創造了燦爛的中華文明，為人類作出了卓越貢獻，成為世界上偉大的民族。」他又說：

> 一八四〇年鴉片戰爭後，中國陷入內憂外患的黑暗境地；中國人民經歷了戰亂頻仍、山河破碎、民不聊生的深重苦難。為了民族復興，無數仁人志士不屈不撓、前仆後繼，進行了可歌可泣的鬥爭，進行了各式各樣的嘗試，但終究未能改變舊中國的社會性質和中國人民的悲慘命運。[1]

這是對歷史的奇特觀點，建立在一種概念上，即過去一個世紀，「中國人民」極其不幸，備受外國侵略欺凌，對自己的命運無從作主。我們很容易看出，為什麼一個專制威權的政黨會認為這個概念極為有利。透過剝奪「中國人民」的自主作為，避免掉必須提問或回答關於變革是如何產生的這個棘手問題。其結果就是習近平版本的歷史在學校裡傳授，而且中國之外的許多人也必須接受。可是，幾乎其各個面向都遭到近來研究的挑戰。不幸的是，這些研究揭露的洞見卻不是討議題時的主流意見：它們在圖書館和專家的學術研討會中遭到冷落。我寫作這本書，希望藉此公開這些研究。我要揭露出習近平對中國的觀點，並非一種可上溯到「古代」、綿延表述的「中國屬性」，而是一種現代的發明。現代中國的種族認同、領土疆界、甚至「民族國家」的概念，都是十九世紀末、二十世紀初的發明。

我在這本書中，將揭示中國是如何覺醒，認定自身是「中國」（China）。我會先從「中國」這個概念本身開始，檢視中國菁英如何採納不熟悉的思想，然後再進而檢視西方對於主權、種族、民族、歷史和領土的概念，如何變成中國人集體思想的一部分。我會進一步說明，關鍵觀念是如何為中國知識分子採納、調整，而創造並強化了中國是個有五千年悠久歷史的統一國家和民族此一迷思。這不僅只是學術上的習題。我們若不了解這個現代化的觀點是如何演變且為這個國家的菁英所接受，以及未來的問題如何深藏其中，我們就無從了解今天南海、台灣、西藏、新疆、香港以及中國本身的諸多問題。中國今天的種種作為，大部分是因為其知識分子和基進分子在一個世紀以前所做的抉擇，也因為他們所採納和宣揚的思想得到足夠的人民支持而改變了整個國家。這些思想在相互對立的政治利益之間爭辯，以及解決的方式，直到今天仍存在我們左右。

就這一點而言，中國一點都不獨特。每個現代的「民族國家」——譬如德國、土耳其、義大利和英國等，不勝枚舉——也都走過這段路。出生於土耳其的歷史學者阿里夫·德里克）*為馬

* 編注：阿里夫·德里克（Arif Dirlik, 1940-2017），美國著名學者，主要研究中國近現代史、後殖民以及全球化，曾出版《The Origins of Chinese Communism》、《Anarchism in the Chinese Revolution》等書。多次造訪台灣，而他在二〇一六年來台的系列講座，亦集結成《殖民之後？：臺灣困境、「中國」霸權與全球化》（*After Colonialism?: Taiwan's Predicament, "China"'s Hegemony and Globalization*）一書。

克思主義者，在他看來，這個問題很熟悉。舊大清帝國演變成為現代中國的過程，稍晚幾年便歷史重演，鄂圖曼帝國也過渡成為土耳其。表面上是很簡單的過程——以激烈手段改朝換代——實際上有賴一些徹底的改變，包括了解社會對世界、對統治者和被統治者之間的關係，以及如何定義敘述事件經過的話語等。德里克探討以中國為名的一篇論文，啟迪我撰寫這本書，並探討這個主題。他的文章論證了從舊帝國改變為現代民族國家，其實是背道而馳。改變始於話語。當知識分子急欲解釋並處理快速現代化所製造出的問題時，他們便創造出新字詞——或是修改舊字詞的意義——來描述新情勢。這些新字詞促使看待社會的新方法成形，也改變了統治者和被統治者之間的關係。其結果就是政府遭到推翻。

我只見過德里克一次。而我正著手撰寫這本書時，他不幸過世了。有些人認為德里克很難相處，但是我喜歡他，他也開擴我對這個議題的視野。德里克認為，支撐現代中國的思想，其竄起並非晦澀的歷史故事，而是生動的議題，且正繼續為這個新興超級大國的行動增添光彩。當我們看著現今的中國，事實上，我們看到的是大約一個世紀前一小群人的成果，他們對於社會和政治的性質創造出新思想，並且說服全國——甚至全世界——相信他們的思想。這些思想把現代、西方對於國家、民族、領土、疆界，以及表面上對歷史、地理和社會正當秩序的傳統概念等，雜亂地混合在一起。

雖然這本書探討的是「如何製造中國」（the invention of China），我並無意單獨挑出中國來加以批評。所有的現代國家都曾經歷這個「發明」的過程：選擇性的記得和忘記過去歷史的某些方面，以便呈現對未來有表面上連貫一致的願景。我寫這本書時，英國正為「脫歐」（Brexit）議題而爭論不斷。我們每天看到政客和評論者選擇性的記得或忘記，英國與歐洲大陸的關係，或是不列顛和愛爾蘭島的關係，或是英格蘭和蘇格蘭的結合，以便替他們的政治主張建立「確有其事」的基礎。長期壓抑的主權、認同和統獨問題等再次引爆，成為激情和對抗的新源頭。數千里之外，香港陷入一片混亂，而且至少有一百萬個突厥裔穆斯林被關在「再教育營」裡。情境和結果大不相同，卻是出於相同的根源：因為民族國家所產生的主權、認同和統獨之間出現矛盾。遊客來到北京紫禁城，大多是從過去朝貢團、使節和下級官員進出的大門（即午門）進入。穿過巨大的紅色牆壁，他們見到一層又一層的真實和象徵性的防禦設施。首先是護城河，形狀像是一支反曲的弓，面向南方，以警告皇帝的敵人。過了護城河就是舉行皇室儀式的大型廣場；然後是皇帝登基的太和殿；再來是保和殿，皇帝在此賜宴朝貢使團的正使。沿著紫禁城的中央軸線向北走，遊客逐漸進入更私密的區域：乾清宮是皇帝的寢宮；交泰殿是慶祝冬至和新年的地方；然後是坤寧宮。坤寧宮最初建造來做為皇后的寢宮，但是在一六四五年滿清占領北京後，則用作其他用途。

清朝就是滿洲：即從東北入關的侵略者。他們有著自己的語言、自己的一套文字，也遵奉自己的宗教：薩滿教（shamanism）形式的宗教。直到一九一二年皇朝傾覆為止，這些一直是朝廷的官方語言和宗教。一如英國人在印度、或鄂圖曼人在阿拉伯，帝國菁英想方設法要保持他們獨樹一幟的意識。紫禁城的主子特別要保留他們的祖先在東北山區遵行的諸多儀式。他們繼續盤弓練射箭，他們跳滿洲舞，也在用途已然不同的坤寧宮進行殺牲獻祭。

每天，按照薩滿教派的傳統進行朝祭之後，皇室會聚集在坤寧宮的中四間，這時會牽來一頭豬。這隻豬旋即被宰殺，並煮成半熟。油膩的半熟豬肉分切給在場的滿洲貴族，他們競相爭搶最美味的部位。宮殿變得汙穢不堪，地板上豬油脂四濺，梁柱瀰漫著豬肉的氣味。[2]而皇室並不介意。這是一個不對外開放的私密、神聖場所。私密到這座宮殿也用作皇帝大婚之日的新房——想必是已經清理乾淨。宮殿裡發生的一切對外一概密而不宣。

這些傳統一直持續到一九一一至一二年的革命，可是紫禁城今天的主人卻掩飾帝王生活的這一面。這不吻合中國皇帝的傳統形象。傳統中的天子一向寶相尊嚴端坐在龍椅上，不會蹲坐在油膩膩的地板上。但是，透過否認或極小化紫禁城的滿洲人歷史，這些導遊是在執行重大的任務，要維護中華人民共和國的正當性。中華人民共和國視自己為這個已綿延數千年歷史的華人國家最後的統治者。依此觀點，這個歷史使中華人民共和國具有正當的權力統治從大平洋一路延伸到中亞這一片廣大領土：它支持著中華人民共和國統治西藏、新疆、蒙古、滿洲和台灣的權利。這也使它有權力定義誰是中國人，以及他們應有的行為舉止。

然而，誠如坤寧宮的歷史所示，滿清治下的兩百六十八年，「中國」是滿清帝國底下被征服的一個地方省分。將統治下的國土延伸，最遠到喜馬拉雅山和新疆的崇山峻嶺去的，是滿洲人。而一九一二年的過渡把這個帝國搞得天翻地覆。中國民族主義者承接了權利，統治起大半並非中國人的整個帝國。他們也承接起決定誰是中國人，以及他們的中國特性應該如何表達、他們應該說什麼語言等權利。目前的中國領導人是他們的繼承者。中國共產黨對什麼叫作中國、什麼才是中國人有堅若磐石的觀點，而且顯然決心不計後果的多加利用。它一次又一次地引述對歷史特殊的、政治化的觀點來合理化其作為。如果我們想要了解中國未來的行動，我們需要了解這個觀點的起源。本書追溯答案至一個世紀以前，當時舊帝國秩序瓦解、現代「民族國家」正從廢墟中冒出來。

＊＊＊＊＊

對於若干專有名詞我要稍作說明。有些人可能反對我在書名中採用「製造」或「發明」（invention）一詞。專業的歷史學者可能會用「建造」（construction）這個字。但是，書名若是《中國的建造》（*construction of China*），恐怕會被歸類為土木工程類。我的意思和這些學界人士的看法相同。我並非主張中國是無中生有發明出來，但是所謂中國是片連貫的領土、具有綿延不斷的歷史這種概念，是某些個人在他們所處時代的特殊環境中，從一堆混雜的矛盾證據中所積極建造（或發明）出來的。他們所假借、改寫和主張的概念、論據和敘事，乃是那些時代的產物，但是直到今天，這些仍繼續指導中國領導人的作為。

我也盡量避免使用「中國」（China）一詞，除非時地合宜——通常只限於一九一二年，中華民國宣告成立以後的時期。在這個時期之前使用「中國」這個詞，有陷入民族主義陷阱之虞——把名詞及其意義投射回到它們並不歸屬的過去。這麼一來，就產生一個問題：我們應該如何確實稱呼自古以來便存在於陸上的這片大地？德里克以「東亞內地」（East Asian Heartland）稱之，雖有助於理解，但範圍稍顯過大。對於一六四四年至一九一二年這段期間，我通常都採用「大清國」（Qing Great- State）這個名詞，借自卜正民（Timothy Brook）。卜正民認為，「大國」（Great-State）是一種特殊的內亞（Inner Asian）統治形式，是從蒙古以降國家機關用來自稱的名詞。基於這個理由，它比起西方名詞「帝國」（empire）更合適。[3]在書中第一次出現時，我會將許多複合中文名詞直接音譯。雖然這可能會使已經懂中文的讀者感到困擾，卻可能對其他不懂中文的讀者有所幫助。

最後，我必須很清楚地表明，這本書是綜合整理各家學說之作。它依賴過去一、二十年，新世代學界人士的先驅性質研究。「新清史」和「批判性漢人研究」及其他若干研究，使我們得以用全新的視角看待舊問題。在本書主文裡，我舉出許多這些學者的貢獻，也在「謝辭」中，又更進一步列舉其他學者，讀者若是欲知更多詳情，可在「延伸閱讀」中看到完整名單。我感謝他們專業知識的啟發。我之所以能夠重新檢視中國過去的歷史，都是因為北美洲、澳大利亞、歐洲和日本許多大學提供的學術自由才可能臻至結果。這些議題無法在中華人民共和國境內如實的討論：主權、認同和統獨等問題仍然十分敏感。而這本書試圖說明其原委。

第一章

製造中國

Zhongguo／中國(ㄓㄨㄥ ㄍㄨㄛˊ)

圖一　現代的朝觀典禮。中國共產黨總書記習近平二〇一九年四月二十六日，在北京人民大會堂接待出席「一帶一路論壇」的世界各國領袖，舉杯敬酒。

在三名解放軍號兵的吹奏聲中，習近平踏上通往人民大會堂舞台的八階幸運階梯，儼然登基成為區域大國的首腦。習近平從高處以他慣常的百無聊賴的眼神往下望，看著三十六名國家政府首長、幾位國際組織負責人以及他們的配偶，引頸期盼地坐在前排主桌等候著他。在他們後面，還有一百二十六張較小的桌子一路擺放到廳內的各個角落，一千多個外國代表團成員團團圍坐。習獨自站在全場的最高點。其實根本沒有必要更加凸顯中國的核心地位，但是場布設計者還是這麼做了。舞台的兩側是一對巨大的電視螢幕：從古代絲綢之路的地標和紀念碑交織而成的影像，乾旱的景觀與主桌餐桌上的華麗插花形成鮮明對比。在眾多賓客之間，天鵝在荷花池塘裡徜徉，孔雀在迷你花園中漫步，而鴿子也自清幽的林間展翅飛翔。

時間是二〇一九年四月二十六日，場合是北京第二屆「一帶一路論壇」開幕晚宴。除了針對區域合作美言幾句之外，習近年想談談歷史。他對與會各國代表表示：「過去一千年來，絲路見證了各國如何透過商務達成發展和繁榮，以及透過交流豐富了它們的文化。面對今天無數的挑戰，我們可以從絲路的歷史汲取智慧，在今天雙贏的合作中找到力量，在全球建立夥伴關係，攜手推動光明的未來，讓全體分享發展的成果。」[1]

歷史、或者說是某一特定版本的歷史，支撐著類似這樣的事件。透過舞台表演和言詞鋪陳，習近平呈現的中國儼然是東亞、或甚至是更廣範圍內，無庸置疑的領袖。他引用絲路的譬喻做為外交工具：意指終究條條大路通往北京。諷刺的是，這項工具是歐洲的發明。「絲路」這個名字可能是早期德國地理學家卡爾．李特爾（Carl Ritter, 1779-1859）在一八三八年首創，嗣後於一八七七年由另一名地理學家斐迪南．馮．李奇多芬（Ferdinand von Richthofen, 1833-1905）所採用，再經瑞典探險家斯文．赫定（Sven Hedin, 1865-1952）在一九三〇年代大力宣傳，進而普及。[2]習近平似乎完全不在乎這一切。在北京官方版的歷史中，絲路證明中國持久的核心地位。其正當地位一直都位居區域政治的頂峰。這是自然的歷史秩序，也是未來事態必然的發展。

但是，習近平在這類場合所投射出對中國的觀點，則是一種政治拼盤。我在這一章將嘗試表明，除了反映中國對本身的看法之外，這也是歐洲對中國的印象。就和「絲路」這個詞原本出自歐洲一樣，把一個想像的秩序擺放在極其複雜和混亂的歷史上，「中國」這個名字因此為西方人所採用，並賦予新意義，然後又傳送回東亞。經過好幾個世紀，歐洲人根據探險家、傳教士送回國內的片段資訊，再經過傳誦故事的人和東方學者後來的擴大，發展出他們對於所謂「中國」這個地方的觀點。在歐洲人的思想裡，「中國」成為一個古老、獨立、綿延不絕的國家，在東亞大陸據有固定的疆土。

從現實來講，這段時期並沒有一個名為「中國」的國家。從一六四四年至一九一二年，「中國」實質上是一個內陸亞洲帝國大清國的殖民地。大清創造了一個多民族的國度，「中國本部」——即被擊潰的明朝留下的十五個省分——只是其中的一部分。先前的明朝國祚約三百年，也沒有採用中國這個名字。在明朝之前，這些地方是領土一路延伸到地中海的大蒙古國的一部分：東亞只是其中一部分疆域。在蒙古人之前，則由宋、夏、遼國等競逐、控制。這些國家在我們目前稱之為中國的領土上各據一方，而這些國家又和在它們之前的各個分裂國家屬於不同政權。

每個國家的領土範圍和族裔組成都不相同，但是每個國家都需要呈現出本身是前朝的合法繼承者。因此，為了維持官員和廣大人民的效忠，每個新興的統治菁英都需要聲稱延續傳統。想得到必要的「天命」，則必須以某種方式說話，並且以吻合對統治階級期許的儀式表演。在某些時代，這可能是出於真誠的相信，在其他時代，則淪為政治表演，更不堪的是，在有些時代更是徹底的欺騙。蒙古人和清人菁英的內在裡，維持著他們的內陸亞洲文化，而外在則呈現他們——至少是對一部分臣民——是中國統治傳統的繼承人。那麼，「中國」究竟在哪裡？簡而言之，它只存在於外國人的想像中，而且還是一個統一且有清楚界定的國家。一直到十九世紀尾聲，北京的統治者還不承認「中國」這個名字。更重要的是，他們並不了解外國人使用這個字詞所代表的意義。

西方思想家將「中國」這個概念套用在本區域其他政治組織上，並且在概念上也推廣及於其內陸之上。在他們的想法裡，「中國」是本地區的動力引擎，而內陸亞洲地區只有在其騎兵部隊湧入中國姦燒擄掠時才顯得重要。在歐洲人眼中，「中國」一直存在於歷史舞台上，而內陸亞洲人則處於一再扮演附加一筆的角色，然後就退回歷史的垃圾桶。因此就「絲路」而言，中國被視為是貿易的推動者，而內陸亞洲國家則只是通商隊伍途經的走廊。在十九世紀末和二十世紀初，盛世「中國」這個觀念從歐洲傳到東亞和東南亞，並在清朝知識分子的私人討論和公共刊物上找到了新的立足點。這些人主要是曾經出洋，能夠從遠方回望故國的菁英分子。從流亡或僑居之地，他們也開始想像一個所謂「中國」的地方，一如西方人。隨著時間的進展，他們回到了家鄉，並在渴望獲得新想法以便解決國家深刻政治危機的人群中傳播這種新的國家觀念——亦即國家具有界定明確的領土和綿延久遠的歷史。這種思想演變的關鍵就在於對國家名稱的激烈辯論。

今天，習近平和他同伙的中國領導階級在一般演講中，以「**中國**」（Zhongguo）和「**中華**」（Zhonghua）這兩個詞稱呼他們的國家。這兩個名稱的字源都含有在本區域高人一等的意含，翻譯成英文也都是「China」，但是在中文裡，各有特別的意義。「中國」字義上就是在理想化的政治階層中，居於「中央的國家」。「中華」字義上是「中央的繁華」，但是更具比喻意味的意思是「文明的中心」，即在文化上優於內陸的蠻夷。這些字詞具深遠的歷史根源，但是直到十九世紀末都沒有用來當作國名。這兩個詞之所以成為國名，是因為在西方關於民族和國家觀念的影響下，中國人對國家觀念有了轉變。在此一過程中，這些名稱的涵義發生深刻的變化。而本書要討論的，便是這些名稱的故事。

＊＊＊＊＊

廣東和福建沿海地區的本地商人和文人士子歡迎賈里歐提・裴瑞拉（Galeote Pereira）。他以低價賣給他們來自東印度群島的檀香木和香料，又以市價兩倍的價錢向他們購買食物和補給品並搬上船。裴瑞拉是出身貴族家庭的紳士軍人，與葡萄牙社會最高階級的人物有深厚交情，他是個可以做生意的好伙伴。他是第一波來到東亞探險的歐洲人的代表人物：結合帝國的利益和自我尋求發財機會，再加上一點天主教的傳教意味。裴瑞拉離開家鄉後的十年裡，曾在印度經商、在暹羅當傭兵，到了一五四八年，他航行於麻六甲及位於其東方的港埠，買賣東亞和東南亞的奢侈物品。

各省督撫和遠在北京的明廷則痛恨賈里歐提・裴瑞拉。他們認為，他是外夷走私客，公然違反禁止「佛郎機」（Frankish）——這個名詞借自阿拉伯商人，泛指歐洲人——經商的官方禁令，進口違禁品。二十年前，葡萄牙人忽視明朝的外交禮儀，在面對中國官員時又傲慢無禮，以致他們被完全禁止進入中國經商。如今，裴瑞拉和其他人玩起貓捉老鼠的遊戲，既與本地商人交易，卻又躲避中央政府的追緝，出沒於「Amoy」（現今廈門）和「Laimpo」（現今寧波）之間的數千座小島之間。

一五四九年三月十九日，貓抓到老鼠了。閩浙提督朱紈顯然是個清官，下令屬下海防部隊剿滅走私活動。他們逮到裴瑞拉和他指揮的兩艘船，藏匿在廈門附近的走馬溪。他們把船員送到省城福州關押。到了福州，在朱紈命令下，九十六名船員（主要是本地遊民）全部處死。

但是朱紈嚴格執法卻得罪了地方上所有坐享走私貿易成果的有錢人——即仕紳階級。為了保衛他們走私貨的來源，他們勾結朝廷裡的同夥官員，糾彈朱紈濫權：指控他在沒有奏請北京正式批准前，就擅自處死犯人。結果，針對葡萄牙人的指控撤銷，朱紈反而被判挪用公款之罪。裴瑞拉和還沒被處死的同夥則從輕發落，朱紈憤而自盡身亡。

裴瑞拉可能遭到不同形式的羈押達兩、三年之久，然其處境卻是愈來愈自在舒適。最終，他得以行賄、買回自由。我們知道他在一五五三年二月二十七日之前獲釋，因為他在這一天出席耶穌會（Society of Jesus）創辦人之一方濟各・沙勿略（Francis Xavier）的開棺，地點在今天香港南方沿岸的一座小島上川島。這是一處小小的葡萄牙人落腳處——傳教士和走私客都以此為基地——地方菁英容許他們在此安頓，而且隱瞞北京朝廷。沙勿略認為，他的耶穌會在東方會有很大的發展潛力，他顯然對於和動機只為財富更甚於傳教的人士合作，並未感到良心不安；而金錢和心靈正是葡萄牙帝國主義努力開拓的兩大領域。

裴瑞拉一回到葡萄牙同胞圈，他便寫下第一篇文章，描述明朝統治下的生活概況，並傳送回去給歐洲讀者。不出所料，他的描述著重在監獄和刑罰的狀況，包括批評中國人的偶像崇拜和喜好男色的行徑（「他們最嚴重的缺點」）。縱使如此，他對曾行經的道路和橋梁的品質、衛生用筷以及富人宏偉的宅第讚不絕口。可是，對於不遠千里而來想要探索他們稱之為「中國」（China）的這個神祕國度的歐洲人而言，他對一個小細節困惑不解。

> 我們習慣稱這個國家為中國，其人民為中國人；但是，我們坐牢期間，從來都沒有聽聞他們提到中國一詞。我就決定釐清他們是如何自稱的……我答覆他們說，印度居民都稱他們是中國人……而後我問他們，如何稱呼這整個國家……有人告訴我，這個國家古時候有許多國王，儘管目前全國都歸屬於一人（國王），但是每個王國都有它最初的名字：這些王國原本就是各省……最後，他們說，整個國家稱為**大明**，居民稱為大明人，因此在這個國家裡，沒有人聽說過他們叫中國或中國人。[3]

換句話說，中國人並不自稱是中國人，也不稱呼他們的國家是「中國」。他們的國名是「**大明**」。他們自稱是「**大明人**」。裴瑞拉遇到的人顯然並不認為自己屬於某一個族裔群體、或是某一塊領土，只認為自己是某個統治王朝的臣民。他們提到的地名就是他們居住的城市和省分，而不是裴瑞拉認為他們所屬國家的名稱。

短短數十年之內，來到十六世紀末，葡萄牙商人和傳教士的境遇已經比裴瑞拉時期好上許多。他們把上川島這一小處基地換到稍大一些的澳門。方濟各・沙勿略的傳教願望也有了結果。耶穌會傳教士如今受到朝廷歡迎。傳教士兼科學家利瑪竇（Matteo Ricci, 1552-1610）不但沒被捉去坐牢，還成為首位進入北京紫禁城的歐洲人。官員們對他深深著迷，他竟然有本事預測日蝕和月蝕、以及星球的轉動。雖然皇帝不肯接見他，朝廷對待利瑪竇有如上賓，賜給他土地去蓋一座教堂，他也成為朝廷非正式的顧問。

利瑪竇起先也跟裴瑞拉一樣為同一個問題——這個國家沒有國名——百思莫解，但是在中國住了幾年之後，他在日記中寫下：「中國人根本沒聽過外國人為他們的國家所取的各種名稱，也完全不知道它們的存在，對我們來說似乎並不足為奇……這個國家自古以來便約定成俗，當統治權利從一個家族轉移到另一個家族時，國家必須由即將展開統治的最高君主重新命名。」和歐洲新興的民族國家相比，裴瑞拉和利瑪竇發現了一種截然不同的方式來描述政治上的效忠。「大明人民」是一個統治朝代的臣民。根本不存有住在「中國」或是身為「中華民族」一員的意識。

但是利瑪竇也指出，「中國人當中……除了隨著新君主的到來而產生的名稱之外，這個國家還擁有個亙古的稱號，有時還和其他名稱結合。今天，我們通常將這個國家稱為Ciumquo（中國）或Ciumhoa（中華），前一個字代表王國，第二個字代表花園。兩者並置時，就翻譯為『位於中央』。」來到現代，我們將Ciumquo翻譯為中國（zhong guo），將Ciumhoa翻譯為中華（zhong hua）。但是利瑪竇了解到，**中國**並不是真正的國名，而是政治階層的表述。「中國人……想像世界是平的，中國處於中央……毗鄰其國家的少數王國……依他們的判斷，幾乎不值一提。」[4]這些名詞時至今日仍存在。**中華**和**中國**幾乎是一體兩面，就和「聯合王國」（United Kingdom）與「不列顛」（Britain）或「合眾國」（United States）與「美國」（America）一樣，指的都是同一個地方，只是官方和非官方稱呼之別而已。

「**中國**」這個詞語有源遠流長的歷史。在今河南省出土的龜甲上，出現這兩個字的鐫刻，時間可上溯到商朝（西元前一六〇〇年至一〇〇〇年）。幾個世紀之後，在所謂的「東周」時期——大約兩千五百年前（即西元前七七〇年至二二一年），**中國**指的是位於「**中原**」，即黃河流域中央平原（今天北京的西方和南方）的封建國家。它們被集體稱為「中央國家」——**中國**。然而，對中國製造地圖的歷史戮力最深的專家之一司馬富（Richard J. Smith）則指出，在這個時期，這個詞語實際上有三個相互關聯的意思，指的是地方、文化，甚至是政治制度。[5]西元前五世紀的《戰國策》提到：

中國住著聰明才智之士，無數創作和器物匯聚在一起，賢人和智者在此教誨眾生，善行和正當行為充分發揮，採行詩書禮樂等四書五經，在這兒，不同的思想和各種技術得以嘗試，遠方之民前來觀摩，甚至（非中國人的）蠻夷的行為舉止也循規蹈矩。*

換句話說，中國是一處具有特殊文化的地區，如今我們或許可稱其為「中華」文化，或者更確切地說，是「漢人」的文化。

一千多年之後，十二世紀的宋朝作家在面臨來自內亞侵略者的威脅時，使用**中國**以強調本身身分認同。它既指一個實體的地方、舊的中心地帶，又是文化的記憶。即使在蒙古人接手後，宋朝已失去對中原的實際控制，宋人仍認為自己是**中國**的維繫者。然而，重要的是，他們並不稱呼自己的國家為**中國**，而是**大宋國**。兩個世紀之後，明朝開國皇帝朱元璋擊敗蒙古人並稱帝時，他宣稱：「我現在是**中國**統治者，天下太平了。」但是，他也沒有稱呼自己的國家是**中國**，他命之為**大明國**。

---

* 編注：典出《戰國策．趙策．武靈王平晝閒居》：「……中國者，聰明睿知之所居也，萬物財用之所聚也，賢聖之所教也，仁義之所施也，詩書禮樂之所用也，異敏技藝之所試也，遠方之所觀赴也，蠻夷之所義行也……」

中國一詞在遙遠的過去曾使用過，如今又用作中國的國名，這個事實導致民族主義派的歷史學者聲稱，**中國**是個綿延三千年、甚至五千年的國家。但若是更為審慎的檢視證據，就知道這不是事實。這個字詞經歷很長的時間、跨越相當大的空間，才演進到今天所指的意義。哈佛大學漢學教授包弼德（Peter Bol）認為，長達三千年、間歇性地使用這個名詞，有一個持續一致的元素，它不是要指某個特定國家，而是要維繫在**中國**之內的人和**中國**之外的**夷狄**之間的文化差異感。[6]**中國**不是要做為一國之名，而是一種主張，表達一種正當性。某些外國作家把**中國**一詞翻譯為「中央王國」（middle kingdom），但是這聽起來反而像是哈比人（hobbits）的老家。比較適當的翻譯是「位於中央的國家」（central state）或甚至是「世界中心」（centre-of-the-world），因為它的確是描述「我們」在裡面、「他們」在外面這一政治階層區分。

我們將會看到，**中國**和**中華**這兩個字詞在十九世紀末於現代民族主義人士的手中復活，並賦予新意義。這些空想家建構對過去的新觀點，串連起不同的情節，建構成讓**中國**顯得是綿延存在的歷史。這個故事不只是曲折複雜又有趣，也揭露出中國何以是如今這一面貌。

* * * * *

那麼China這個英文名字又是從何而來？對於China，最常見的解釋是，它來自古代的秦朝。秦國崛起於今中國西北甘肅省的一個小封地。秦國之所以稱為秦，源於西元前九八七年的封地名稱。[7]一連六百年，秦國是分布在黃河沿岸及其流域的「戰國」諸雄之一。秦國逐漸擴張統治區域，但一直不是獨霸的強國，直到秦王嬴政於西元前二二一年終於征服最後一個對手。

身為新型態的統治者，領域占有（儘管時間短暫）中原和黃河及長江下游，嬴政選用一個新頭銜——**始皇帝**。為了追求長生不老，他在今西安市附近營建巨墓，由一支陶俑部隊團團圍住守護。但是秦朝國祚只比嬴政稍長幾年。秦始皇死後四年，他的繼承人就被一個秦朝小官員劉邦起兵推翻，並取得皇位，創建他自己的朝代，取名為**漢**。回顧起來，秦朝被認為是第一個統一現代中國核心領土的朝代。但是固然聽起來很容易就從「秦」（Qin）跳躍到「China」，其實並沒有證據顯示朝代之名「秦」真正被用來做為這片領土的名字。事實上，諸多證據顯示與此背道而馳。

研究中國歷史的印度教授哈拉普瑞沙德·雷伊（Haraprasad Ray）曾主張，在秦國出現之前的梵文文獻手稿裡，就提到有個地方叫「支那」（Cina）。公認書寫於西元前五至四世紀的《伐由往世書》（*Vayu purana*）中，便提到有人來自「支那」。譬如，編寫於西元前四世紀的另一部往世書《魚往世書》（*Matsya purana*），聲稱這些支那人不宜執行與死亡及埋葬有關的禮儀。支那也出現在印度兩大史詩《摩珂婆羅多》（*Mahabharata*）和《羅摩衍那》（*Ramayana*）之中，兩者分別編寫於西元前四世紀和三世紀期間或之後。西元前四世紀的一份政治典籍《政治論》

（*Arthasastra*）也提到「支那」，而西元前四世紀的醫學指南《妙聞本集》（*Susruta*）敘述「中國的布」（Cinapatta）——很適合當包紮用的繃帶。因此，在梵文文獻中提到，在喜馬拉雅山或再過去的地方叫作「支那」，似乎早於秦朝。

雷伊亦採用中文學者蘇仲湘的著作。蘇仲湘蒐集了大量證據主張同一個論點：他認為，在說英語的人看來可能會覺得奇怪，「支那」這個名字正確的來源是更早之前的一個國家「荊」（Jing），在中文文獻裡又稱為「楚」（Chu）。經過幾百年的時間，發音已經轉變，荊和支那之間的發音關聯，如今顯得相當遙遠，其實早先更為接近。荊／楚的中心地帶位於今湖北省，與苗人有關係。而該族裔群體在後漢時期的史書中被稱為「夷」人，即化外之地的人。[*8]

澳洲學者傑夫．韋德（Geoff Wade）也主張，探究語言學上的稍微一變，可能就會把支那的源頭指向另一個族裔群體。中國西南省分雲南有一支山地人，今天稱之為「夜郎」（Yelang）。而他們有一足以上溯到西元前五世紀的史詩集，在這些詩歌裡，他們自稱支那（Zhina）。韋德指出，在發音上它近乎完美地吻合梵文中的支那。這一族群的傳統地域位於今雲南省，使他們控制了今天中國和印度之間的陸地貿易路線。經由這個地區從東部山地進入印度的商品，很自然就被認為是來自「支那」。

這兩個理論都有證據支持，只是還未得到有力的結論。如果其中任何一個理論成立，那麼諷刺的是，多數西方人今天用來稱呼中國的國名，竟是源自被公認是傳統中國中心地帶之外的地方

——換句話說，來自**中國**之外。再深入一點考究，這些地方的多數文化，當時在族裔方面，根本不若現今所定義的「中國」。**荊／楚**和少數民族苗人有關，而**夜郎／支那**則是黎人。甚且支那可能根本不在**中國**境內！但是，不管我們偏好那一個解釋，很清楚的一點是，在二十世紀之前，沒有一個中國人的國家用China一詞來稱呼自己的領土。China一直都是外國人在使用。

但是，不論它是怎麼出現的，China這個字傳播到很遙遠的地方：到了西元二世紀，希臘羅馬地理學家托勒密（Ptolemy）在他的寫作中提到Sinae（拉丁文）和Thinae（希臘文），不過他並不清楚其確切位置。實際上，這就是這整本書的隱喻：China這個名字在China之外獲得了它在其內部從未有過的涵義。在歐洲，它成為一處神話般的地方的名稱：是絲綢和奇蹟的來源地。歐洲人想像有個地方叫China，但根本不知道其箇中詳情。他們還聽說東方有另一個地方——震旦（Cathay），也是絲綢和奇蹟的發源地，不過顯然比較靠近北方。「震旦」衍生自「契丹」（Khitan），契丹人是內陸亞洲民族，他們於十至十二世紀在現今中國北方、蒙古和俄羅斯東部建立遼國。震旦通過陸路可以抵達，而China則是通過海路抵達，但實際上，它們是同一處「東亞中心地帶」的不同名稱。

---

* 編注：〈論「支那」一詞的起源與荊的歷史和文化〉，見《歷史研究》一九七九年第四期，頁三四—四八。

從一五〇〇年代起，支那或震旦成為葡萄牙人、西班牙人，以及稍後荷蘭人和英國人向東方遠征的目標。但是當賈里歐提・裴瑞拉這些冒險家來到目的地時，卻發現「中國」並不是以他們想像中的形式存在。然而，三個世紀之後，歐洲人對國家的概念——一個綿延多年持續存在的國家，其根源可追溯到上古時期——卻被「中國」社會一小群菁英採納。他們選擇成為China。

＊＊＊＊＊

一六八九年夏天，俄羅斯雙沙皇彼得一世（Peter I）和伊凡五世（Ivan V）*的特使和清朝第四代皇帝康熙的代表，在西伯利亞的尼布楚河（Nercha River）邊坐下來談判。俄羅斯特使坐在椅子上，而大清代表更樂於坐在坐墊上。在這座特地搭起的帳篷裡——位於莫斯科之東五千公里、北京之北一千三百公里——他們各自提出主張，誰有權利開發周遭這一大片邊疆土地。這件事有時候被用來證實，早在十七世紀，清人便以**中國**這個國家的統治者自居。然而，更進一步觀察事件發展之後，卻證明這是錯的。這件事反而更加證明是外國人發明了中國。

過去幾十年，俄羅斯拓荒者沿著阿穆爾河（Amur River）及其流域一路往東開墾拓殖，直抵清人認定的疆域。清朝起而抵抗，導致一六八〇年代發生一連串的衝突。同一年代末期，清朝擋住俄方節節進逼，兩大帝國準備談和。兩方政府信息交流過後，合議在俄羅斯人拓殖不久的尼布楚城（Nerchinsk）之外進行會談。

建立清國的，是什麼人？他們是來自今中國東北的一個民族，他們說的是一種西伯利亞語言：滿洲語。一六四四年，他們擺脫冰冷的老家、占領了奄奄一息的大明國。他們是來自**中國**之外的民族，但是他們很快就了解，若要成功地統治過去明朝的疆土，他們必須採納前朝的某些必要措施。然而，即便如此，清人依舊維持滿洲本色。他們繼續以內陸亞洲的作風統治，美國歷史學者柯嬌燕（Pamela Kyle Crossley）稱之為「同步統治」（simultaneous ruling）。[9] 大清國的每一地區都依據文化上合適的原則，選擇不同的方式統治。可是，在其核心，滿洲語言和滿洲文字仍是國家官方的語言和文字，新興菁英階級也尋求保存他們的傳統，包括騎射狩獵、禮儀、祈禱和向祖先獻牲祭拜等。更重要的是，他們維持滿洲人的兵團制度——所謂「八旗」——以控制他們所征服的社會。實質上，從十七世紀中葉起，**中國**成為「大滿洲國」的一個地區。

康熙皇帝派兩名親信索額圖（Songgotu）和佟國綱（Tong Guogang）前往在尼布楚城的主持談判。這兩人都不諳俄語。俄羅斯沙皇派費奧多爾・阿列克謝耶維奇・戈洛溫伯爵（Count

* 譯注：西元一六八六年至一六九二年，俄羅斯名義上由伊凡五世和彼得一世這兩個同父異母的兄弟共同以沙皇名義統治。但實際上，因為伊凡五世患有嚴重的身心疾病，掌權者是弟弟彼得一世。一六九二年，二十九歲的伊凡五世去世後，彼得一世持續在位至一七二五年。

Feodor Alekseyevich Golovin，《清史稿》稱「費岳多」）為代表，他也不懂滿洲話。事實上，這次談判之所以促成，甚或成功，很大一部分要歸功於兩名歐洲耶穌會傳教士。他們分別是法國人讓・佛朗索瓦・傑爾比永（Jean-François Gerbillon，漢名「張誠」）和葡萄牙人托瑪士・佩雷拉（Thomas Pereira，漢名「徐日昇」）。即使滿清入關，耶穌會傳教士依然在朝廷間享有特殊待遇。到了一六八九年，徐日昇已為清廷所用達十六年。我們知道他說一口流利的滿洲語，因為他曾以滿洲文撰寫教科書說明西方的數學。[10]

徐日昇相當出色。他出生在貴族家庭，排行老二，無法繼承父親的爵位，因此決心投身教會。他在十七歲時加入耶穌會，然後就讀於科英布拉大學（University of Coimbra），尤其精於數學和音樂。校內有個同學名為鄭瑪諾*，是第一個澳門出生的耶穌會傳教士。或許是受到鄭瑪諾的啟發，徐日昇二十歲時就前來東方，是派到亞洲傳教最年輕的傳教士。在印度果阿（Goa）和澳門又進修了一陣子之後，他被派往北京，並於一六七三年抵達，時年二十六歲。此後，終其一生，他都住在北京。[11]

耶穌會需要爭取青年皇帝的好印象，徐日昇遂著手製作時鐘、科學儀器和管風琴。其中一項最精緻的作品包括一隻籠中鳥和一組十個小鈴鐺。只要這隻鳥喝水或打開食物盒，就會觸動鈴鐺演奏樂曲。其中的趣味性很可能過一陣子就消失了。縱使如此，透過科學技藝，徐日昇似乎和康熙皇帝建立起交情。一六八〇年，他寫信向教會上級報告，他在皇帝寢宮和皇帝長談。一六八八年，他又向上級報告：「（如果我想）宮中大小事無一可以瞞得了我。」[12]就是這種信任，加上尊敬耶穌會傳教士對世界大事的知識，促使康熙皇帝派徐日昇和張誠隨團到尼布楚，與俄羅斯人談判。

滿清代表在談判中想發言時，他們以滿洲話向傳教士說明，傳教士再把滿洲話翻譯為拉丁語給俄方的波蘭翻譯員安德瑞・貝洛波茨基（Andrei Belobotski）。接著，貝洛波茨基將拉丁語翻譯為俄羅斯語回應戈洛溫。兩名傳教士皆留下會談如何進行的詳細紀錄，而且顯然他們不只是就字面上翻譯，他們還負責轉譯西方的歐洲和東方的亞洲兩者之間，有關法律、政府以及政治權威的性質相關概念。

徐日昇在回憶錄中敘述他是如何說服清廷官員，讓他們相信俄羅斯人並非蠻人、而是文明人，可與之協商訂約。但是他對清朝對於本身地位的認知也流露出些許忿懣；他在日記寫下：「從世界初始，除了朝貢使節之外，中國在其帝國之內就從來沒有接待過外國人。韃靼人（Tartars，即清人）對世界渾然無知，卻驕傲如同中國人，認為其他民族一如他們鄰邦的牧羊人。他們認為『普天之下』萬事萬物都是中國的一部分，彷彿天下再也沒有其他東西存在。」[13]

＊ 編注：鄭瑪諾（1633-1673），字惟信，澳門人，中國早期天主耶穌會士。曾至歐洲留學，是第一位華籍耶穌會司鐸，也是第一位中國留歐學生。

根據徐日昇的說法，他把歐洲人開始稱為「萬國公法」（Law of Nations）的概念介紹給清人——這種概念把國家視為有國域疆界的領土實體，其他國家必須接受其所擁有的主權。這是相當新穎的國際社會觀念，並於一六四八年終結「三十年戰爭」（the Thirty Years War）的《西發利亞條約》（*Treaty of Westphalia*）中方才確立，距離尼布楚河畔的談判也不過四十年而已。

俄羅斯主事者對於這種「西發利亞」世界觀有相當的了解。耶穌會傳教士也了解這個觀點（即使教皇並不贊同），而他們必須說服清廷代表接受，願意與沙皇代表簽署正式的國界協定。光是一方發言就得經過三道翻譯才傳達給對方，這樣的談判曠日費時，期間幾度差點破裂。所幸，談判在一六八九年九月六日終究完成，雙方簽署了《尼布楚條約》。重要的是，條約並不是以中文表述。耶穌會教士和貝洛波茨基同意了拉丁文定稿之後，雙方才各自翻譯為俄文和滿文——這是清廷的官方語文。一直要到相當久之後才有中文翻譯版本。的確，彷彿條約內容是刻意保密，不讓中文讀者知曉。

條約的拉丁文本以「中華帝國」（Imperii Sinici）稱大清國。滿文文本則自稱「Dulimbai Gurun」，直譯為「中央國家」（central state），顯然就是滿文的**中國**。但是要謹記的是，這是歐洲耶穌會傳教士所詮釋的清朝世界觀。徐日昇本人就說清廷用的是另一個名稱「天下」，不過他很清楚，大清國自稱統治「天下」這種主張，和聲稱遵循「萬國公法」的俄國人的概念完全不吻合。這幾乎肯定就是條約文本為何對中文讀者保密的原因。一旦他們發現，康熙皇帝簽訂邊界條約，他們可能會認定他根本不是「天下」的共主。**中國**背後的政治哲學之意義恐將淪為一場災難。

《尼布楚條約》日後為人所知，在於其被視為是中國對外國勢力自稱是「中國」的第一份文件。然而，對事件做此解讀是誤解了當時的時空背景。與會者的記載說明了在正式談判時，並沒有使用中文。談判代表團中並沒有漢人部會首長隨行（因此沒有留下中文紀錄），徐日昇也說得很清楚，清廷的特使說的是滿洲話或蒙古話。因此，我們不能把《尼布楚條約》視為一份新生的「中國」「於焉到來」的文件，而是視之為耶穌會傳教士試圖以歐洲人能了解的方式呈現一個亞洲國家，毋寧是比較正確的看法。以這個意義而言，張誠和徐日昇不只是從事語文翻譯，他們也詮釋了完全不同的政治秩序和國家性質的概念。在某個程度來講，他們基於兩國和平此一更大的利益，錯誤陳述了大清國的性質，以便吻合歐洲的外交秩序。不論後來的民族主義歷史學者如何書寫，《尼布楚條約》都不是一個「中國人」的國家首次使用**中國**為國名。這只是耶穌會傳教士運用他們對東方及西方的了解，把一個非常不同的區域秩序納入「萬國公法」；在這個區域秩序裡，國家不是由領土來界定，而是以向統治者效忠來界定。

康熙皇帝或許對於北方邊界得以和平感到欣慰，但是對於他的政府默許「萬國公法」並未表達充分的支持，因而未在國內公布《尼布楚條約》。身兼耶穌會傳教士以及二十世紀喬治城大學的漢學家柏永年（Joseph Sebes）指出，在當時的任何中文文獻中都找不到《尼布楚條約》文本的蹤影。然而，耶魯大學中國史教授濮德培（Peter C. Perdue）卻在《康熙實錄》中找到一份抄本。《康熙實錄》蒐集皇帝日常活動的許多文件，在他統治時期過後才出版。這份抄本似乎是直到原始的《尼布楚條約》簽訂兩百年之後才對外公開。這個時候已是十九世紀末期，大清國在槍桿子的威脅下、再度被迫與俄羅斯人談判，此時利用原始條約會有利於清廷。

十七、十八世紀期間，耶穌會傳教士人數雖不多，在清廷宮中卻有極高的影響力。有些傳教士在北京一住就是幾十年（徐日昇在北京住了三十二年），能夠和官員直接對話，甚至和皇帝對話。他們送回詳細的報告給耶穌會和天主教高層，透過他們，歐洲對於東方這塊神祕大地有了更深切的了解。主要是他們賦予這塊大地「中國」這個名字，並且透過地圖和書籍介紹給歐洲大眾。在賈里歐提．裴瑞拉和托瑪士．裴瑞拉之後，我們或許可以說，「中國」是始於這兩位裴瑞拉先生的著作。

當耶穌會傳教士在大清國與俄羅斯交涉時，選擇「中國」代表大清，遠遠超過了只是翻譯一個國名。他們更是啟動了一個過程，該國開始以此自稱，後來也以新方式思索自己。雖然這個字詞已經使用了好幾千年，一直要到清朝末期，**中國**才普遍用在國際關係上。日本歷史學家川島真的研究發現，在十九世紀前半葉，只有二十八份外交文件在同一文本中使用**清**和**中國**這兩個名詞。但是，**中國**在十九世紀後半葉愈來愈常見，譬如，出現在一八六一年與俄羅斯簽定的條約、一八八〇年與美國簽定的條約。不過，一八六一年的《中國—祕魯貿易協定》只提到**大清國**。阿里夫・德里克歸納出來，協定若是提到政府的政治作為，清廷外交官使用「**大清國**」，但若是指一塊領土，他們使用「**中國**」。[14]

然而，美國學者司馬富（Richard Smith）指出，在過去的歷史上，**中國**並不是持續出現的詞，而只是舊典籍上用來稱呼這塊無定形的土地的諸多名詞之一。他同時列舉出其他幾個名詞，例如：「**中華**」、「**神州**」、「**九州**」、「**中土**」以及「**天下**」。他主張，這些名詞彼此之間的關係，以及彼此在古籍中的明確意義都有著差異，根本難以釐清。二十世紀的中國歷史學者陳連開*認為，**中華**最早出現於西元三或四世紀：**中國**與**華夏**兩者結合起來——用以形容在晉朝統治之下的「文明」地區的兩種方式。陳連開認為，從此以後，**中國**和**華夏**兩者便互換使用。哥倫比亞大學中國語文教授劉禾†指出，**華**與**夏**這兩個字都用來區分**中國**之內「顯赫」或「文明」人士和住在**中國**之外的夷狄之間的差異。劉禾說，**華**和**夏**這兩個字都包含了身分認同的「本質」，但是她也同意其實際涵義和內涵在幾千年來已經發生變化。[15]

當我們看到現代中國的自我形象在類似「一帶一路論壇」這樣的場合展現出來時，我們所

---

* 編注：陳連開（1933-2010），中國歷史學者，主要研究中華民族相關領域，著有《中華民族的形成與發展》、《中國民族關係史概論》等書。

† 編注：劉禾，美國哥倫比亞大學比較文學與社會研究所所長、東亞系終身人文講席教授，著有《語際書寫：現代思想史寫作批判綱要》等書。

看到的，是十九世紀末、二十世紀初，知識分子和基進分子有意識的想像、辯論和提倡的思想結果。我們將會看到，這是在上海這種殖民城市的思想家，和流亡海外的其他人士之間的討論，創造出彷彿是本地原生的民族國家的構想，但其實他們是依據西方對中國所認識的形象打造出來的。這些討論與另外兩種辯論無法分割——一是新國家究竟應該是維新改造的立憲君主制，或是革命創建共和？另一是新國家是否需要族群同質化？

* * * * *

張德彝是十九世紀後半葉大清國的典型人物。他日後以身為第一批到歐美各國旅遊、生活的大清臣民而留名歷史。他所生長的年代恰好趕上參加第一階段的華洋合作，由當時清廷內部的改革派和列強在第二次鴉片戰爭後強行指派來的新一批外國駐使所主導。一八六二年，年方十五歲的張德彝被甄選為北京同文館的第一批十名學生之一。同文館這個翻譯學院是由改革派創立，經費來源是新設立的「海關總稅務司」，這個單位本身由朝廷與列強共管。

海關總稅務司是鴉片戰爭的另一個結果，成立於內有太平天國之亂、外有歐洲列強來犯，宮廷又發生政變的局勢當中，淪為一處令人難以理解的複合組織。劍橋大學歷史學者方德萬*追溯該組織的源起，認為它是英國人和清朝官員一八五四年在上海「租界」所達成的非官方協議。一八六一年，即英法聯軍摧毀北京郊外圓明園之後不久，它成為一官方機構。名義上雖是向皇帝負責，實際上則由英國人主導。[16]由於職務內容需要翻譯人員，因此創辦同文館。然而，同文館不僅只是翻譯文件，也成為西方思想進入清朝菁英社會的重要入口。

張德彝在同文館花了三年時間苦修英文和法文，並於一八六六年順理成章成為清廷官派到歐洲的第一個考察團隨員。一八六八年，他又奉派加入一長期使節團，前往美國及歐洲。一八七一年，普法戰爭甫結束，他旋即奉派到法國。他持續在日記中詳記遊歷觀感——一如三百年前的賈里歐提・裴瑞拉和托瑪士・裴瑞拉。他記錄下他所遇到的人物「不同的服飾和不同品味的偏好」的印象。[17]他對所見所聞大多留下美好的印象，卻苦於這些歐美人士堅持以錯誤的名字稱呼他的國家。他抱怨道：「按彼此立約通商數十年來，西人既知中國曰大清，曰中華，何仍以『齋那』、『吉那』、『什音』、『芝那』、『吉塔』等名呼之？且中國有自古迄今四千餘年，從無此名，不知西人究何所奉而以是名呼之耶？」[18]對於張德彝來說，若是提及他的國家，較合乎體統的方式是以統治王朝稱之，而不是描述一片領土。

張德彝在一八七一年五月寫下這段話，但是他沒有辦法說服所交往的西方人士接受他的說

＊　編注：方德萬（Hans van de Ven, 1958-），荷蘭漢學家，英國劍橋大學東亞研究所教授，著有《戰火中國 1937-1952：流轉的勝利與悲劇，近代新中國的內爆與崛起》、《潮來潮去：海關與中國現代性的全球起源》等書。

法。反而在後來的幾十年裡，即使是在他的同僚之間，看法亦有所改變。到了一八八七年，清廷另一名外交官員黃遵憲抱怨起他的國家沒有「恰當的國名」。黃遵憲在一八七七年以清廷新派駐日公使助理的身分前往日本，他有五年的時間觀察日本如何向外在世界開放，並且展開現代化。[19]他對日本人民生活水平迅速改善的印象深刻，並寫下詳盡的心得，俾使啟迪國內的外交部門同僚。他們並未感到興趣，因此直到日本在一八九四至九五年的中日戰爭擊敗中國之前，黃遵憲的文稿一直遭到漠視。之後，更成為有關日本國情最重要的中文資料來源。

黃遵憲的著作一開頭並沒有稱讚日本的現代化。他反而選擇批評自己的國家，首要之務，便是處理國名的問題。他寫道：

> 考地球各國，若英吉利、若法蘭西，皆有全國總名，獨中國無之，西北各藩稱曰漢，東南諸島稱曰唐，日本亦曰唐，或曰南京。南京謂明，此沿襲一代之稱，不足以概歷代也。印度人稱曰震旦，或曰支那，日本亦稱曰支那，英吉利人稱曰差那，法蘭西人稱曰差能，此又他國重譯之音，並非我國本有之名也。近世對外人稱每曰中華，東西人頗譏彈之，謂環球萬國各自居中，且華我夷入，不無自尊卑人之意。[20]

到了一八九七年，歷任派駐日本、舊金山、倫敦和新加坡各館處外交官之後，黃遵憲出任湖南省按察使。他利用職務之便——監督地方官員是他的本職——鼓吹大清國維新改革。他在省會長沙創辦一所新式學堂「時務學堂」，並邀請此一時期最著名的維新派人士梁啟超為中學總教習。前一年，兩人偕同另一名維新派譚嗣同共同創辦一份刊物《強學報》——對爾後的發展產生極大的影響力。[21]

雖然黃遵憲和梁啟超都肯定實行憲政改革的必要性，以及一「合乎體統」的國名的必要性，然他們對於國名卻是意見相左。由於其所代表的「中央、中心」意涵，黃遵憲不喜歡「**中**」這個字。他在一八八七年的一篇文章中主張採用更為宏偉的「**華夏**」二字，字義上便可見「蓬勃偉大」，又兼納「**華**」與「**夏**」——他認為，這兩個古代民族代表中國的精華。不過，其他人認為，**華夏**做為一族之名尚可，但是不宜做為國名。黃遵憲的主張大致上並不受重視。

黃、梁兩人利用新職位，繼續推動現代化。他們偕同梁啟超的老師、基進派學者康有為提出請願，得到年輕的光緒皇帝召見，向皇帝進言憲政改革。在他們的遊說之下，光緒皇帝於一八九八年發布四十道上諭，進行教育、軍事和文官制度的溫和改革。這些改革完全談不上劇烈，但是已足以讓朝廷保守派擔憂，一百零三天之後，皇帝的姨母、慈禧太后（垂簾聽政、真正握有大權）策畫政變，強迫她外甥放棄所有改革措施。光緒皇帝繼續在位十年，但沒有實權，慈禧透過他的名義實質統治。支持「百日維新」的六個人被處死，而包括康有為、梁啟超和黃遵憲等其他人則倉皇出逃。黃遵憲躲回南方老家，從此退休、寄情詩文。康、梁面臨死刑威脅，潛逃國外

——他們流亡到日本，繼續鼓吹改革。

＊＊＊＊＊

今日橫濱唐人街是霓虹燈閃耀的觀光客勝地，但是在十九、二十世紀之交，卻是顛覆行動的大燒鍋。梁啟超以此地為基地，撰寫文章、發行報紙，傳播他認為可以推動祖國走上日本已走過的路——追求現代化——的思想。但是要創造一個現代的民族國家，國家必須有國名。梁啟超於一九〇〇年完成一篇膾炙人口的文章〈中國積弱溯源論〉，他呼應張德彝三十年前的說法，告訴讀者說：「外人所稱，或曰震旦，或曰支那，皆非我所自命之名也。」但是，梁啟超和張德彝不同之處在於，他非常厭惡以朝代之名稱呼國家，如「大明國」或「大清國」的傳統方式。他擔心這會暗示根本沒有中華民族存在。根據澳大利亞漢學家費約翰（**John Fitzgerald**）的說法，對梁啟超而言，沒有國名，證明了中國人文化上和智識上的不成熟：梁啟超稱之為「深入膏肓」的觀念謬誤。[22]

梁啟超選用的國名是「**中國**」，且明白地出現在文章的標題上。他把自古以來**中國**這個概念當作「中心國家」，隱喻在舊式階層森嚴的宇宙中居於「世界中心」的意思，然後再賦予新意義。**中國**將不再代表區域性的政治制度，或只是淪為一個區域的稱法，而是他大可主張這是一個已使用了千百年的「名號」。概念上的**中國**，將為實質上的**中國**所取代，一如外國人所謂的「China」。保有這個字詞的同時，徹底的改變其意義，這個過程是建構——發明——現代中國整個過程中的關鍵。梁啟超完全基於實用的理由選擇**中國**這個字詞：清廷在處理和其他國家的對外關係時，已漸漸採用這個名稱。但是誠如我們所見，即便只是一個過程，也不如表面上那麼單純。梁啟超採用**中國**為名來代表大清國的領土，他早已不自覺採行了來自外國的概念。

現今，**中國**已普遍用來做為代表英文「China」的中文字詞，但是在二十世紀最初的十年，**中國**不過是數個享有此尊榮的其中之一。它特別受到革命派的挑戰，因為革命派無意改革大清國，一心一意只想推翻這個政體。青年章炳麟便是其中一名革命黨人。章炳麟成年後修讀經書預備出仕任官。然而，大清國在一八九四至九五年的中日戰爭（即甲午戰爭）為日本所敗之後，他便辭職，並加入康、梁維新運動的上海支部。他起先替維新派報紙撰寫文章，一八九六年成為梁啟超主持的《時務報》編輯。章炳麟是個很難相處的人，一再和上司、編輯和官員起爭端，一八九八年百日維新失敗後，為躲避清廷追緝，他逃到台灣（甲午戰爭之後，台灣已由日本占領）。他從台灣繼續為梁啟超的新報《清議報》撰稿。《清議報》是康、梁為持續推動改革所成立的「保皇會」的宣傳工具，特別主張應擁護光緒皇帝復辟。一八九九年，面臨多方困難下，章炳麟在梁啟超邀請下移居日本數月。是年年底，他遷回上海公共租界，為立場更為基進的《蘇報》撰稿。

上海是大清領土之內一個知識分子薈萃的地方，也是一個江河日下的帝國在西方資本主義和文化強行叩關之下，少有的安全處所。公共租界這個殖民主義控制的地界，面積九平方英里，得以有某些基本的言論自由。上海和世界透過航運聯結，和中國其他地方透過報紙和書籍出版網絡聯結，在這座城市裡，思想得以交流，煽動言論可以存活。

章炳麟住在上海期間，適逢反外國人的勢力興起，即西方人所稱的「拳亂」（義和團之亂）。北京的洋人遭到圍困，八國聯軍迅速成軍拯救他們。雙方並於夏天爆發衝突，最後是義和團失敗，清廷倉皇撤出北京。章炳麟沒有介入這場動亂，但是他對清廷的觀點產生激烈變化。當八國聯軍進入北京時，他放棄原先的改革信念，開始主張推翻滿清。[23]他成為革命黨人，最終與康、梁決裂。

章炳麟觀點不變最明顯的部分是，他的思想愈來愈趨基進。目睹朝廷百日維新失敗，以及對拳亂的應對無方，章炳麟認為，滿清統治者不僅貪汙無能，而且是異族。他們是滿洲人，是來自東北關外的異族，在一六四四年奪占明朝領土，因此沒有統治的權利。到了一九〇一年八月，他在中國第一份革命派學生刊物《國民報》上撰文主張，梁啟超所倡導的民族團結是錯誤的，因為滿洲人在根本上就是異族，他指出「滿洲人有自己的文字系統」、睡在氈墊上，並以乳製品為食。[24]

章炳麟振臂呼號之際，八國聯軍仍占領北京。直到一九〇一年，清廷簽署了「辛丑和約」後才撤軍。依據此一和約，清廷同意支付列強賠償金。章炳麟對於他一度仰望、視為革新者的投降更加厭惡，變得更堅定主張，必須革命以驅逐完全辜負國家的滿洲人。為了展現他摒棄滿清，章炳麟改名章太炎。這是公開宣示他從此以後致力於反清革命。「太炎」之名尊崇兩百五十年前反抗清朝征服中國的兩名學人黃宗羲（字太沖，號梨洲）和顧炎武。[25]章炳麟認為這兩位效忠明朝的學者是代表國家真正精神的守護人，是抵抗來自內陸亞洲侵略者的英雄。到了一九〇三年，他公開、直接地批評光緒皇帝——以及仍然相信滿清政府可以革新的人士。這導致他對國家的未來和合適的國名有了新思維。

在這風起雲湧的環境中，出現了一個極有抱負的年輕人劉師培。一九〇三年年初，劉師培還試圖參加科考，成為大清國官員，但是到了年底，他卻改變心意，想要推翻滿清。他之所以思想丕變的觸媒之一是，他結識了改名不久的章太炎。他出身的家庭父系是經學世家，母系則世代為官，他被期許成為滿清政府的菁英。一九〇三年，家人送十九歲的劉師培入京參加會試，進士落第。或許是無顏回家面對父母，劉師培沒有回揚州老家，反而前往離家兩百多公里的上海，並在上海結識三十三歲的章太炎。章太炎已經參與多年的政治改革運動，對於清廷一再失敗備感失望，他已準備走上革命之路。他也帶領劉師培一起走上革命之路。劉師培幾乎是一夜之間，就從一名準清廷公職官員變成了煽動者，尋求推翻滿清。[26]

一九〇三年中，章太炎利用住在公共租界裡擁有的相對自由，公然直接挑戰清廷。他在《蘇報》上發表一篇文章，題為〈駁康有為論革命書〉，文中有一段文字指控光緒皇帝是「愚笨小丑」*。[27]因此之故，清廷發布命令捉拿他，一九〇三年六月三十日，章太炎任由公共租界警署逮捕他——部分是為了展現他堅持革命立場[28]，部分是為了避免遭到清廷逮捕，他們可能對他處以死罪。他被定了煽動誹謗罪名，判處在英國人監管的監獄服刑三年，可是諷刺的是，獄中的環境太過嚴峻，他一度想要自殺。他從佛學中找到寄託，排滿思想有增無減。

在此同時，他的年輕友人劉師培即將展開自身的反滿創作生涯。一九〇四年，甫二十歲的劉師培發表了第一本書《攘書》。德國漢學家茱莉亞・史奈德（Julia Schneider）指出，「攘夷」一詞在劉師培那個時代是大家耳熟能詳的一種政治主張。過去二千多年的統治者在各種歷史故事中傳遞這個主張。劉師培這本書旨在將蠻夷從中國歷史「驅逐」出去，以此作為將他們趕出中國的前奏。這導致他思考將蠻夷驅逐出去之後的國家，最合適的國名為何。

在《攘書》中，劉師培根據傳統文獻列出好幾個可能的名字，其中包括**夏**、**大夏**、**諸夏**、**諸華**以及**華夏**等。他在書中說明，他希望的國名能為他的國家設定邊界：好讓在邊界之內的國人和邊界之外的夷人能夠清楚區分。他希望這個國名真真實實，足以上溯到秦朝之前——他認為，秦朝是僭奪者。於是，他從古籍《山海經》中挑選一個名字。他說：「如果我們要區隔自己和四夷，我們只能採用**大夏**做為國名。」[29]劉師培覺得，**大夏**指的是一個古文明，純然沒有外來統治者的一個民族，非常適合做為沒有滿清的未來國家之名。

＊＊＊＊＊

一八九四年十一月二十四日，日軍摧毀大清海軍兩個月過後，也是日軍占領遼東半島三天後，以及孫文二十八歲生日之後兩個星期，孫文和他的長兄、和幾名好友在太平洋一個海島上開會，立誓進行革命。他們宣誓，要「驅逐韃虜、復興中華、建立合眾政府」。這是「興中會」第一次集會所同意訂定的宣言；這個組織從如此不起眼的開端起家，十七年之後竟推翻了大清國。當時，一般人都稱孫文為孫中山或孫逸仙。

十三歲時，家人送他到夏威夷念書，後來他回到香港繼續就學。他的老師多為英國人或美國人[30]，而且和那天在夏威夷集會的**興中會**其他成員一樣，他能說英語，也習慣他人問他從哪裡來。當他以英語回答這個問題時，他的答覆是「中國」。這一定不禁令他深思，若是以中文回答，答案會是什麼。

孫逸仙在香港就讀醫學院時，發展出對清廷當局強烈的敵意。他目睹一八八四、八五年，清廷因印度支那邊界問題而和法國交戰，最終卻失敗，令他最為動容的是，一艘法國軍艦在作戰中受損，九龍的船塢工人竟拒絕修建。孫逸仙肯定不會稱他的國家為**大清國**。但是他和他的革命同

＊　譯注：原文為「載湉小丑，未辨菽麥。」

志所選用的國名不是**中國**，而是**中華**。他直接指涉到歷史——對那些了解歷史的人來說，這個國名具有明確的種族意義。

興中會同志的誓詞借自明太祖朱元璋。朱元璋於十四世紀起兵反抗蒙古人時，喊出的口號正是「驅逐韃虜、恢復**中華**」。[31] 藉由採用這一誓詞，孫逸仙及其革命同志宣稱，清朝統治者系出說滿洲話的東北，也是「韃靼」。在他們眼裡，滿洲人和蒙古人都一樣，是來自內陸亞洲的外夷，沒有權利統治中國。

歷史學者沙培德（**Peter Zarrow**）指出，**中華**——其語文根源是**華夏**——比起**中國**更具有種族意義。劉禾也觀察到，它顯然是描述一塊**華**人的土地——因此暗示已排除掉「韃靼人」。這顯然打動了革命黨的心，因為他們認為，「外來」的清廷是**中華**現今陷入困境的起因。革命黨人可能也**中國**這個國名存有偏見，因為滿清本身和列強外交往來時，也漸漸自稱是「**中國**」。

接下來十年裡，**興中會**幾度武裝起義，試圖推翻清朝，都沒有成功。幾度起義失敗後，一九○五年，興中會和其他革命團體合併，成立**同盟會**。同盟會正式成立地點在東京，而之後的領導層決定保留**興中會**原始的兩項訴求，再增加另兩項新訴求。於是**同盟會**的口號成為「驅逐韃虜、恢復**中華**、建立民國、平均地權」。

同盟會採取這個立場時，正是章太炎在上海坐牢期間。他們意識到章太炎將是個強而有力的擁護者，因此當他在一九○六年六月底出獄時，便派了一群代表迎接他。他們請他擔任**同盟會**刊物《民報》主編[32]——立即將他送到上海碼頭、前往日本，並受到英雄式的歡迎。一九〇六年七月十五日，大約兩千人（主要是中國留學生）冒著東京大雨，參加他的迎賓大會。[33]幾乎是整整一年之後，他宣布其所屬意的未來國家之名，而他的選擇後來的確獲得採用。章太炎在《民報》上大肆宣揚他這套坐牢期間的思想成果：為反滿革命提供充分的理由。在他一九〇七年發表的一篇長文中，他提出一旦革命成功，國家應該如何命名的問題。由於清室將被廢立和驅逐，未來的國家勢必不可能是**大清國**。章太炎也不支持梁啟超提議的**中國**。他寫說：「**中國**只有在提到四方邊界時才有意義。」他認為，印度人和日本人也使用類似「中央國家」之詞稱呼其國家，因此「它並不是漢人之士所獨有」。[34]（關於「漢」這個名詞的發展，詳見本書第三章。）

此時，劉師培也來到日本。一到日本，他便自稱是無政府主義者，也為《民報》撰稿。可惜他未能說服革命黨採納**大夏**做為他日將建立的國家之名。章太炎主張，要有個以族裔為基礎的國名，這一點和劉師培沒有不同，但是他希望國名和居住在國家中的種族之名有所區別。章太炎認為，**夏**做為種族之名相當得宜，因為這支民族原本就在起源於夏水*沿岸。但是他在一九〇七年那篇文章中提到，**夏**「原為部落之名，而非國名」，這也是為什麼他不同意劉師培和黃遵憲的主張，他不認同以**夏**做為現代國家的名字。

---

* 編注：出自章太炎，《中華民國解》。

章太炎主張**華**——字面意義是「繁花盛開」，但具有「文明」的涵義——是比較適合的。根據茱莉亞・史奈德的說法，在這段期間流亡海外的革命黨人心目中，隱含著種族意義，因為他們認為滿族不是**華**人。隨後，章太炎為他的選擇提出偽歷史的解釋：「**華**這個名字來自我們人民最初居住的所在……華山（位於陝西省）形成了邊界，我們國家因而起名**華**……**華**原本是國名，而不是種族名，但是今日已成為兩者的統稱。」[35]史奈德認為，章太炎之所以偏愛**華**，因為它指的是他所認為的新國家的核心，同時又有足夠的變通性。「它可以延伸到所有中國人民的領土」，包括在西北的雍、涼兩州以及現代朝鮮和越南的部分地區，「章太炎認定已經同化的人民」。用章太炎的話來說，**華**人在兩千年前的漢代「已經在這些地方耕種」。

接下來，章太炎再加上一個字「**中**」，稱之為「**中華**」。他宣稱這是要區隔**華**人的高度文明和**夷**人的低等文明。[36]最後的國名必須滿足**同盟會**口號當中「建立民國」的籲求，因此又加上「**民國**」這兩個字。到了文章末尾，推翻滿清之後的國名「**中華民國**」於焉出現。

誠如沙培德所觀察，章太炎曾坐牢，在革命陣營裡具有極高的聲望，他的主張具有特別的分量。在他這篇一九〇七年文章發表之後，有關未來國名的辯論，肯定在革命陣營裡戛然而止。梁啟超固然堅守其維新改革主張以及**中國**這個國名，**同盟會**則選定**中華民國**，根源是五百年前朱元璋反蒙古人的宣示。梁啟超依舊認為，孫逸仙及革命黨是受西方教育的暴發戶，不了解歷史或文化，但那已經無關宏旨，他們將奪得政權——並不是梁啟超勝出。

與此同時，劉師培卻放棄無政府主義主張，他回到家鄉，立誓效忠清廷。一九〇八年，他開始擔任兩江總督端方的祕書，據說他向清廷舉報從前他在革命組織中的同志。雖然章炳麟／章太炎後來改變他對種族的觀點，決定非**夏**人必須包括在中華民國之內，劉師培的立場仍然堅定。他仍相信，包括非**夏**人在內將會玷汙**夏**人。但是他在國名辯論中已經不再扮演任何角色。

這些辯論發生在流亡於日本的一小群人當中，這些人隔洋對國事有十分激烈的討論。五年不到，中國爆發革命，一九一二年一月一日，孫逸仙被推舉為**中華民國**臨時大總統。梁啟超所屬意的國號——**中國**——雖然沒有成為新國家的國名，卻贏得更高的價值——雖不是正式的國名，所有中國人在提到國家時，都非正式的稱之為中國。但是，再一次強調，命名的光榮或許應歸諸於耶穌會傳教士。

* * * * *

北京那個星期五夜晚，各國政府首長齊聚一堂，向習近平版本的歷史舉杯敬酒，他們不知不覺繞了一大圈。他們來到這裡確認中國是東亞天生領袖的形象。這個形象是外國人率先打造而出，後來遲遲才被中國民族主義者採納，而如今，透過這些外國政府首長的出席，再次由共產黨領導者把它投射回到世界。北京做為此一區域秩序的核心城市，並不是嶄新的概念。然而，這些秩序大多是內陸亞洲大國，以北京為行政管理中心。由一個存在於界定清楚的一塊東亞領地、名叫「中國」的國家所領導的區域秩序，則是相當現代的新發明。

西方人可能先從生活在印度邊境的人們口中，透過翻譯、聽聞有個中國存在，以及透過他們與內陸亞洲的互動而聽說有個震旦的存在。「中國」成為一個東亞王國的簡稱，外界對它的了解並不多。第一批貿易商抵達這個神祕國度時，他們對它不同的政治觀點深感困惑。賈里歐提・裴瑞拉和利瑪竇發現，十六世紀中葉時，在這個國家裡，並沒有「China」的概念，而「**中國**」這個詞是菁英用來強調其政治上優於周遭朝覲國的統治者，並不是做為國家名號。這塊土地上的居民認為，他們的國家統治「**天下**」。

「**中華**」的概念持續推動著中國的國內政治。其涵蓋祖國的概念，隨著文化遇上新民族、把他們改造和同化，這個祖國得以不斷延伸、擴大。我們將在隨後的章節中看到，阿里夫・德里克所謂的「所有權觀念」（proprietary perceptions）——即所有權歸我的一種意識——仍推動北京對其控制下的少數民族地區的政策。[37]因此之故，從前苗人、滿洲人和蒙古人的地區，如今亦被認定是華人的地區。另一方面，西藏和新疆的文化衝突仍持續不斷。北京今天在台灣、香港問題上仍然無解，也可追溯到**中華**「自然」的文化疆界的意識。

一直要到十九世紀末，歐洲人對中國的觀點才深植到大清政治菁英的思想裡。流亡在海外的人士——不論是在日本、美國或東南亞——扮演極重要角色。他們以僑居國外所感受到的一切回望祖國。他們把國際上對一個名叫「China」的地方的觀念，移植到一個名叫中國的地方。他們以外界人士的觀念看待自己的國家——認為它是一個領土界定清楚、位於一定範圍之內的國家。為了達到這個目的，他們必須接受西方有關民族、歷史、地理，特別是主權的概念。而我們將在下一章討論這個主題。

第二章

主權，重新創造天下

zhuquan／主權

二〇〇九年十二月十八日，星期五，世界上絕大多數國家的領導人聚集在哥本哈根市南郊、整個斯堪地那維亞半島最大的會議場所貝拉中心（Bella Center）。他們齊聚於此，準備簽訂一份對抗全球氣候變遷危機的國際協定。英國首相不無誇張地宣稱，這是「第二次世界大戰以來最重要的會議」；但是會談進行得並不順利。中國國務院總理溫家寶聲稱遭到外交上的怠慢，拒絕踏出他居住的旅館。他派外交部副部長何亞非代表出席和英國首相戈登・布朗（Gordon Brown）、美國總統巴拉克・歐巴馬（Barack Obama）、德國總理安姬拉・梅克爾（Angela Merkel）、法國總統尼古拉・薩科奇（Nicolas Sarkozy）、印度總理曼默漢・辛哈（Manmohan Singh）等各國領袖談判。這是經過仔細盤算的侮辱。

已開發國家已經誓言削減百分之八十的碳排放量，以及出錢資助開發中國家削減碳排放量的作為。美國願意撥款一千億美元。歐盟也願意在二〇二〇年以前削減百分之三十的排放量。開發中國家願意提供什麼做為交換？談判已經進行了一年，但是，即使到了領袖峰會的最後一天，他們仍然僵持不下。官員們和代表們過去十天一直在討論細節。各國首長、加上何亞非，現在已經討論了十個小時。譯員室所做的錄音紀錄透露出接下來的狀況。歐巴馬直接對何亞非說話，提出警告：「如果沒有意識到我們休戚與共，很難跨出重大的一步。」

歐巴馬曉得，不論他在哥本哈根談出什麼結果，回到國內必定會遭到極其嚴峻的審查。任何條約都必須得到參議院以三分之二多數決表決通過，一九九七年的《京都條約》（*Kyoto Treaty*）

就沒能過關。為什麼美國納稅人應該把錢花在海外幫助那些都不為己有所犧牲的國家？納稅人如何能夠確知其他政府會遵守他們承諾的責任？因此，歐巴馬政府遲遲才決定在條約中加入一條規定，確保各國對氣候條約的承諾，要「能夠衡量、能夠報告、能夠查證」。可是中國不能接受。何亞非給各國領袖上了一堂有關工業革命歷史的課，責怪氣候問題是富裕國家惹出來的。梅克爾氣急敗壞指出，即使所有的富裕國家將排放量削減到零，中國還是必須削減排放量、才能阻止全球氣溫上升。這下子場面更難看了。何亞非堅持，那麼富裕國家的減碳目標乾脆就從協定中刪除好了。其他領袖被搞得一頭霧水，不知道中國要的是什麼。中國唯一同意的就是含含糊糊地承諾會「儘可能快」開始削減排放量。接下來，何亞非要求休會，以便向溫家寶請示。會議再也沒有復會。其他領導人認為中國自始就壓根沒有誠意要談判。

用瑞典環保署署長拉斯─艾瑞克・李爾杰隆德（Lars-Erik Liljelund）的話來說，「中國不喜歡數字。」[1]但更精確的說法是，中國政府強烈反對國際協議的數值，以及一套查證這些數字的檢查辦法。中國代表團唯一準備接受的結果是自願的「國際資訊交流」。[2]但即使這個妥協也被封殺，於是所有與會的領袖只能「注意到」（note）有此一文件。馬克・李納斯（Mark Lynas）也出席會議，替海平面上升、國土可能遭淹沒的小島國擔任顧問。他說：「中國破壞了整個哥本哈根協定。」[3]結果，全世界的煙囪繼續不斷排放二氧化碳，地球上的冰蓋也繼續不斷融化。

二〇一五年十二月十二日，幾乎整整六年之後，在歐洲另一個國家首都召開的會議上，情勢完全改觀。一百九十五個國家、加上歐盟，同意了聯合國秘書長潘基文（Ban Ki-moon）所謂的「人類和我們星球的一項巨大勝利」。為什麼情勢大不相同？簡單地說，全球氣候變遷政策被沖淡，納入中國所關切的主權議題。在哥本哈根會議上，大部分國家想要訂定國際協議、有法律拘束力的目標以降低碳排放量。大家不了解中國反對什麼。會後幾年裡，這些國家終於了解並改變了策略。

巴黎會議成功的關鍵是「由各國決定其貢獻」。各國負責訂定自己削減碳排放量的目標，這個過程是自願的，不會有執行機構迫使任何政府遵行。中國將國際氣候變遷協定整整拖延了極為重要的六年，以便確定自身不會被外來力量強迫執行其承諾。[4]這涉及到「主權」的原則，而主權原則是不容談判的。[5]

主權是十四世紀出現在歐洲的概念，後來成為西方國際法的礎石。這根本不是中國本土原生的概念，但卻成為中國國際關係的基礎。二〇一七年十月十七日，習近平在每五年召開的中國共產黨全國代表大會*上，發表了三個半小時的講話。長篇講話進行到約一半時，他揭櫫了十四項新的基本原則，包括「長期堅持、並不斷發展新時代中國特色社會主義思想」的原則。第十三項原則是「堅持推動構建人類命運共同體」。[6]這句話看在外國人眼裡，顯得空洞和含糊，但是對習近平和中國共產黨而言具有特別的意義。它們描繪的未來，主權國家位於國際關係的中心，國內事務不受外來干涉。實質上，這項原則抨擊自從一九四五年以來試圖管理世界的國際組織、結盟和共享主權的多邊秩序。北京對目前盛行的國際法概念中，某些干預和限制感到不滿，並試圖重新定義它們。隨著中國的影響力愈來愈大，對於如何重新安排世界秩序的看法也將變得愈來愈有影響力。

中國共產黨對「共同的未來」的這個願景，是歷史留下來的遺產，也是歐洲國際法思想與清朝對於作為世界中心的「**中國**」地位的思想，兩者相互碰撞所產生的結果。這個慘痛的歷史際遇是列強強行施壓在衰落中的帝國之上，催生出了一個奇怪的混合體，即中國的主權基本教義，北京將其視為新的世界秩序的樣板。

*****

中國統治者所接見的第一個美國人，在一七九五年一月九日到達北京。從姓名就看得出來，安德瑞・伊維拉爾多斯・范・布拉姆・郝克基斯特（Andreas Everardus van Braam Houckgeest，漢名「范罷覽」）出生於荷蘭。他在廣州和澳門為荷蘭東印度公司（Dutch East India Company, VOC）工作了十四年，但在一七八三年遷到南卡羅萊納州查爾斯敦（Charleston）定居，旋即成

＊ 編注：即「中國共產黨第十九次全國代表大會」，簡稱「十九大」。

為這個新獨立國家的公民。憑著對種植稻米的知識，他設立了一個農場，但是農場沒有成功。一七九〇年，他又回到亞洲，再度投效荷蘭東印度公司。

一七九四年，荷蘭人獲悉英國去年高調派遣「使節」拜訪清廷卻無功而退的消息，開始策畫如何能讓情勢有利於他們的商業。英國貴族喬治・馬戛爾尼（George Macartney）奉倫敦政府之派遣，向乾隆皇帝要求「公平和平等」貿易的權利，並且邀請他在平等基礎上和英國建立外交關係。這是一趟所費不貲的旅行。為了讓乾隆皇帝印象良好，馬戛爾尼伯爵率領三艘船，載滿了現代奇珍異寶，其中包含一座機械天文儀、一輛全新的御用馬車和一個熱氣球。已有許多文獻記載馬戛爾尼任務失敗的經過。乾隆皇帝對來使不肯向他跪拜行禮的印象不佳，要他帶一封回信給英王喬治三世。信上寫著：「天朝德威遠被，萬國來王，種種貴重之物，梯航畢集，無所不有……然從不貴奇巧，并無更需爾國製辦物件。」英國爭取貿易權利的要求沒有得到清廷准許，清廷更是不了解所謂建立平等外交關係是什麼意思。[7]

范罷覽見到機會，著手規畫他本身的使節團。他曉得一七九五年是乾隆皇帝登基六十週年，他設法讓他在廣州的聯絡對象幫他精心弄到出席慶典的請柬。他率領的代表團整整跋涉四十七個冬日，搭乘轎子和騾車，走了兩千公里，及時趕在農曆新年慶典前到達北京。[8]他們和英國人不一樣，沒有好好包裝禮品，依據范罷覽的說法，「沒有一件禮品沒受到傷損」。[9]但是也和英國人不一樣，他們準備接受朝覲時必須叩頭的要求。事實上，他們還進一步策畫一場國際大騙局。

歷史學家司馬富檢視了整個經過。他描述范罷覽如何呈獻一份荷蘭國王極其卑躬屈膝的信函給乾隆皇帝，信上說：「我們（外夷）全受到中國文明影響而脫胎換骨。古往今來，從來沒有一位君王具有陛下如此無可匹敵的盛譽。」乾隆的回應是賜予重禮，希望他們「加強忠誠和廉正，維護爾國善政，不負朕之期許」。這次的外交交流只有一個問題：實際上根本沒有這樣一位荷蘭國王存在。一七九五年的荷蘭是個共和國。然而，范罷覽認為現代政制不可能讓皇帝有好印象，因此他乾脆編造出一個國王送上朝貢禮物。

對於歐洲政府與清廷之間這些早期接觸的細節，過去已經有許多討論，但有一點很明確：清朝統治者並未將自己擺在由主權獨立國家組成的國際社會，其中一個平等成員的地位上。清廷禮儀顯示他們在階層體制的頂峰。他們所選用的地圖就清楚地表明了這一點。司馬富指出，清廷收起耶穌會教士在十六、十七世紀為明朝統治者繪製的地圖，重新委託繪製新地圖。新地圖把鄰國，甚至遙遠的歐洲和非洲，畫成位於其領土西側邊緣上的附屬物。乾隆皇帝在一七九五年，真的可能相信荷蘭承認自己是大清國的朝貢國。

范罷覽和他的同夥欺騙了皇帝和朝廷之後，在顛簸辛苦的回程上一定暗自大笑。然而，從皇帝的角度來看，這並不重要，重要的是朝廷的禮儀不可廢、一定要遵守。外夷在皇帝面前跪拜，證實了乾隆皇帝確實是中國人所謂「天下」的統治者。作為中央帝國，也就是中國的皇帝地位因為外夷來使的跪拜禮得到強化。朝貢儀式的主要觀眾不在外國，而是在國內，確認了皇帝、他的帝國、官員及儒家思想體系的正當性。漢學家費正清（John Fairbank）曾經寫道：「中國的統治者宣稱得到天命統治全人類。如果其他人類不承認他的統治，他能期待中國還會繼續擁戴他嗎？」[10] **天下**沒有正式的疆界——可能涵蓋環宇世界。**天下**唯一的區別是已經教化的**華人**，接受皇帝睿智的統治，以及沒有經過教化、未接受皇帝統治的**夷人**。在中國人的世界中，如果**夷**人接受「儒家」文化和秩序規則，他們也可以提升自己成為**華**人。[11]

大清國執行朝貢儀式，幾乎沒有經濟利益可言。朝廷接待代表團好幾個星期，有些代表團可能人數很多，然後還要賞賜禮物。代表團帶來的貢品數量相對較少，供菁英享用：這些朝貢物品通常是象牙、檀香和寶石之類的稀有珍品。作為交換，他們收到大量的商品，可以帶回國銷售。整個過程耗費不貲，又很繁雜，但是朝廷認為值得，實際上也是有必要的。好處在於既具有象徵意義亦有政治意義。對於「朝貢者」而言，得到的好處比較直接，具有經濟利益。除了使節從朝廷得到寶貴的禮物之外，商人可能陪著代表團同行，順便在途中出售商品。但是朝貢者也獲得無形的回報。他們承認**中國**皇帝，肯定了他的地位，反之亦認可了這些朝貢者，也增強了他們的政治地位。

相比之下，西方菁英認為無法從這種形式的關係得到好處。皇帝承認他們的朝貢地位毫無任何意義。反倒被視為一威脅，彷彿中國皇帝企圖要求傲然獨立的國家接受屬國地位，這些國家當中有些最近才經歷戰爭擺脫外國的宰制。這些戰爭後果仍在全球各地餘波盪漾，最終將摧毀中國

圖二　第一個覲見大清皇帝的美國人是范霸覽（Andreas Everardus van Braam Houckgeest）。這張照片是范霸覽本人委派拍攝，顯示他（坐在左方、沒戴帽）會見廣州總督。范霸覽在一七九五年前往北京，代表一個根本不存在的荷蘭國王呈獻貢禮，以便爭取貿易權利。

皇帝對天下的不切實幻想。

＊＊＊＊＊

一八〇八年，拿破崙當政的法國入侵西班牙，罷黜國王，監禁王儲。不到幾個月時間，西班牙在美洲的殖民地陷入一片烽火。委內瑞拉、哥倫比亞和墨西哥的一些貴族和軍事將領紛紛占據城市，宣布獨立。戰亂持續了十多年，直到一八二五年，美洲大陸所有的殖民地全都脫離西班牙統治。戰亂造成極大損害，其中之一是西班牙在美洲貨幣披索（peso）的信用。在獨立戰爭之前，披索因為品質優良、具有無可超越的聲譽——大家都知道披索九成是純銀，因此在全世界都十分搶手。

中國商人喜愛它，尤其是有西班牙國王查爾斯三世和查爾斯四世父子「洋人面孔」的銀幣。英國東印度公司的帳房在一七九〇年代提到，中國商人願意多付將近百分之九的差價，捨實際銀塊而搶要「卡洛斯」硬幣。卡洛斯硬幣方便攜帶、容易辨識，而且讓人信任，不需要檢查銀元的品質。市面上也有其他硬幣流通，如法國和荷蘭的硬幣，但是它們的交易價位比起卡洛斯硬幣平均低了百分之十五。西班牙銀元炙手可熱。北美洲商人靠賣銀幣到中國賺大錢：一八〇八年至一八三三年期間，有兩千兩百四十七噸銀元遠渡太平洋來到中國。

然而，經濟歷史學家亞歷杭德拉．伊利果因（Alejandra Irigoin）指出，西班牙美洲殖民地的獨立戰爭，嚴重傷害披索的信譽。打仗需要錢，互相對立的菁英自己攙入雜質鑄幣。更糟糕的是，這些拉丁美洲革命黨所鑄造的硬幣拿掉西班牙國王的肖像。這些披索視鑄造地大小和品質參差不齊，這不為西班牙和西班牙殖民下的美洲帶來問題，也嚴重影響到中國。

披索的價值開始搖擺不定。到了一八二〇年代，有國王頭像的舊卡洛斯硬幣，價值高出同等重量的銀塊三成。然而，革命之後鑄造的硬幣，其價值卻往反方向發展：中國商人以低於銀塊百分之十五的價位買賣它們。[12]對於新銀幣的信任衰減，使得商人很難做生意或放貸、借款。商人囤積舊幣、抵制新幣。對於來自美洲新銀幣的需求崩潰。到了一八二八年，進口的數量只有兩三年前的百分之十五。隨著可靠的披索的供給量下降，銀塊在中國的價格上升。發生在幾千哩之外歐洲和拉丁美洲的戰爭，卻對中國的經濟產生極大的影響。

這時候，清廷要求人民要用銀塊繳稅，不收銀幣。政府鑄造銅幣，也給銅幣和銀幣訂了官訂兌換率：一千個銅幣可兌換一兩銀元。可是，隨著卡洛斯銀幣的供給在一八二〇年代末期枯竭，一兩銀元的價格上升到一千四百個銅幣。農民賣穀物收進銅錢，卻愈來愈買不起銀子，繳不起稅款。政府的收入因而下降。由於不再有標準銀幣方便遠距離交易，經商的成本也激增，借貸變得困難。需求下降，失業率上升。伴隨著銀價上升，以銀元計價的商品物價下跌：這是典型的通貨緊縮。

這個震盪使得已陷困難的經濟更是雪上加霜。大清國的人口在過去一個世紀至少增加一倍，可耕地面積只增加一半。雖然從西屬美洲引進了玉米、花生和甘薯等新穀物，但大清國還是出現糧食不足的問題。土地過度利用也造成土壤肥沃度下降，增加侵蝕和下游洪患。糧食愈來愈貴，能工作的機會愈來愈少，貪瀆和管理失當使得情勢更加惡化。好幾個省分爆發叛亂。乾隆皇帝朝廷上依舊行禮如儀，掩蓋了外頭愈來愈嚴重的動盪不安。皇帝或許「不需要從外國進口商品」，但是數以百萬計的農民已經餓肚子、吃不飽。由於外國生產製造量增加，占中國出口大宗的絲綢和棉布需求大減，問題因而更加嚴重。總而言之，乾隆皇帝的孫子道光皇帝一八二〇年登基時，大清國面臨了經濟危機。

還有另外一個問題。外國生意人從前從白銀的交易獲得豐厚利潤。因為中國商人喜歡披索銀幣，而中國境外的人們則喜歡銀塊，所以從事兩者交易，套利中有錢可賺。伊利果因認為，這樣做讓大家各取所需，持續運作得很好，直到一八二八年，可靠的硬幣來源枯竭了。這時候，套利者轉向了另一種商品。一八二八年，有一萬八千箱鴉片出口到中國，但是到了一八三九年，數量增加了一倍多，達到四萬箱。[13]兼具帆和槳的快船可以在沿海淺水地區快速航行，將走私貨物送交岸上的客戶、甚至運及遙遠的內陸城市。長年以來，鴉片一直是從皇帝以降社會菁英生活的一部分，但是一八三〇年代，鴉片大規模進口被視為是對社會的威脅。

一八三九年，政府財政困難，迫使道光皇帝下達一道表面上溫和的上諭，事後回顧，這道上諭為「天下」的棺木早早釘上一釘。接待朝覲團變得愈來愈昂貴：一般商人藉朝覲名義賺大錢，換取清廷的慷慨賞賜。安南（今天的越南）、暹羅（今天泰國）和琉球（現今屬於日本）等藩屬，今後只准每四年來北京朝貢一次，不再是每年或隔年來一次。[14]根據日本歷史學者濱下武志的研究，這樣做有兩個目的：藉由減少對朝覲團的賞賜而節省金錢，以及將朝貢轉為一般貿易而增加國家稅收。商人必須多繳稅，稅收也必須解交給中央政府，不再由通商口岸的官員中飽。經濟需求削弱了維繫區域階層關係的連結。

這是清廷難得承認現實、頭腦清醒的時刻。中國、東南亞、乃至歐洲商人，已經棄用朝貢的形式，而是直接和地方官員與商人打交道，賺取豐厚利潤。或許最著名的案例就是怡和洋行的威廉・渣甸（William Jardine）和詹姆斯・馬地臣（James Matheson），不受任何政府的控制，他們利用浮動倉庫走私價值數百萬英鎊的私貨，包括鴉片，進入中國，以呼應官方管道無法滿足的需求。

一八三四年，英國政府終止英國東印度公司壟斷對中國貿易的特權，准許商人有更大的自由發揮空間。道光皇帝的動作打算把他們與其在沿海地區的共謀者，重新納入北京的控制。但清廷面臨沿海各省有太多人更關心自己賺錢發財，而不重視朝廷的稅收，他們抗拒中央的命令。中央與沿海之間的角力造成美國漢學家詹姆斯．波拉切克（James Polachek）所謂的「在嚴峻的仇外僵化到勾結投機之間來回」擺盪。[15]這個鬥爭在往後數十年持續，即使國際秩序已經轉為對北京不利。抵抗導致一八四〇年的「鴉片戰爭」，戰敗導致和解；進一步的抵抗又再導致一八六〇年又一次的「鴉片戰爭」；打了敗戰又必須和解，如此周而復始。到了十九世紀末尾，清廷已經被迫正式承認地位下滑：再也不是**中國**，所謂的「中央帝國」。皇帝不再統治**天下**，只是統領眾多主權國家當中的一個。

*****

一八四四年，一個來自長江流域繁華城市合肥的二十一歲學生，進入與他父親同年同榜考取進士的同窗府裡受教，準備考試。李鴻章是一個典型的代表，家世良好而享有優遇。他的父親是刑部員外郎，也因此李鴻章的成長過程相當安逸。從父親替他挑選的老師就明顯可以看出李家的優勢地位。這位老師就是曾國藩，清政府裡的後起之秀。曾國藩年僅二十七歲，就通過了最高級別的科舉考試成為「**進士**」，被派任為三十三名翰林院侍講學士之一，他們是最親近皇帝的顧問。作為侍講學士，曾國藩協助起草指示大清國施政的皇帝詔令和其他文件。在這個位置上表現優秀者通常都能晉升更高職位。但是，侍講學士通常必須花時間擔任鄉試的正考官，才能更上層樓升官，就是如此，曾國藩才成為了李鴻章的老師。

李家做了明智的抉擇。三年之後，李鴻章以更年輕的二十四歲在會試中脫穎而出，以榜眼之姿取得**進士**榮銜，進入翰林院，這是最優秀的士子才有的榮耀。翰林院是朝廷的秘書處，也是維護大清國官方儒學意識型態的基地。翰林院的學者必須解讀古籍，指引皇帝和朝廷議決政事。要能考取**進士**，必須對經籍有深刻，其他方面就不太講究。這些經籍文本被當作指導官員任事和皇帝治理的指引。這裡頭並不求創新、也不追求新知識：唯有皓首窮經、浸淫在考試制度裡的人才有權利解讀舊典籍、提供建言。這些「士大夫」構成大清國的核心，也自命為這個位居道德高位的信仰體系的守護人。他們之所以能維持社會地位，依賴的就是壟斷這項知識，因此他們也拚命維護之。這群士大夫對變革持懷疑心態，仇視夷狄，並且毫無興趣去探究和了解外在世界。

李鴻章也抱著相同的觀點，不過他在一項關鍵特性上卻與眾不同。他野心勃勃，一點都不像儒門子弟。李鴻章身高六尺四寸，在同僚中有如鶴立雞群，讓人印象深刻。他一生出將入相、飛黃騰達。在他過世兩年後，有位相當崇拜他的西方人士宣稱：「撰寫李鴻章傳記，等於是撰寫十九世紀中國歷史。」這位作者艾莉西雅·立德*（Alicia Little）是位社會運動家，也是傳教士的太太，她宣稱李鴻章是「一位外國使節在中國發現可以進行理性對話的人」，但是她也指出，「和他同時代的許多人……只認為他在破壞中國的榮譽」。[16] 李鴻章扮演清廷最高階層和廣大世界之間的中間人，使他成為從天下過渡到主權統治的世界，這個過程之中的關鍵人物。這個過渡過程的關鍵，在於李鴻章與好幾位美國重要人物有密切交情，包括一位前任總統和一位前任國務卿。

李鴻章在大清國首次遭到英國海軍火砲擊敗之後不到幾年，投入曾國藩帳下受業。「第一次鴉片戰爭」戰敗，清廷被迫在一八四二年八月簽訂《南京條約》。清廷同意除了廣州之外，再加開四個口岸允許英國人通商。他們也被迫把香港島永久割讓給英國，以及支付二千一百萬「元」（實際上是卡洛斯披索），賠償廣州當局銷毀的鴉片和戰爭費用（英國人當然不會賠償戰爭中約兩萬名死者，和數以千計受傷或遭虐待的中國人）。就中國未來與世界的關係而言，最重要的是清廷同意貿易能夠「自由地」進行，純依商業而非朝貢關係既行交易，以及英國官員有權居住在通商口岸，並與地方官員直接溝通；另外，英國公民不受被他們認為是野蠻的大清律法法管轄。同年稍後，美國也展開「豺狼外交」（jackal diplomacy）的第一幕，要求享有等同英國人打仗才搶到的自由貿易權利。清廷起初不肯，到了一八四三年才同意所有洋人同樣享有讓利。[17] 曾國藩

＊　編注：文獻多稱作「立德夫人」。

和李鴻章都沒有涉及第一次鴉片戰爭，但是鴉片戰爭的遺緒界定了他們日後的一生。來自外國的新觀念將引爆國內叛亂與在國外進行的分裂行動。一再出現的危機將迫使清朝官員尋求洋人協助。曾國藩即將崛起成為英雄，李鴻章也將崛起負責折衝樽俎，但到了老邁之年卻被貶斥為賣國賊。

一八五一年初，由於經濟情勢惡化、糧食不足更加嚴重，中國西南部出現了遠比英國皇家海軍更加危及大清統治的威脅。叛黨起兵反叛，揭櫫集合了基督教神學、社會主義烏托邦理想和仇視滿洲人於一爐的主張，號稱「**太平天國**」。一八五三年三月，太平軍占領離李鴻章老家合肥不遠、位於長江下游的南京，把城裡頭四萬名滿洲人居民統統殺害。南京在未來十一年裡，成為太平天國的首都。一八五四年一月，太平軍攻克合肥。[18]曾國藩弟弟在一八五八年企圖搶回合肥，沒有成功反而陣亡。到了一八六〇年，長江流域五個省分全部或部分遭到太平天國控制。

清廷為了延長國祚，與太平軍進行殊死戰的同時，又面臨英、法政府在美國默認支持下的節節進逼，要求清廷准許能夠自由貿易的更多讓步。由於違反《南京條約》，衝突再度爆發，英、法聯軍砲轟廣州，以及北京的門戶天津。一八五八年六月，在西方列強武力壓迫下，天津官員與攻擊方簽訂新條約，准許他們進出更多口岸，船艦有權在長江航行，也有權在全國各地自由旅行、貿易和傳播基督教。同等重要的是，條約也允許外國政府在北京設立使館。這些洋人要的是被當做主權國家平等對待、而不是朝貢者。

然而，致命的是，天津官員沒把條約認真當一回事，不以為是永久性的承諾。簽立條約的滿洲人官員桂良上書給皇帝，赤裸裸地宣稱：「不必把和英國人、法國人簽訂的和約當真。這幾張紙只是要讓他們的軍隊和船艦離開海岸而已。」[19]英國人和法國人當然不是這樣看待條約。兩年之後，條約仍然未被清廷核准。因此，英法聯軍又於一八六〇年由香港北上，逼迫清廷核准通過條約。「第二次鴉片戰爭」最終達成了這項協議。

英法聯軍衝破清軍部署在海河的防線，向北京推進。他們封鎖住運往北京的漕運，顯然準備要洗劫北京。道光皇帝已於一八五〇年去世，由兒子咸豐繼位。這時，咸豐皇帝逃出北京，留下同父異母弟弟奕訢和英法聯軍交涉。面對太平軍和歐洲人的雙重威脅，清廷同意俄羅斯使者尼古拉·巴夫洛維奇·伊格納提耶夫（Nikolay Pavlovich Ignatiev）的提議。他承諾，只要清廷同意俄羅斯的要求，他可以出面和英、法兩國調停。事實上，伊格納提耶夫對倫敦和巴黎根本沒有影響力，但是清廷卻簽了字，斷送掉西伯利亞最肥沃的十三萬平方英里面積土地的權利。[20]和大清國未來對外關係同等重要的是，奕訢在一八六〇年十月二十四日與英國簽訂《北京條約》，次日又與法國簽署相同的文件。

根據條約，清廷割讓香港島對岸、九龍半島南端大約二十平方英里的土地給英國，同時開放天津為通商口岸。更重要的是，清廷同意外國人有權在北京永久派駐使節：他們不再需要舟車長途跋涉，由廣州趕到北京。歐洲人並不認為自己是朝貢國的代表，而是國際制度中地位相同的一員，但是清廷不能理解、也不能接受這種安排。他們依然抱持「天下」的觀念，認為大清皇帝理所當然是「普天之下」的統治者。這兩種世界觀之間的鬥爭，界定大清最後半個世紀統治的內涵，而李鴻章是這部分故事裡的關鍵主角。

＊＊＊＊＊

這條街上響徹痛苦哀號。一名中年婦女坐在路邊嚎啕大哭。她的哭聲穿透了現代北京的喧囂，但是沒有人站出來幫助她。周圍有很多人，但沒有人願意伸出援手。沿著胡同再走幾步，一名年輕女子坐在野營凳上，雙手高舉一張大紙，上面寫著伸冤文字，要讓大家看到。她周圍圍了一群相貌凶狠的男子，全都指指點點責備她。唯一捍衛她的人是一位坐在輪椅上的農婦，向這些凶漢子痛罵回去。很難分辨這些漢子究竟是黑道人物、還是便衣保安。或許兩者都是。

所有這些不幸的根源都在東堂子胡同巷子裡：幾乎隱藏在高大的灰色牆壁後面那棟低矮的建築物。從大街上只能看到舊瓦屋頂。四十九號是中國公安部的人民來訪接待室。這兒是當今中國公民投訴公安人員不當行為、尋求賠償的地方。成功的機會很小，但是在這個九月的下午，辦公室外面還是有一些人排隊，牆上嵌著一塊石匾，訴說著這座不幸宮殿的歷史。

現在的人很難相信，但是這座建築物曾經是北京國際生活的焦點。十九世紀下半葉，它是總

理衙門的所在地，**總理衙門**就是第一個「外交部」，為了處理跨海而來的外夷而設立。如今，它與周圍的環境一比相形見絀、鋒芒盡掩：一旁巍然聳立著過度華麗風格的「北京勵駿酒店」，以及被稱為「金寶匯」且融入清朝元素的購物中心。在拐角處還有另一個仿造清宮的建築物，也就是香港賽馬會的北京會所。當新貴繁忙進出這些豪華宮殿時，後街小巷裡卻充滿著悲傷的景象。歷史不會重演，但模式顯然會重覆出現。

總理衙門成立於一八六一年一月十三日，是第二次鴉片戰爭後成立的機關。[21]歐洲列強要求賠償八百萬兩銀子，可由設在通商口岸的海關徵收的關稅分期償付[22]（英國人和法國人對於要求清廷在自己國土遭受侵略，還要賠償軍費毫無良心不安）。負責談判及簽署《北京條約》的三位朝廷大臣建議皇帝成立新機關，專司監督條約執行。然而，他們並不認為這是長久的安排。在一份上呈給皇帝的奏摺中，他們寫道：「一旦（敉平太平軍及其他叛黨的）軍事行動告一段落，弄清與各國的交涉的眉目後，新機關即可裁撤，其職掌將遵循舊制，恢復由軍機處管理。」

這三位大臣全是滿洲重臣，包括恭親王奕訢、奕訢年邁的岳父桂良*，也是一八五八年對《天津條約》不以為意的官員，以及文祥†[23]。恭親王奕訢把新機關命名為「總理各國事務衙

* 編注：為瓜爾佳氏（Hala Guwalgiya），字燕山，滿洲正紅旗人。
† 編注：（一八一八年—一八七六年），瓜爾佳氏，字博川，號文山，滿洲正紅旗人。

門」，但是他面臨朝廷中保守派士大夫持續地抗拒，這些人不肯承認新現實。他們想把新機關的重要性壓低，諭令它應該取名為「總理各國**通商**事務衙門」——實質上就是否定它的外交功能。恭親王極力遊說，想要改變這個決定，但是只成功了一半。因此，新機關就通稱為「**總理衙門**」。跟清朝的期待有明顯落差，因為與其接洽的英國外交官員立刻稱它為「外交部」。清廷決定要讓他們覺得地位低下，刻意使用侮辱人的小動作。**總理衙門**設在遠離皇廷的小巷弄裡——東堂子胡同裡的這一處所原先是「鐵錢局公所」。**總理衙門**的第一批外國訪客形容它「又小、又不方便」，而且「骯髒、冷清和荒涼」。[24]現代訪客來到充滿悲傷的這個地點，可能也會同意這個評語。

恭親王、文祥和桂良希望控制來自歐洲列強的威脅，讓**總理衙門**成為外國政府與朝廷溝通的唯一管道。然而，**總理衙門**不僅是處理外交事務管道，**總理衙門**也成為清末菁英接觸廣大世界的入口。**總理衙門**很快就在一八六二年開設譯員學校「**同文館**」。**同文館**聘用洋人老師，旋即開始把西方書籍和思想翻譯為中文。其中包括西方人所謂的「國際法」相關條文。這些觀念對於竟是在一八六〇年英法聯軍的炮口下所遭逢的三位滿洲大臣而言，實在過於陌生。但是他們很快就發覺攻擊者者相當重視這些。他們希望能深入了解。

咸豐皇帝於一八六一年八月去世，恭親王協助策畫政變，把實質權力交付給咸豐皇帝的嬪妃慈禧。她的兒子年方五歲，登基成為同治皇帝，但是所有的人都清楚誰才是真正當家做主的人

——慈禧在往後半個世紀垂簾聽政。恭親王成功地把他的改革派人馬布局在掌權要職上，但是保守派的勢力也根深柢固。許許多多士大夫遍布全國各地掌握要津，他們全都靠著繼續壟斷古籍經書的教學，維繫收入和影響力。

當這一切在北京發生的同時，在上海附近有場十分血腥的鬥爭逐漸步入尾聲。沒有人能夠確切講清楚有多少人死於太平天國發動的內戰，但是估計應該至少有兩千萬人——是因鴉片戰爭而陣亡的一千倍以上。北京的清廷無法提供足夠的軍事支持，遂授權曾國藩等各省領導人召募鄉勇，和叛軍作戰。曾國藩等人利用他們的官職和非官方的人脈關係，籌集資金組練、裝備地方軍隊。這些地方新軍是打了幾場勝仗，但是無力阻止太平軍。當叛軍向通商口岸上海推進時，上海商紳大為驚駭，轉向洋人求助。除了已有三千名英國、印度和法國部隊依據通商口岸制度駐防在上海租界，他們又召募三千名中國人，由外籍傭兵指揮這支日後被稱為「常勝軍」的部隊。一八六一年底，曾國藩命令李鴻章回老家安徽，召募鄉勇、組織一支新部隊「淮軍」，馳援上海。[25]

一八六二年四月，李鴻章的世界變了。他率領淮軍坐上上海商紳雇用的英國輪船，前進上海。他在上海首度見識到西方的現代化。李鴻章目睹歐洲列強的武器和軍隊紀律擊敗了叛軍。我們從他的日記和信函中知道，他幾乎立刻就決心要把同樣的力量帶進自己的社會。但是他骨子裡還是個「士大夫」，他並沒有想要變成「西方人」。他在一八六二年四月二十三日寫信給曾國藩，表示他要讓淮軍和歐洲人隔離，「要自強且不與洋人混合」。

圖三　北京總理衙門舊址，現在是公安部負責接受人民上訪申冤的單位之辦公室。牆上的牌子敘述它原本的角色。

李鴻章有可能是從曾國藩那兒學到「自強」。前一年，具有改革思想，從士大夫轉為軍事指揮官的馮桂芬向曾國藩進言。馮桂芬針對國家屢敗於夷人兵力之下備受羞辱，十分痛心，他寫了許多文章，主張「我們只需向夷人學一件事：船堅砲利。」[26]這種思想引領由馮桂芬、曾國藩和李鴻章等人倡導的「自強運動」——重點在於師夷之技，同時保持超乎於西洋的思想。

寫完上述信函給曾國藩之後兩天，李鴻章奉派署理江蘇巡撫（包括上海。到了一八六二年八月，他驚覺上海租界的華人商紳竟然寧願接受夷人統治，而非大清政府。他寫信給另一位自強運動的主要人物左宗棠，提到「官員和人民的心早已投向夷人」。[27]李鴻章厭惡夷人的力量，可又盼望能精嫻於操控這股力量，在其後兩年努力剿滅太平天國期間有增無減。

一八六三年三月，李鴻章奉派署理南洋通商大臣。朝廷在成立**總理衙門**的同時，也設置這個職位，職掌如出一轍：理藩。南洋大臣和北洋大臣都是朝廷的「理藩」官員，負責督辦在西方槍砲下不得已讓出的特權。李鴻章變得相信，儘管洋人口裡說只對商務有興趣，骨子裡其實決心要爭奪更多領土。當年稍後，他向一位友人提出警告：「長期的麻煩是西方人。即使**華夏**如此偉大，她已經虛弱不堪。」[28]

但是李鴻章對於同儕的態度也相當有挫折感。一八六四年春天，他直接上呈**總理衙門**，抱怨士大夫們「沉浸在長久以來寫和練書法的舊習之中」，而不思處理當前真正的問題。朝廷應該主動命令他們研究新科技。循著馮桂芬的觀點，他認為當務之急是「師夷之技」，不要老是聘用夷人。恭親王認同他的觀點，轉呈給皇上，可是朝廷並沒有任何行動。

隔了幾個月，一八六四年七月十九日，太平天國的首都南京*終於被曾國藩的湘軍攻陷。這是一場格外兇殘的戰鬥。曾國藩的部隊薪餉並不高，上級放任他們為所欲為。高達十萬人遭到殺害，而且大部分是在投降之後被屠殺。老弱童幼一概殺無赦，婦女被當做戰利品，全城遭到洗

---

* 譯注：太平天國已改名為「天京」。

劫，整個地區夷為平地。[29]在曾國藩的世界觀裡，對於推翻數百年來儒家禮教的人不必予以同情。

太平天國既滅，中央政府終於可以集中力量重建破碎的社會，並且對付西洋人帶來的挑戰。從一八六四年至一八九四年中日甲午戰爭爆發這三十年間，是「自強運動」時期。由曾國藩、李鴻章和馮桂芬，以及他們在京城的支持者所組成的一批現代化菁英，全力借重洋人之助，創辦機械製造局、組建現代海軍和專業軍隊。他們投入了極大的心血，不過這一切努力卻都付諸流水。

* * * * *

自強運動派在第二次鴉片戰爭、一八六一年政變，以及成功敉平太平天國之亂後，有機會掌權，但是他們在北京遭遇保守派頑固的反對。**總理衙門**與其轄下**同文館**的成立，是在勉為其難下才獲得核准的，這些機構舉步維艱，很難發揮效用。**同文館**設置的目的是要培養整個世代的翻譯員，俾能和英國人或法國人互動。朝廷中支持設立的官員原意要和西方人士保持距離，但是短短幾個月後，他們就發現，「由於沒有任何中國人對外文有透徹了解……我們無法避免從洋人中物色合適的人選」。[30]（值得注意的是，這裡所謂的「洋人」指的是「歐洲人」，因為清廷對於在大清國內講的各種語言，已經有了翻譯員。）

同文館頭兩位聘用的語文老師是英國傳教士，他們對在北京成立教會學校宣揚基督教義的與趣，遠遠超過培訓官方翻譯員。兩人都在中國其他地區學會中文，可是都不會說北方官話方言（Mandarin dialect），一年後兩人都辭職了。學生的素質也使情勢更加不利。大體上，他們都不是最優秀的學生，因為比較有志氣的學生都希望專心攻讀傳統經籍，俾便透過科舉考試在清朝官僚體系中晉升。[31]

當清廷海關總稅務司羅伯．赫德（Robert Hart）任職後，情勢起了變化。他主持的這個組織，負責將進口關稅繳交給**總理衙門**——一部分支付給英國人和法國人做為近來戰爭的「賠償」，一部分做為負擔朝廷的開銷。雖然是大清國的官僚機構，海關實際上由英、法、美及普魯士等外國人管理，也擁有相當可觀的收入。因此，赫德有預算也有誘因提振與他打交道的官員素質。他個人的性格似乎很符合這份工作，這位北愛爾蘭人和**總理衙門**官員相處甚歡，關係融洽。

赫德一開始就認為滿清官員需要多了解西方的國際法。根據他的日記記載，他在一八六三年七月十五日開始翻譯第一份英文撰寫的國際法論文，即美國律師暨外交官亨利．惠頓（Henry Wheaton）的《萬國公法》（*Elements of International Law*）。這個月月底，他交給**總理衙門**幾段譯作，涉及討論到外交使節團在外國首都的權利——或許這是當下和西方列強往來最迫切的問題。歷史學者司馬富檢視赫德的日記，發現一八六三年整個夏天他都在翻譯惠頓的作品，然後遞交給**總理衙門**。[32]這時候，按照恭親王自己的說法，他認為外國人可能會把他們寶貴的文章當做祕密，然而，赫德卻非常樂意分享。

赫德不是唯一樂於分享的洋人。這一年，法國開始強力入侵安南（今天的越南），北京認為它是其中一個朝貢國。一八六三年四月十四日，法軍脅迫越南皇帝簽訂《順化條約》（*Treaty of Hue*），把部分國土割讓給法國。**總理衙門**因此向美國駐北京公使蒲安臣（Anson Burlingame）請教關於這類條約的看法。根據美國語文史學家劉禾（Lydia Liu）的研究，蒲安臣推薦惠頓的作品。他發現美國傳教士丁韙良（William A. P. Martin）在四位中國基督教徒協助下，也在翻譯惠頓的著作。[33]美國外交官們早已認識丁韙良，他是一八五八年談判《天津條約》時，美國代表團聘請的翻譯員。事實上，丁韙良手上這本惠頓著作是當時美國代表威廉・里德（William B. Reed）送給他的。依據丁韙良自己的說法，他認為翻譯國際法是他從事傳教志業的延伸，他日後說：「這項工作或許能使這個不信上帝的政府，認識上帝和祂永恆的正義」。[34]

丁韙良面臨的難題遠超過一般文字翻譯。事實上，這是要讓完全不同世界的一群人能夠了解另一種世界觀。他必須創造新字詞來彌補認知上的差距。在日後一本書的序言裡，他寫道：「這些單字和表達方式可能看起來有些古怪和笨拙，……但是你會發現翻譯者確實盡了最大的努力。」[35]丁韙良把「主權」的概念介紹給清廷官員，但是他必須賦予一個舊字詞不同的涵義來傳遞新概念。透過丁韙良的翻譯，英文sovereignty變成中文「**主權**」。這個詞有著古老的淵源，出處於西元前七世紀的《管子》，但是當時的意義完全不同。英國學者柯嵐安（William Callahan）指出，當時的「**主**」不是指國家、而是指「統治者」、「主人」或甚至「所有者」。丁韙良選用

「**權**」這個字代表「權利」，但自古以來它意味著「權力」，箇中含義是這個權力可能是專斷的或機會主義的。因此**主權**從字面上看可以解釋為「國家的正當權力」或是「統治者專斷的權力」。在《管子》書中，這個字詞用在警告的脈絡中：「藏竭則主權衰，……」[36]從西方「sovereignty」的概念和中文「**主權**」所代表的不同意義，兩者的對接有助於說明中國當代一些「主權基本教義」。如果現代中文使用的這個名詞意含「統治者的權威（authority）」，那麼主權只能是絕對而不會是相對的。有哪個統治者會要他的權威減縮？從差異中浮現另一種國際關係的架構，即「命運共同體」。

一八六三年十月，經過好幾個月的掙扎奮鬥，把一種世界觀翻譯為另一種概念，丁韙良終於到東堂子胡同**總理衙門**「又小、又不方便」的辦公室呈現他的成果。丁韙良是赫德的朋友，很容易獲得到**總理衙門**拜會的機會。他交出四大卷翻譯自惠頓專書的文稿給恭親王、文祥等大臣。

恭親王當然對惠頓的著作感到興趣，但是朝廷裡的保守派則不然。倘若不是什勒斯維奇—霍爾斯坦問題（Schleswig-Holstein Question），這本中文譯本可能根本不會出版。一八六四年春天，丹麥和普魯士為了北歐這兩個省分的歸屬發生衝突，風波延伸到天津港。新到任的普魯士公使搭乘軍艦、趕到天津港，立刻扣押三艘丹麥商船。恭親王利用他剛從惠頓著作得來的新知識，主張在別的國家領海進行這種行動不合法。他驚訝於普魯士公使立刻同意，並且釋放船隻與賠償丹麥人。[37]事件過後，恭親王在一八六四年八月三十日上奏朝廷，主張這件事彰顯出這本神秘之書很有用處，他強調書中包含的「法律在某種程度之內，可以控制外國領事，這絕對是有用的東西。」

但是，即使恭親王對於利用惠頓的論著來管理洋人深感興趣，他卻認為沒有理由讓這本書規範朝廷行徑。他在一封密函中向皇帝保證，惠頓的主張不會影響大清國。他解釋道：「臣已經制止（丁韙良）試圖讓我們遵循這本書，我已立刻告訴他，中國有其律法與制度，不便遵循外國人書上的作法。」接下來，恭親王在奏摺末尾向朝廷報告，他已經批准五百兩銀子的預算，編印丁韙良的譯作。[38]丁韙良請恭親王為中譯本作序，但是恭親王婉拒了。顯然恭親王不希望如此公然和外國思想扯在一起，**總理衙門**也不是這本書的出版人。任教於奧斯陸大學的漢學家魯納（**Rune Svarverud**）指出，這本中譯本在一八六四年，由丁韙良在北京設立的教會學校附屬出版社出版。[39]

次年，丁韙良被派任為**同文館**英文老師，一八六七年成為國際法教授。從此以後，**同文館**成為大清帝國相關部門菁英，進行知識轉型的引擎。但是，他們只是極少數的一群人。士大夫階級對恭親王和自強運動的反對相當強大。

頭號保守派是著名的學者倭仁。倭仁是蒙古族，透過科舉考試晉升到同時兼領大清國若干最重要的職位。倭仁樹立了一個公眾形象，他是一個正直而節制的人，並且呼籲大家嚴格遵守儒家經典。有一個諷刺故事說他成立了一個「吃糠會」，不吃精緻的白麵粉。但是高官會有豐厚的報酬，傳言倭仁是個偽君子，暗中享受精緻美食，甚至還吸食鴉片。咸豐皇帝對他敬而遠之，甚至有一段時期還把倭仁派到遙遠的新疆任職*。然而，在一八六一年咸豐皇帝去世和慈禧隨後發動政變之後，他迅速獲拔擢出任高職。到了一八六六年，他不僅是大學士，督導戶部，而且還擔任都察院左都御史、工部尚書、翰林院掌院學士，以及幼主同治皇帝的師傅。[40]

恭親王和倭仁的衝突在一八六七年三月浮上檯面，兩人為低階官員和翰林院學者應否受鼓勵到**同文館**學習算術和天文學等新項目吵得不可開交。倭仁反對的理由是「根本之圖在人心、不在技藝」。[41] 他也主張同文館不應該聘用西人教習，必須保存儒家準則為首要標準。朝廷摒棄倭仁的主張，甚至讓他明白上意非常不悅，特意指派他到**總理各國事務衙門**「行走」任職，讓他有機會多學習洋務。倭仁懇求豁免，聲稱他天性就是保守派，無法勝任新職。他以多病為由，並在理應報到接任當天，從馬背上摔下來傷了腿。然後倭仁辭去本兼各職，只留下擔任年輕皇帝的老師一職。從此以後，他從公眾生活中消失。

縱使如此，倭仁的犧牲卻造成「宋明理學」（neo-Confucianists）的大勝。香港出生的歷史學者龐百騰（David Pong）觀察到，慈禧太后雖然支持恭親王對抗倭仁，以及**總理衙門**對抗保守派

* 譯注：為副都統銜、葉爾羌幫辦大臣。

批評者，但她並沒準備直接挑戰士大夫階級。要求官員到**同文館**學習的點子很快就無疾而終。**總理衙門**日後報告：「自從倭仁提出反對後，士大夫們集結起來，共謀破壞（**同文館**）……，結果，沒有人到**衙門**來接受入學測驗。」朝廷做出選擇，偏向儒家正統，不肯多學習廣大的世界。雖然這些爭論圍繞著如何學習「洋務」而展開，但是也隱含著排斥改變朝廷世界觀的任何舉動。洋人或許可以應試闖入大清領域，並且迫使中國在貿易上讓步，但是洋人的世界觀仍然須維持距離，讓**總理衙門**去管理就可以了。

這個態度也經由朝廷之內的通信往來得到證實。一八五八年簽訂的《天津條約》內含條款，允許任何一方可在十年之後要求修訂條約。隨著日期逐漸逼近，一八六七年底，恭親王奕訢草擬一道上諭下達給全國地方大臣，這些人都有和洋人打交道的經驗。他需要這些人的意見：他們預期洋人會有什麼要求？朝廷應該如何回應？包括李鴻章、曾國藩和左宗棠在內，十七名封疆大臣提出回覆。我們從這項機密文書大為了解清廷的世界觀——最令人嘖嘖稱奇的是，這些官員對周遭世界發生的變化渾然無知。大清帝國世界觀的根本基礎還是一樣：大清國是**中國**、是世界的中心，文化上和道德上仍然比夷狄高超。美國的中國歷史學家畢乃德夫（Knight Biggerstaff）提出尖酸的評斷，認為「他們的無知和盲目令人驚訝」。只有李鴻章、曾國藩和左宗棠「表現出真正了解國家應對這些持侵略心態的西方列強，面臨到嚴重的問題。」[42]但是他們怎麼會這樣呢？用加拿大歷史學家蘭默賓（John Cranmer-Byng）的話來說：「中國受到環境和自身積弱的原因，中國人被迫進入自己不相信的國際體系，在他們看來，這個體系沒有道德正當性。」[43]

＊＊＊＊

後來的發展是，咄咄逼人的西方人並沒有要求修訂一八五八年的條約。大體上來講，一八六〇年代是西方列強與清廷合作的時期。歐洲人和美國人享有強力奪取來的貿易權利，自強運動派則努力利用洋人科技，試圖重建大清國因戰亂而粉碎的防務。通商口岸是小小的現代化橋頭堡，但是「宋明理學派」則守住其他地方。兩種世界觀並存。

外國銀行進駐通商口岸，加上拉丁美洲恢復政治安定也深具影響。大約從一八五三年起，可靠的墨西哥銀元又開始流入大清經濟。銅幣和銀兩兌換的經濟問題開始緩和。與此同時，人們拿出太平天國之亂時期囤積埋藏的銀子來使用。隨著披索恢復供應，經濟也逐漸復原。隨著銀子流通，西方商人也不再販售鴉片，反倒是本國種植的毒品供應大增。到了一八六〇年代末期，本土種植的鴉片超過進口的鴉片。[44]

勉強共存的時期並沒有延續到一八七〇年代。一八七〇年六月二十一日，謠言盛傳天主教會的孤兒院綁架幼童，加上法國領事孟浪的過度反應，造成「天津教案」（Tianjin Massacre），大約六十名基督徒（包含中國人與外國人）遭到殺害。歐洲人要求賠償，法國軍艦駛向天津，朝廷派李鴻章出任直隸總督（天津在直隸省境內），出面處理危機。於是某些暴徒遭處決，清廷派代表團赴法國道歉，歇斯底里終於緩和下來。出任直隸總督三個月之後，李鴻章又兼任北洋通商大臣，並且晉升為**欽差大臣**。[45]

李鴻章因此成為全國最有權力的官員之一。除了天津之外，直隸也轄管北京周圍地區。由於身兼北洋通商大臣，李鴻章負責和上海以北所有通商口岸裡的洋人打交道。往後四分之一個世紀，如果你是西方人，不論是希望從地理上前往北京，或是在政治上與北京接觸，你都必須經過李鴻章這一關。有位西方人的確通過這一關，他對李鴻章產生深刻影響，也透過李鴻章對中國與外在世界的關係產生重大影響。

畢德格（William N. Pethick）曾經參加美國南北戰爭最後階段的作戰。大約在一八六四年太平天國於南京覆亡的同時，他加入紐約第二十五騎兵團，成為一名小兵。他在薛瑞丹將軍（General Sheridan）指揮下，參加雪納多山谷（Shenandoah Valley）戰役，直到全團於一八六五年六月解散。他富有冒險的心理，於當年稍後，年僅十九歲的他便啟程前往中國。有記載說道，他拿著林肯總統的介紹函去見美國駐北京「公使」蒲安臣。[46]另有記載說畢德格起先替一家英國貿易商社工作。不論哪個記載正確，畢德格後來到處旅行。據說他流浪了兩年，足跡踏遍各處，學會好幾種中國方言，也沉浸在各方文化中。畢德格回到北京後，李鴻章顯然要求與他見面。[47]

兩人自此締交，友誼一直維持到一九〇一年在相隔幾天內先後去世為止。一八七二年，裴提克被派為美國駐天津領事，大約同時，他也投入李鴻章幕下。[48]一八七四年十一月，海關總稅務司赫德形容他是「李鴻章幕下最能幹且受信賴的雇員之一」。[49]這個雙重身分使他成為美國和李鴻章之間最理想的中間人，而透過李鴻章又可以直達清廷。雖然畢德格大部分時間都在處理商業機會和貿易糾紛，畢德格也涉入中國對外關係的核心。透過畢德格的關係，李鴻章在往後二十年碰到四次國際危機，都搬出美國人協助。每次美國介入，都減損大清居於**天下**中心的地位，或至少讓大清在外在形式上，接受了主權和西方國際法的規則。這倒不是畢德格個人或華府整體刻意的策略，這只是透過美國人觀看世界的結果。

一八七〇年代的李鴻章，身為儒家學者和清廷官員，自然擁有著皇帝在北京身居區域秩序的中心，權力往各個方向輻射出去，管控所有的官員、臣民和朝貢國家的世界觀。理論上，有六個國家仍然定期向皇帝朝貢：安南（越南）、朝鮮（韓國）、瀾滄（寮國）*、琉球、暹羅（泰國）和緬甸。還有少數國家也來朝貢，只是沒有定期（最後一次外邦朝貢是一九〇八年的尼泊爾）。由於清廷的經濟和政治危機接踵而至，朝貢關係已經相當一段期間弱化。縱使如此，「朝貢制度」或者背後據以建立的**天下**概念，仍然是國家官方的意識型態，支撐著皇帝統治的權利。即使一七九三年馬戛爾尼使華以失敗告終，也被朝廷記載為英國遣使來「朝貢」，不顧這樣的敘述完

---

* 譯注：中國古籍稱之為「南掌」。

全不符使節團的本意。[50]以歷史學者蘭默賓的話來說，「中國傳統世界體系的崩潰速度，比秩序所奠基的假設受到的侵蝕還要快。」[51]清廷菁英根本不了解究竟發生什麼事。

他們的世界不斷地流失。太平天國稱亂期間，暹羅和寮國停止派遣朝貢團，兩者最後一次遣派朝貢團都是一八五三年。中國和東南亞的商人發現，藉由東南亞和新開的通商口岸直接交易更賺錢。一八六二年，太平天國之亂敉平後，清朝當局試圖恢復昔往的關係。兩廣總督請暹羅政府恢復朝貢團，暹羅方面沒理睬。[52]暹羅退出朝貢制度，[53]寮國也離開了。

接下來是琉球王國。一八七九年三月，日本兼併這個介於日本和台灣之間的群島。琉球菁英非常氣憤。過去兩百五十年，大清國和日本之間不准有直接通商行為，他們扮演中間人賺取相當利潤。日本人在琉球王國有很大的影響力，但是他們鼓勵琉球人繼續向北京朝貢，維持商務流通。琉球人的朝貢持續到一八七五年四月光緒皇帝登基。[54]次月，日本政府下令停止朝貢團，琉球菁英相當不滿，一再懇請清廷伸出援手。但是清廷沒有伸出援手。琉球王國統治者即將脫離天下的世界、踏進「主權」的世界。

一八六四年，丁韙良翻譯惠頓《萬國公法》的中文版在北京出版的一年內，就被譯成漢字供日本讀者參考。日本人立刻發現它的價值，在後來二十年裡陸續有二十種不同版本出版，包括一個一八七六年的完整日文版。[55]和清朝大臣抱持懷疑態度大大相反，這本書在東京得到熱烈的歡迎和採納。這本著作的根本訊息乃是國家權利至高無上，而且是獨立的，這一點吻合日本對其區域地位所流行的新思想。這些思想在一八五〇年代美國海軍強迫日本解除鎖國狀態之後產生的。日本政界裡的積極派尋求向歐洲列強學習，並且希望像他們一樣建立帝國。他們開始覬覦日本周邊的土地，第一個動作就是進入琉球。擴張派向惠頓學習，將其的主張轉為己利。

日本併吞成為既定事實，琉球國王被逼迫流亡，王國併入日本，而清廷必須決定要如何回應。過去琉球向大清朝貢，清廷並沒有財務上的收穫。一八七八年五月，李鴻章寫給中國駐東京公使何如璋的信指出了這一點。[56]清琉關係的重要性在象徵意義。日本的兼併侵犯了區域秩序，對皇帝構成大不敬。甚且琉球國王在被廢立前，也直接向清廷求助。如果要維護傳統的秩序，北京就必須伸出援手。現在還孳生現實政治的問題——經過西方列強將近四十年的干預，清廷高級官員相信，讓出琉球群島將會招致列強進一步侵略。

李鴻章和恭親王爭論該怎麼辦。李鴻章覺得不值得為琉球開戰，擬以外交手段處理，訴諸國際法。一八七一年李鴻章在負責和日本談判並簽訂的第一個條約，第一條就規定：「對任何一個國家擁有的領土，兩國政府都應相互尊重，不得有絲毫侵犯或占領。」[57]李鴻章認為日本已經違反條約，因此他指示何如璋向日本提出抗議函。可是，何如璋的信函語氣專橫，充滿舊秩序的精神，以至於日本人拒絕進一步就此討論。

這時候畢德格有個主意。從前他當兵時的長官尤里西斯．格蘭特（Ulysses S. Grant）將軍，擔任八年總統之後卸任，正在環遊世界旅行。一八七九年五月六日，格蘭特搭乘的郵輪在廣州靠岸，然後轉往廈門、上海、天津和北京。他對於沿路所見所聞並沒有什麼好印象。六月六日，他從北京寫信給好朋友阿多夫・波瑞（Adolph E. Borie）提到：「我們現在已經到京城三天了，該見的都見了，沒有什麼有趣的東西……天津人口比上海還多，其骯髒也更令人難以忍受。」[58] 畢德格一路隨侍在側，並介紹他和李鴻章見面，兩人並且討論了格蘭特能夠如何調停琉球爭議。根據美國研究學者查德・貝里（Chad Berry）的分析，李鴻章可能認為格蘭特是個反帝國主義的美國人，因為他曾經率領軍隊打仗、維護國家領土完整，他會同情中國的處境。

格蘭特在北京也和恭親王會面。恭親王告訴格蘭特，他希望情勢恢復到原先的狀態，日本放棄對琉球的主權主張。格蘭特回到天津，又和李鴻章會面。李鴻章引用對國際條約的知識敘明他的主張，但是格蘭特指出一個矛盾的部分：援引一八七一年《中日條約》時，李鴻章似乎是說琉球是中國的一部分；但若是依據琉球一八五三年和美國簽署的條約，琉球又是一個獨立的國家。李鴻章試圖含糊帶過，形容琉球是個「半獨立的國家」。格蘭特答應幫忙，但是他要求回報，亦即中方必須同意限制人民移民到美國。在格蘭特八年的兩任總統任期內，已有十萬名以上中國人移民到美國，白人的反彈情緒高張。格蘭特有野心回鍋再競選總統，中方若是承諾制止移民到美國，將有助於選情。兩人在六月十三日最後一次會談後，李鴻章要畢德格轉告格蘭特，他願意根據這些條件請格蘭特幫忙斡旋。

接下來，格蘭特啟程前往日本。他對日本的快速現代化印象極佳，在日記裡稱讚日本「自由、開明」。中國與日本的情況一對比，格蘭特似乎改變了支持對象，格蘭特想替中國說項的意願消失殆盡。根據研究中美關係的歷史學者麥可．韓特（Michael H. Hunt）的說法，一八七九年七月格蘭特和日本官員會面時，提議中日瓜分琉球。格蘭特活在主權國家和固定疆界的世界觀裡，一個國家可以有兩個主人的概念，對他來講根本無法理解。但是或許知道若直接表達會引起太多爭議，因此他在給恭親王和日本首相的信裡，只建議中國應該撤回何如璋早先措詞冒犯的信函，雙方應該進一步繼續協商。然後，他就打道回府了。[59]

隔了一整年，中日雙方才真正坐下來談判。一八八〇年八月十五日，恭親王在**總理衙門**接見日本公使。經過兩個月的會談，他們終於遵循格蘭特早先向日方提議的瓜分提議，達成妥協。中國取得琉球最南端的兩座島嶼，日本保有其他部分，此外日本也將獲得「貿易最惠國待遇」——與西方列強享有在中國貿易相同的權利。但是李鴻章獲悉協議內容後強烈反對。他在一八八一年二月給格蘭特的信中提到，他「認為要中國去瓜分跟她無冤無仇的一個朝貢國君主的國土，並不符合中國的尊嚴。毫無疑問的是，中國抗議日本併吞琉球之後，卻突然轉過身來參與自始指責是專斷的行為中，這樣怎能不失去所有自尊和世界的尊重呢」。李鴻章還活在**天下**的知識世界裡，他要的是維持朝貢的象徵性秩序，伴隨這個象徵性秩序的消失秩序，大清國的政治秩序將會崩潰。如果大清國不能保護朝貢國，怎麼能宣稱自己是世界的中心？可是，中、日之間再無進一步談判，而日本也鞏固了對整個琉球的控制。中國不肯同意廢除朝貢制度，但是終究還是丟了琉

圖四　美國前總統格蘭特一八七九年拜會大清政治家李鴻章。李鴻章請格蘭特介入、就琉球群島爭議代為向日本人交涉，但是格蘭特最後卻站在日本那一邊。

球。對於李鴻章而言，這是扎扎實實的一堂教訓，讓他理解西方國際法是如何運作的——除非有實力在背後執行規則，否則什麼也不是。

*****

一八八〇年夏天，有關琉球的討論還在進行，李鴻章聽到另一名美國訪客來到亞洲。美國聯邦參議院兩年前通過一項決議，要求美國與朝鮮談判門戶開放條約，而今海軍准將羅伯・舒斐德（Commodore Robert W. Shufeldt）銜命率領軍艦〈提康德羅加號〉（USS Ticonderoga）來到亞洲。朝鮮仍然處於鎖國狀態，不與西方人來往，但是舒斐德先到長崎敦請日本人幫忙。中國駐長崎領事把消息傳回天津，李鴻章開始擬訂一項計畫——透過畢德格身兼他的個人助理與美國外交官的雙重角色，李鴻章邀請舒斐德到訪。

李鴻章關切日本的擴張主義，以及俄羅斯在東方的野心。和琉球一樣，朝鮮也是傳統中向**中國**朝貢的國家，但也面臨如同琉球般的處境，日本覬覦著朝鮮。日本政府倣效西方列強，在一八七六年派遣軍艦到朝鮮，恫嚇朝鮮簽署第一份國際條約。朝鮮勉強同意開放兩個港口和日本通商，並且允許日本派遣使節常駐漢城。[60]鑒於琉球的情勢，李鴻章懷疑日本人還有更大的野心。一八八〇年八月二十六日李鴻章和舒斐德會談，想必是透過畢德格翻譯。李鴻章提到這些憂慮，也提議可以協助美方和朝鮮外交談判。李鴻章似乎試圖運用「以夷制夷」的手法，讓對中國似乎沒有不良企圖的美國來「中立化」日本人和俄國人的活動。根據舒斐德的說法，李鴻章也尋求美國協助打造他的海軍部隊，暗示舒斐德可以出任司令官。

清廷與朝貢國的正式關係，一向都由政府最高機關六部之一的「禮部」負責處理，存在一套必須遵守的嚴格程序，以維持關係的階層性質——范罷覽在九十年前已經領教過。禮部管理北京和漢城之間的關係長達好幾百年，但是在一八八一年春天，這份工作移交給**總理衙門**接手。與此同時，大清皇帝修書給朝鮮國王，鼓勵他和美國簽訂條約。這些動作顯然是出於恭親王的指示，或許看起來微不足道，但卻代表朝廷對外關係出現了根本上的變化。清廷不再認定舊日的儀式關係足夠，北京需要操弄外交政策。然而，恭親王和李鴻章的深意是運用西方列強來阻擋日本人，為了維持住傳統的朝貢關係。

舒斐德在一八八一年七月回到天津。漢城方面還沒有回音，因此他必須再等候。一直到十二月，他才獲悉李鴻章已經說服朝鮮政府同意簽訂條約。二月份，舒斐德來到北京見美國使館代辦何天爵（Chester Holcombe），準備條約草案。草案中沒有提到朝鮮的朝貢國地位，這份文件是基於西方主權的概念所寫，但這絕非恭親王或李鴻章所要的。第一，他們堅持條約必須先經過北京同意，才能提交給朝鮮；第二，李鴻章的版本明訂朝鮮仍將是大清的朝貢國。

李鴻章的版本讓美國人大惑不解。版本第一條開宗明義就說：「朝鮮是中華帝國的附屬國，在此之前，在內部行政和外交關係的所有事務中，都行使自己的主權。」對李鴻章來說，這樣的文字天經地義，可是在美國人看來，這個句子前後兩半互不相容——主權若不獨立，就毫無意義可言。縱使如此，李鴻章堅持這一段一定要列入，不容許討價還價。很顯然，他真心要的是美國承認大清對朝鮮的宗主權。舒斐德的回答則堅持，如果朝鮮具有主權，美國就有權利甩開中國，獨自與它談判。這就是大清和西方世界觀的關鍵差異。

最後，一八八二年四月十日李鴻章做出一項深具影響的權宜決定。他同意從條約文本中刪掉他的文字。這一來，實質上他同意朝鮮終止朝貢國地位，而且在新的區域政治安排中，朝鮮可以獨立地針對對外關係做出主權選擇。安慰性的回報是朝鮮國王在條約簽訂後，另外寫了一封信給美國總統，強調條約是在中國政府同意下所簽訂。這純粹是維持大清尊嚴的遮羞布。關鍵性的門艦已經跨過。李鴻章急欲爭取美國為夥伴，盡力縮小日本在朝鮮的影響力，因此犧牲傳統的朝貢關係，替朝鮮的主權獨立開了門。從其他資料來源及李鴻章後續行為可以得知，他覺得可以透過與朝鮮朝廷的私交，繼續維持實質的朝貢關係。然而，這並沒有實現，新型式的主權關係，取代了舊時的朝貢。

一個月之後，美國海軍軍艦〈史瓦塔拉號〉（USS Swatara）停泊在漢江口，李鴻章和舒斐德將協商後的條約遞交給朝鮮代表團。李鴻章指派一名中國官員主持這場會面，但是舒斐德以主權國對待主權國的方式，直接遞交美國總統切斯特・亞瑟（Chester Arthur）給朝鮮國王的信件，並且要求朝鮮方面以同樣方式回覆。朝鮮方面並沒反對，於是條約於五月二十二日在岸上簽署。朝鮮國王的信在兩天之後送達，但內文卻牴觸條約，信上說：「朝鮮國是中國的屬國，但是它的政府事務，無論是國內或國外，悉由朝鮮國依主權管理。」因此，朝鮮所提出的中朝關係版本吻合李鴻章的版本，可是從美國人的觀點來看，它是矛盾的。

舒斐德投下的心血和努力幾乎全都白費了。條約經由美國聯邦參議院在七月底核准通過，雙方互派駐使。美國公民獲准可在開放的口岸從商和居住，但是很少人真的住到朝鮮。舒斐德的任務大體上沒被亞瑟政府和媒體重視，費盡千辛萬苦並沒得到太大感謝。他甚至也沒在李鴻章的海軍部隊得到一官半職。可是，其他西方列強卻從他的成就中看到好處，在《美朝條約》簽署之後不到幾個月，英國、德國、義大利、法國和奧地利也紛紛與朝鮮簽訂條約。李鴻章盼望「以夷制夷」的策略，讓西方列強來控制日本野心的策略會產生效果。不過，它並未持續太久。

＊＊＊＊＊

在外國勢力之下傾倒的下一個朝貢國是越南，大清和法國此時稱它為安南。法軍於一八五九年強占西貢市，野心仍不稍止。一八六二至六三年，他們又強迫越南嗣德帝（Tu Duc Emperor）把南部三個省割讓，成立法屬交趾支那（French Cochinchina）。一八七四年，法國又強迫越南簽訂所謂的「和平同盟條約」，其中第二條強調「承認安南國王的主權，以及完全獨立於任何名義的外國力量之外」，第三條則道「安南國王致力於使其外交政策與法國保持一致」。[61]這項條約透過明明白白的外交虛構，宣稱安南是個獨立國家，自己做出選擇，終結了朝貢關係。實際上，越南成為法國的保護國，一八八〇年派出最後一個朝覲團到北京。[62]但是，法國仍然得隴望蜀，特別是希望開闢通往大清西南邊陲雲南省的通商路徑。

嗣德帝一八八三年七月去世，越南爆發政治危機，一年之內出現五個皇帝，大部分在登基不久就被殺害。亂局之中，有位皇帝簽署條約，接受與雲南邊界接壤的東京地區（Tonkin）成為法國的保護國。法國軍隊開始進駐，這一次清廷認為可以動用武力阻止失去另一個朝貢國。清朝支持一些半正規部隊和會黨如「黑旗軍」（Black Flags）攻打法軍。[63]李鴻章知道他還是需要外國人支持，又找上美國幫忙。

這時候美國派駐在北京的代表是楊約翰（John Russell Young），新聞記者出身的他，陪伴格蘭特總統卸任後的環球旅行。楊約翰運用政治人脈被派到亞洲擔任外交官，盼望有個危機能讓他揚名立萬。一八八三年八月，烏雲密布，他向華府報告和李鴻章之間的一段對話：

楊約翰：中國為什麼不將領土界定清楚？

李鴻章：帝國疆界已經界定得很清楚了。中國和朝貢屬國分別存在。這些朝貢國各自管理，但是必須透過朝貢和儀式效忠皇帝。

楊約翰：在當今的時代，根據目前流行的文明形式，並沒有朝貢國家這種體制：殖民地和首都同樣都是帝國的一部分……這是文明國家的規則。中國可以遵循這個規則整合帝國，讓全世界明白領土的確切範圍，免得又孳生尷尬。

李鴻章：我看不出有任何理由，為什麼外來的國家要破壞中國和這些邊遠國家多年來的關係。64

兩個人的世界觀天差地遠，十分的明顯。楊約翰可能反對法國人的所作所為，但是他同意法國人行為所依據的基礎。

楊約翰建議李鴻章不要和法國軍隊開戰，李鴻章樂於接受這個建議，因為他也盼望保留他的北洋艦隊對付來自日本的挑戰。李鴻章希望談判，邀請楊約翰當中間人調停。可是法國人沒有興趣，他們只想要求清廷承認法國對安南和東京的領土主張，以及高額的財務賠償。清廷拒絕，於是法國在一八八四年八月祭出歐洲列強傳統的作法，派海軍艦隊重砲轟擊逼迫清廷屈服。同時，法國人強迫越南切斷對清廷的朝貢關係。一八八四年八月三十日，當著法國外交官的面，越南把清廷一八〇四年賜給越南的國璽銷毀。鐫刻得漂漂亮亮的銀製國璽，融化為六公斤醜陋的金屬。[65]

法國人強迫越南人切斷他們與北京的朝貢關係，但是還需要多方砲轟才逼得北京放棄越南。然而，法國國內的反對，以及中國在東京地區對抗法軍的若干成功，阻礙了巴黎的野心。楊約翰仍然努力調停，但是他唯一成功的是說服李鴻章放棄反對承認法國對越南的主權。真正成功說服法國人接受停火，作為交換，清廷承認法國控制安南和東京的是海關總稅務司赫德。一八八五年六月九日，中法和約在天津簽字。另一個朝貢國從此離去。

有趣的是，英國人採取不同的作法。一八八五年底，英國人發動第三次英緬戰爭，占領了他們在第一次和第二次入侵時沒有搶走的緬甸國土。英國在一八八六年一月一日正式兼併整個緬甸。可是，和法國人不一樣，英國人允許緬甸每十年向北京朝貢一次。《中英關於緬甸西藏條約》（*Convention between Her Majesty and His Majesty the Emperor of China relative to Burmah and Thibet*）於一八八六年七月二十四日在北京簽字，第一條訂明這件事，然而第二條又規定：「其他任何事項……英國可以自由做出認為合適和適當的決定。」[66] 對於英國人而言，「朝貢」除了象徵意義之外毫不重要，只要能做得到帝國的生意就可以容忍。對於清廷而言，恰恰相反：象徵才是重點。後來實際狀況是，英國占領下的緬甸根本沒派朝覲團到北京，後來在一八九七年簽訂的另一項條約中，也正式終止此儀式。不過雙方在頭十年維持了表象。[67]

失去安南之後，北京的保守派掌握主動權。一大批中低層級的士大夫組成「**清流黨**」，譴責朝廷對法國的回應消極，要求採取強硬行動。他們既沒有和洋人打交道的經驗，也沒有現代戰爭的經驗，但是他們堅信恢復儒家價值就足以保衛國家。在壓力之下，慈禧太后罷黜或懲罰了整個**總理衙門**班子——連恭親王奕訢都不得倖免。李鴻章得以不受懲罰是因為他和慈禧保持良好關係，淮軍也在一八六一年協助她垂簾聽政，在整個自強運動期間更結為盟友；反之李鴻章也容忍慈禧揮霍無度，濫用國家公款。

某些她的揮霍無度，今天仍然矗立在北京西北郊讓眾人觀賞。天氣好的時候，廣大的皇家夏宮頤和園，其人工湖、人工山、石橋和大寺廟，吸引成千上萬的遊客，絕對超過慈禧太后時代能夠獲准入內的人數。一八八九年之後的五年內，數百萬兩銀元的政府公帑原本應該用在興建海軍，卻被挪用到籌備慶祝一八九四年的太后六秩誕辰。藏在頤和園最西側的是舊海軍學堂。今天，這座低矮的灰色建築物前的遊客告示牌寫著：「建於一八八六年，這是一所專門為清廷訓練海軍軍官的學校。也被用作掩飾慈禧太后挪用海軍經費重建頤和園……學生們在湖上為太后舉行多次海軍演習，並負起用汽船拖著她的郵輪遊湖的任務。」汽船仍然保存在原地，船形的大理石亭子也保存完好。研究海軍歷史的專家莎拉・佩恩（Sarah Paine）指出，船亭「是太后在一八八九年至一八九四年間對中國艦隊的唯一貢獻」。[68]石船遠比海軍其他船艦存活更久，海軍很快就慘敗在日本人手下，可恥的全軍覆沒。

中日戰爭的近因是朝鮮地位問題。李鴻章以西夷制東夷的策略，並沒有阻擋住東京好戰派想搶奪朝鮮半島的野心。整個一八八〇年代，中日兩國各自糾合在朝鮮菁英中的支持者，煽動政變和反政變。一八九四年六月三日，朝鮮國王高宗要求中國部隊協助他敉平又一場叛亂。這下子給了日本一直在等候的口實。六月中旬，六千名日軍進入漢城。日本政治人物大談日本「有責任帶領小國走上文明之路」，擺脫傳統的藩屬地位。七月二十三日，日軍闖進漢城皇宮，扣住高宗為人質，要求朝鮮政府展開一系列改革，新政府旋即廢止做為大清國藩屬的地位。[69]

北京方面，保守派要求清廷要有行動。他們相信大清力量足以擊敗一海之隔的新興帝國。**清流黨**士大夫爭取二十三歲光緒皇帝的支持，全力主戰。另一方面，李鴻章曉得他的部隊無法與現代化的日本軍隊匹敵，極力避免衝突。他又試圖搬出西夷來干預。西方國家沒興趣。事實上，他們對日本的現代化運動有所同感。數十年來想要說服清廷改革都沒有成功，西方人認為或許嘗嘗敗戰滋味會產生教訓。他們不需要等太久。七月二十五日，日軍擊沉中國一艘運兵船，傷毀另兩艘軍艦。一週之後，日本正式對中國宣戰，清廷也強硬反應。光緒皇帝開戰詔書中六次使用詆毀日本人的傳統用詞「**倭人**」痛斥日本。

戰事證明倭人連連告捷。一場又一場的戰役，不論是海戰或陸戰，清兵一再敗給日軍。到了十月底，日軍控制了朝鮮半島。十一月，日軍又占領渤海灣東側的旅順港海軍基地；到了一八九五年二月，渤海灣西側另一個重要海軍基地威海衛也淪陷。通往北京的大門已經洞開，清廷第一個反應是否認軍事連連失利，第二個反應是把戰敗歸諉到李鴻章頭上，以及他現代化的企圖失敗。過去獲頒的一切榮耀全部褫奪，如果不是慈禧太后了解到仍需要他的部隊防衛京師，李鴻章可能會被賜死。死罪雖免，卻奉命談判投降事宜，使他從此永遠背負歷史罵名。

一八九五年三月十九日，李鴻章率領一百多名隨從抵達日本港口下關市。這支隊伍裡有位重金禮聘來的美國顧問——前任國務卿約翰．佛斯特（John W. Foster）。佛斯特卸任後，曾擔任中國駐美首都華盛頓代表團的顧問，現在又被延攬協助李鴻章在和日本談判時，能夠幫助掌握國際法的錯綜複雜。李鴻章原先要求雙方暫時丟去國際法，念在都是「黃種人」，應該合作對付西方人。日方拒絕了，決心運用惠頓著作的理論，摧毀老舊的朝貢體制。

佛斯特固然是李鴻章聘來的顧問，但是在他出身的知識世界裡，國際關係的「自然秩序」根本沒有朝貢制度這一回事。他替舊日的區域秩序棺木，釘上最後一根釘子。四月五日，他代表李鴻章起草四個要點，回覆日本提出的和約草案。第一點是同意朝鮮全面完全獨立，結束和大清正式的朝貢關係。這時情勢更進一步惡化。日軍已在三月二十五日入侵台灣，割讓台灣也被加入日方的要求清單。這可是比丟掉朝鮮還更大的羞辱，因為台灣是中國的一個省分，不是藩屬國。但是面對日軍強大的軍事力量，李鴻章和佛斯特決定，他們沒有選擇，只能接受。

一八九五年四月十七日，在范罷覽朝覲乾隆皇帝幾乎整整一個世紀之後，大清的世界全面顛覆。在下關市一家小旅館裡，大清國首席政治家李鴻章，身兼包括直隸總督、北洋通商大臣、文華殿大學士、太子太傅等職務，被迫正式承認他的皇帝不是「普天之下」的統治者，只是周圍眾多國家中，一個積弱國家的元首。李鴻章和他的養子以大清皇帝代表的身分，簽下《馬關條約》，承認朝鮮獨立、台灣割讓給日本，以及賠償七千五百萬兩的銀子。這是極端的奇恥大辱，李鴻章無顏向朝廷解釋一切，他派佛斯特到北京報告。

這是軍機處首次和外國代表會面。佛斯特對這次見面的印象並不太好。在他看來，這證明大清國為何會淪入如此一片混亂。特別是他發現光緒皇帝的老師翁同龢完全不了解歐洲戰爭的歷史，以及如何導致西方國際法發軔。然而，軍機處最後同意面對現實，若想避免軍事上持續受到羞辱，接受條約是唯一的選擇。清廷試圖保密馬關條約的詳細內容，但內容終究還是洩露。兩千五百名士大夫聯名上書抗議。組織這項抗議活動的兩名首要人物是一向放言高論的改革派康有為和梁啟超。

清流黨決定把一切責任扣到李鴻章身上。他們向朝廷施壓，命令由李鴻章的侄兒也是養子的李經方為簽署交割台灣諭令的特使。李鴻章深怕他的親人會被痛恨割台條約的台灣仕紳殺害，因此堅請佛斯特陪同李經方出席儀式。一八九五年五月三十日，兩人與日方代表在台灣外海會合。他們不敢上岸，在停泊於基隆港外的日本船隻〈橫濱丸〉上簽署了割台諭令。[70]

整個大清的世界秩序顛覆。連番失利之後，西方使節利用清廷需要政治支持，奪取許多讓步。他們再也不在周邊的建築物哩，被當二等蠻夷接待。從一八九四年起，他們在紫禁城中心的文華殿受到平等的接待。整整經過一個世紀——從一七九五年二月，大清皇帝相信有個荷蘭王國遣使前來他的**中國**朝貢；到一八九五年四月，李鴻章遵循美國顧問的建議，終於承認中國現在週邊都是主權獨立的國家。正式承認此現實是在一九〇一年義和團之亂敉平之後，**總理衙門**正式改名為**外務部**，賦予它與傳統的六部同等的地位。

李鴻章是不得不大筆一揮，承認現實的官員，這個角色代表了一個世紀的失敗。大清國從內部腐爛起，鑒於此一失敗，李鴻章別無選擇，只能接受國際秩序的新規則。他成為西方船堅砲利和大清世界常態之間的調和者。他並不是獨自一人進行此一工作。過程中的每一階段，都有外國人、尤其是美國人的顧問提供意見，如畢德格、格蘭特、舒斐德、楊約翰和佛斯特等人。這些人根本不能想像一個不是「主權國家」的世界，他們只知道在主權國家的世界裡，有固定疆界的且獨立自主的國家，根據法律基礎相互往來。

在李鴻章眼中，這只是一半的真相。他也有法律論據，但是在面臨東夷、西夷強勢火力之下，法律根本沒有任何意義。在新的世界秩序裡，強者耀武揚威，沒有力量的法律什麼也不是，武力勝過權利。李鴻章了解這一點，但是朝廷裡反對他的官員、保守派的士大夫、**清流黨**等等，認定自己捍衛傳統，根本不信這一套。就他們而言，「**天下**」以及及其要求與產生的道德優越，才是自然天生的秩序。

* * * * *

這就是當代中國「主權基本教義」的起源：混合了儒家的沙文主義和美國的法治主義。融合「**中國**」此一前現代的文化優越意識，以及西方固定疆界和獨立自主的思想。在這個概念的核心裡，存在著哲學上的差異：中文字的「**主權**」字面意義是「統治者的權力」——重點擺在一國國內而非不是國際。**主權**要求在不可侵犯的邊界之內，繼續維持道德上的優越文化。實際上，這是實施護照管制的「**天下**」——一個國家的「**天下**」。這不是容忍國家內政受到干預的想法，而是完全相反的要求：排除其他國家與「國際準則」，不管是關於人權或是氣候變遷的規範。

這種皇朝時代朝貢禮儀的記憶，仍然支撐著共產主義中國政治合法性的觀念。北京領導人經常把國際上表示尊重的儀式表現，作為國內的重要政治宣傳。來到中國出席「一帶一路論壇」或二十國集團峰會的代表團的人數、規模和地位，都受到大肆宣揚，幫助中國共產黨獲有現代「天命」的形象。反之，對黨的表現提出任何批判性評論，都不能讓人民看到。國際代表團侵門踏戶、跑遍祖先故土，「衡量、報告和查證」碳排放量，然後向全世界報告北京沒有遵守國際認可的標準，令人相當不快的想法。因此，強調主權高於一切是避免不受尊重和喪失國內合法性的手段。

王滬寧是習近平背後的智囊，過去也是江澤民和胡錦濤背後的理論大師，目前位居中國政壇的最高峰，是中共中央政治局常委之一。他過去在復旦大學擔任法學教授，第一本著作的書名就是《國家主權》。[71]他在書中主張，中文的「主權」的歷史比西方的sovereignty觀念更加久遠。[72]我們這下子繞了一大圈。王滬寧的前輩奮鬥了一輩子，無法阻止sovereignty的觀念在中國生根；現在王滬寧卻說是這是中國的發明，而要擁有及控制這個詞彙的意義。他選擇忽略惠頓和丁韙良的作用，這兩人重新創造主權的意義，努力想把中國帶進現代世界。對外國人所扮演的中間人角色此一「戰略上的忽視」，使得王滬寧更廣泛的哲學計畫得以鋪陳：用中國的意義填補西方的概念，以便支持北京世界是以「命運共同體」概念為基礎的計畫——完美地契合現代版的「天下」，北京在其中再次位於區域、乃至全球階層的最高峰。只要大家知道自己的位置，就是向所有人開放的階層體系。

第三章

黃種人與漢族的團結

zhongzu／種族(ㄓㄨㄥˇ ㄗㄨˊ)

中華人民共和國駐舊金山總領事的官邸是全市最漂亮的宅邸之一。聖艾爾莫路八十五號（85 St Elmo Way）最初是富人社區蒙特瑞高地（Monterey Heights）的開發商，建造做為自己寓邸的一所豪宅，坐落在一座小山丘上，可以俯瞰太平洋海景。花園裡有一對巨大的柏樹、綠蔭遮天，通往主宅的台階兩側立著一對大石獅。總而言之，這是一個令人印象深刻的宴客場所。二〇一五年十二月五日，主人在這此接待灣區認養中國子女的父母親們。中國總領事羅林泉對著應邀出席的孩童們，發表了他所謂的「特別的信息」，他告訴他們：「你們說著英語長大、住在美國人家庭中，也有疼愛你們的美國父母親。可是，你們的黑眼珠、黑頭髮和深色皮膚，一直都提醒你們，你們是中國人。我要告訴你們，中國、你們出生的國家，從來沒有忘掉你們。」他不是根據他們所持的護照向中國公民說話，而是根據他們的族裔背景，向一群外國公民說話。[1]

前幾個月，另一位中國外交官也因為表達相同的情感，因而引爆一場國際事件。中國駐馬來西亞大使黃惠康組織了巡視吉隆坡唐人街中心茨廠街（Petaling Street）的活動。時機是刻意挑選的。二〇一五年九月二十五日是馬來裔沙文主義者預備遊行穿越本區，讓華裔社區十分緊張的前夕。黃惠康站在繁忙的市場攤位中，朗讀事先準備好的一份聲明稿。「針對侵犯中國國家利益、傷害中國公民及企業的合法權益，可能危害到中國與地主國友好關係的行為，我們絕對不會坐視不管。」他告訴記者們：「中國是馬來西亞華人永遠的出生祖國。」沿著茨廠街的商家店鋪並不是由中國公民經營，絕大多數店家是華裔的馬來西亞公民。黃惠康沒有權力、也沒有職責要管領這個社群，但是他一肩挑起來，套用他自己的話，替「華人」發聲講話。[2]

二〇一四年，中國政府「華僑事務辦事處」（Overseas Chinese Affairs Office）宣布，計畫在全世界六十個國家設置全球性的「華僑服務中心」（Overseas Chinese Service Centres）網絡。[3]至少已有六十個城市成立「華僑服務中心」，包括倫敦、巴黎到休士頓、加拉卡斯、開普敦、仰光等等。雖然許多國家都在海外設立領事館協助旅外公民，「華僑服務中心」的宗旨卻大不相同。二〇一八年，「華僑事務辦事處」由中國政府轉移到中國共產黨「統戰部」，這個組織的正式職掌是建立對共產黨的支持，以及中和掉共產黨的政治敵人。共產黨在二〇一五年九月頒布一系列規定，其中第三十一條明白規定，統戰的主要目標之一是「利用海外華人協助祖國的開發與現代化……擊敗台灣分裂主義，並且促進中國人民、華人和世界彼此之間的友誼」。[4]統戰部直接隸屬中共中央政治局排名第四位的常委督導，《金融時報》（*Financial Times*）二〇一七年看到統戰部一份教戰手冊，明白指出：「中國人在國內的團結統一也需要海外華人子女的團結統一」。[5]很明顯看得出來，共產黨準備利用所謂的「海外華人」，支持在國內和國外的政治議程。

英文字詞「overseas Chinese」的含義模糊不清，可以指中華人民共和國在海外的公民，也可以意味具有華人祖先的其他國家公民。中文裡頭，這兩組人各有不同的名詞，分別是「外籍華人」和「華僑」，但是中國官員很少使用前者。他們在各式各樣的講話裡認知到這些人的中國屬性，展現出明顯的種族主義意識。這裡頭無關乎某人持有哪一國護照，而是與他們的「血統」息息相關。

統戰部規則中對海外華人的稱呼是「華僑」。我們在前文已經看到，「華」這個字做為文化名詞，意指繁花似錦與「文明」，但也用來稱呼中國人。「僑」的意思是「旅居外地者」——指的是某人暫時出國，有朝一日將會回國。當二〇一七年十月習近平在中國共產黨第十九次全國代表大會閉幕式發表講話時，他用的詞語是「海外僑胞」。意思是一樣的：不管某人的祖先在多久以前離開家鄉，或是他們成為其他國家公民已經幾個世代，他們仍然是「華人」、對祖國仍然有義務。習近平告訴大會代表：**「廣泛團結聯繫海外僑胞和歸僑僑眷，共同致力於中華民族偉大復興。」**。[6]

海外華人史權威學者、新加坡東亞研究所教授王賡武教授主張，「華僑」這個名詞在二十世紀初期因為政治因素而出現。[7]直到一八九三年，大清臣民未經許可出國仍是非法的行為。那些出國做生意或工作的人仍然普遍被認為是非法之徒、或甚至是叛國分子。十九世紀期間，非法出國的人數開始上升，民眾逐漸出現同情的態度。人們逐漸稱呼這些人為「華人」或「華民」，以示他們和蠻夷外族有別。一八七〇年代清廷派出第一批駐外外交官員，獲悉這些移民經歷的悲慘生活困境之後，官方對他們的態度開始有所轉變。我們在第一章見到的維新派外交官黃遵憲，先後派駐東京、舊金山、倫敦和新加坡，他創造出「華僑」這個詞語，暗示這些移民出於必要才暫時性出國，理應受到官方某些程度的保護。從一九〇二年起，清廷開始要求外交官員定期將移民的情況做正式報告呈報回國。

然而，「華僑」這個名詞要到一九〇三年之後才被普遍採用，矢志推翻滿清的革命黨人採用它來推崇支持革命甚力的海外社群。十八歲的鄒容是革命黨極重要的宣傳家之一，在日本留學期間寫了一本民族主義熱情洋溢的小冊子《革命軍》。另一位住在日本的留學生章炳麟也編了一首雄糾糾氣昂昂的《革命歌》。他們兩人都奉勸「華僑」不要再享受無意義的財富，要擁護他們的種族本源、推翻滿族壓迫者。往後十年，鄒容的小冊子重印數十次，章炳麟編製的曲子也在許許多多場合演奏。「華僑」這個名詞成為革命黨人向海外金主訴求的關鍵字——告訴他們，他們是全球「華人」社群的一部分，應該效忠於這個社群。

部分是為了反制革命黨人的訴求，另一部分是因為東南亞不同的殖民當局紛紛賦予華人當地公民身分，清廷政府在一九〇九年通過一部《國籍法》。這部國籍法以血緣關係，也就是屬人主義（**the principle of *jus sanguinis***）為基礎，取得公民身分是以血緣的祖先為準、並不以出生地做為標準。它明訂，即使華人取得當地公民身分，只要回「老家」就可以成為大清臣民。換句話說，大清臣民的定義是以種族為準。[8]這替未來數十年東南亞華人引來了許多麻煩。他們的雙重身分——既是居住國家上貨真價實的公民，又有可能成為中國公民——變成滋生疑竇的根源。一直要到一九七〇年代東南亞各國的冷戰政治因素，迫使絕大多數華人取得本地公民身分，並讓他們與中國之間的關係凋萎，才不再遭疑。大約這個時候，「華僑」這個字詞在東南亞地區大多不再使用，改成另一個負荷比較不重的字詞「華裔」。[9]然而，具有種族色彩的海外華人認同概念在中國內部仍然存在，並且隨著習近平和新近強勢的統戰興起而重新受到重視，很有可能替海外華人製造新問題。二〇一八年二月一日，中國開始發放效期五年的居住許可給海外華人。現在的簽證規則表明，申請人只要有一名華人祖先就有資格申請，至於祖先是幾代以前住在中國則沒有限制。中國官員經常宣稱海外華人僑民人數達六千萬人。[10]中華人民共和國現在似乎要聲稱他們全都是中國公民。

自認擁有這些海外華人的態度，源起自更早期的論戰，大約在一個世紀前，對於應該如何定義華人屬性爆發爭論。在當時的時代背景下，受到歐洲思想的強烈影響，身分變得極具種族色彩。這個過程中的主角人物是我們剛提到的黃遵憲和章炳麟。本章將敘述他們如何發明出兩個種族——首先是「黃種人」，然後是「漢族」的故事。

*****

一八五五年，華南廣東省社區之間長期暗潮洶湧的爭端，爆發成為一場持續十二年的凶猛內戰。敵對團體在本地分別被稱為「客家人」和「本地人」。這兩個名字暴露出衝突的根源：本地人認為自己是本省的土著居民，對於省內比較肥沃和繁華的地區擁有悠久的權利。客家人在過去幾個世紀才陸續遷進本地區，被局限居住在比較貧瘠和偏遠的地區。本地人看不起客家移民，透過種族化的稱呼，實際上貶低客家人為狗。與本地人不同，客家婦女與男性一起工作，沒有纏足。努力工作讓他們得以改善自己的社會地位。在十九世紀嘗試改革社會時，清朝當局鼓勵一些客家人移居到比較富裕的地區。這一來造成對資源的競爭更加激烈，其後果可想而知。沿著珠江的西方支流，敵對社區各自武裝起來，最後是互相攻擊。往後十年的客家—本地人交戰中，死亡人數超過十萬。[11]戰爭演變成為太平天國之亂（見本書第二章），政府派出軍隊歷經相當大的暴力鎮壓才敉平亂事。

直到今天，廣東省內仍有本地人和客家人毗鄰而居的村莊受十九世紀戰爭遺緒影響，互不來往。本地人仍然瞧不起客家人，客家人也仍舊抱怨遭到歧視。他們所說的語言——廣東話和客家話——彼此大半都聽不懂，社區之間的宗教習俗不同、社會習俗也不相同。他們彼此間的差異之大，與巴爾幹半島上塞爾維亞人和克羅埃西亞人的差異相比不遑多讓。簡而言之，他們是不同的族裔群體。一九〇五年，廣東省中小學新教科書就明白指出這兩個群體實際上是不同的種族。在革命動盪時期，這種意涵甚至可以引爆種族滅絕之禍。這引發客家人社群中的知名人士跳出來，試圖證明教科書所言不實，主張客家人和廣東本地人系出同源，因此是同一種族。[12]發動此一辯護的主要人物是黃遵憲，此時已從外交工作退休，是個備受敬重的詩人。我們可以說，這是黃遵憲最後一次介入公共生活，他可以說是把現代種族思想引進中國的第一人。他把「黃種人」介紹給中國人。

歐洲人從什麼時候開始認為東亞人是「黃種人」，仍然隱晦不明。國立台灣大學教授奇邁可（Michael Keevak）把這個想法追溯到十八世紀的植物學家卡爾．林奈（Carl Linnaeus），他試圖把各式生物分類，建立一個特定類別「亞洲智人」（*Homo asiaticus*），其特徵就是「黃色」。然後，十九世紀法國人類學家保羅．布羅卡（Paul Broca）試圖評量和標準化膚色，宣稱「蒙古人種」是黃種人。然而這是基於另一個概念已經被創造出來的前提，即在此之前已經有一群所謂的「蒙古人種」存在。而這又是德國解剖學家約翰．佛瑞德里希．布盧門巴赫（Johann Friedrich Blumenbach）的發明，是十八世紀蒐集人類頭顱骨最多的一個蒐藏家。他在一七九五年出版的《論人類的自然種類》（*De generis humani varietate nativa*）中主張，這些頭顱的臉部角度顯示存在著種族階層系統。他宣稱世界上有五個不同的人種，以「退化」的程度為序，依次是：高加索人種、本土美洲人種、馬來人種、蒙古人種、非洲人種。他賦予每個人種特定的顏色，依次是：白色、銅色、黃褐色、黃色和黑色。根據奇邁可的說法，蒙古人「種」是這樣創造出來的，也因而得到黃色這個顏色。這是一個廣泛和含糊界定的分類，但是布盧門巴赫相信蒙古人種包括中國人和日本人。[13]

像黃遵憲這樣的清朝官員怎麼會認為自己的同胞是「黃種人」的一部分，則是更複雜的故事。整個東亞地區，長期以來就有尊奉祖先的傳統，追溯家族血緣（family lineages）到遠古時期。「Lineage」這個英文字在中文就是「族」（*zu*）。[14]對於這段時期歷史夙有研究的學者柯嬌燕（Pamela Kyle Crossley）主張，在乾隆皇帝主政時期，直到十八世紀末期，大清國依舊將其臣民公然依種族進行分類，所選擇使用的字詞也是「族」。她認為對這個字最適合的英文翻譯是「種族」（race），因為它「具有透過族譜確定、根深蒂固的身分認同，接受固定的文化、心理和道德屬性」。[15]

大清帝國的統治者原本是聚居在今天的中國、俄羅斯、朝鮮和蒙古交界之處，人口稀少地區的半遊牧部落。十七世紀初，這批女真人當中的一名領袖努爾哈赤將散居在平原地區的各個不同群體結合起來、接受他的統治，並且開始向南擴張勢力範圍。他的兒子皇太極繼承大位，繼續擴張，並宣布女真人今後應自稱是「滿洲人」。他也替新王朝取了新名字「清」，象徵純潔無疵。一六三五年，為了鞏固自身權力，皇太極把他的臣民編入軍事化的團體，即所謂的「旗」，滿、蒙族各有一套「八」旗，歸順他的拓荒移民又編列為漢八旗。他們被稱為「漢軍」。「軍」意即「武力」、而「漢」則是代表族裔的描述，不過這個名詞並不適用在被稱為「漢人」的人們。新加坡有著華裔血統的研究人員楊劭允（Yang Shao-yun）認為，使用「漢」這個名詞起自內亞民族鮮卑人，時間大約在西元四、五世紀。鮮卑人對中國早先的漢朝留下深刻印象，使用同樣的名字描述住在他們南方邊界的人。這個名字然後由鮮卑人傳布到其他內亞遊牧民族，如契丹人、蒙古人和女真人。[16]我們在第一章談到，「漢人」本身並不使用「漢」這個名詞；他們一般自稱是某特定王朝的臣民，或者更常見自稱「華人」——文明的民族。

因此，即使滿洲人於一六四四年征服北京、推翻明朝之前，他們已經在國家結構內建立一種區分方式。不同的「旗」與平民百姓是分隔開來的。「滿」八旗和「漢軍」八旗並沒有正式的定義，但是他們之間是有區隔的，要看其成員的祖先是誰而定。更重要的是各個「旗」與其他民之間的區隔。然而，從十八世紀中葉起，朝廷開始更加正式地畫分老百姓之間的差異。這可能是受到征服者與被征服者發現他們彼此怎麼住得這麼近所推動。滿洲人的紀律敗壞，不守規矩的人愈來愈多，朝廷的回應就是透過區隔要求建立秩序。歷史學者路康樂（Edward

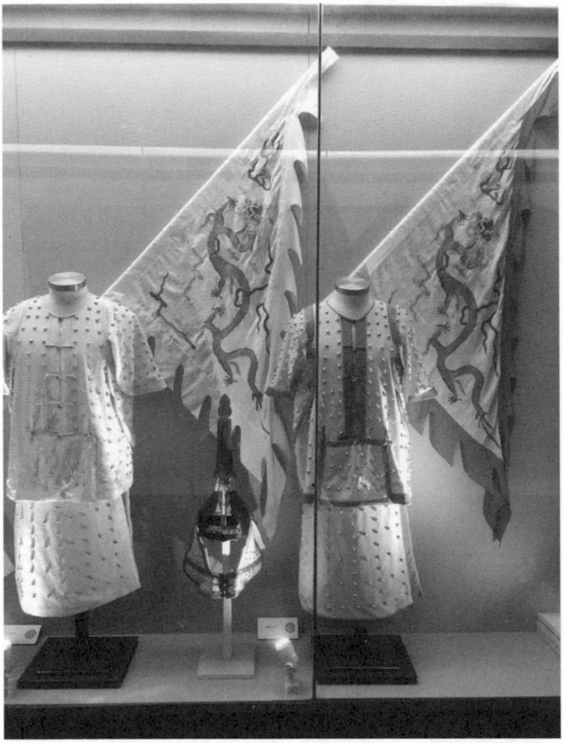

圖五　北京恭親王（滿洲名奕訢）舊王府陳列的滿洲「八旗」中的兩面旗幟。所有的滿洲、蒙古臣民和部分漢人都編入軍事單位「旗」，大清國藉此維繫秩序。

Rhoads）表示，這些規矩一直持續到一九〇〇年代：滿洲人必須居住在城裡頭另一個區塊、通常以高牆圍隔起來。官方正式禁止他們經商，「旗人」和「民」也不准通婚。[17]

因此，使用「漢」這個字做為種族標記，顯然始自於從北方入侵「漢疆」的外夷統治者：鮮卑人、蒙古人和滿洲人。他們以這個方法來描述新近才征服的臣民。然而，他們一成為漢人的統治者，立刻很小心地透過在大國之內的「漢疆」地區，外表上採用傳統的中國治理儀式，以展現對征服人民具有正當性。透過遵循這些原則，他們可以宣稱自己已經接受儒家文明：把自己和他們的臣民結合在「華」這頂大傘底下。但是，滿洲菁英保持身為「旗」人的個別、特權地位，卻替二十世紀初以種族為號召的革命創造了條件。

*****

到了十九世紀中葉，歐洲各式各樣的社會理論家以種族立場看待世界，已經是稀鬆平常的事。其中最具影響力的是英國自然學家和哲學家赫伯特・史賓塞（Herbert Spencer），他把進化論的概念從生物學移植到社會學。史賓塞的目的是要敘述社會如何可能向完美境界進展。他採用查爾斯・達爾文（Charles Darwin）與尚・巴蒂斯特・拉馬克（Jean-Baptiste Lamarck）有關演化對個人產生壓力的效應之概念，並運用到整個群體上。在一八六四年製造出傳世名言「適者生存」的是他、並不是達爾文。史賓塞借用達爾文名著《物種起源論》（*On the Origin of Species*）的副標題——「生存鬥爭中優勢種族的保存」（the preservation of favoured races in the struggle for life）——做為自己的社會理論的焦點。[18] 整個觀點建立在種族思考的基礎上，在一八五一年出版的第一部重要著作《社會靜力學》（*Social Statics*）中提到：「種族在形式、顏色和特徵方面的對比，並沒有比他們在道德和智力上的對比來得大。」[19]

史賓塞的思想傳播到英國國境之外，受到美國若干人士熱切地接受，在日本政治動盪之際傳到日本，也深受歡迎。一八七七年至一九〇〇年期間，至少有三十二篇史賓塞的作品被翻譯成日文，而且許多短篇文章也被雜誌期刊轉載發表。[20] 史賓塞的思想滋潤了日本的「自由與人民權利運動」（**Freedom and People's Rights**），這個由商人和富農組成的新同盟要求從舊封建方式解放出來，賦予個人更大的權利。傳統菁英持續堅守立場，而針對史賓塞思想的爭論在一八七〇年代和一八八〇年代一直籠罩著日本政壇。

黃遵憲當時是中國派駐日本代表團的第三號高階外交官，他一直密切關注這幕顛覆性的大戲。黃遵憲在許多方面與眾不同——他是廣東省的客家人，家人早年經商發跡，特別是貸放金錢發了財，但是在太平天國之亂和「客家—本地人」交戰之中失去極大財富。一八七〇年，他曾經到英國殖民地香港一遊，對於大清國土之內出現這樣一個富裕繁華的洋夷城市，留下深刻的印象，但是心情也倍感憤怒。清廷士大夫和他們對海外世界的無知，似乎觸發他產生幻滅的情緒在寫給友人的詩詞中表露無遺。不過，一八七六年，他住到北京苦讀，準備參加科舉考試。他父親在北京戶部任官，帶他到芝罘（位於今日山東煙臺），見到已經貴為直隸總督兼北洋通商大臣的李鴻章。這次介紹結識李鴻章及其幕下後來替他打開了仕途的大門。經過九年寒窗苦讀，黃遵憲通過了科考。

從他當時寫作的詩詞看得出來，黃遵憲自認為是李鴻章及試圖推動國家現代化的自強運動派人士的盟友。在日本學者蒲地典子（Noriko Kamachi）看來，黃遵憲是第一批公開質疑清朝是「中央國家」概念的官員之一。他在一八七六年寫下：「……萬方今一概，莫自大中華。」這段期間，他的詩詞期待大清帝國與外夷之間能夠出現建立友誼的新時代——譬如，他有詩作寫道：「休唱攘夷論，東西共一家。」* 懷抱著這種希望，再加上得到有權勢的新朋友支持，驅使他不爭取國內官職，反而爭取外派為清廷第一批駐外官員。他父親的一個朋友，另一個客家人，奉派出任駐日本代表團團長，堅持要黃遵憲以參贊身分一同上任。這份工作薪水優渥，他每個月的薪餉幾乎等於初級地方縣令的年薪。[21]

黃遵憲在一八七七年底以清廷第一個常駐日外交代表團團員身分抵達東京。在朝廷保守派看來，設立駐日代表團是丟臉的動作：正確的秩序是朝貢國朝覲皇帝，不是反過來由皇帝遣使駐

* 編注：出自《人境廬詩草・卷二》。

節。但是從他到達那一刻起，黃遵憲就看清日本人已經採取歐洲的國際關係觀念：日本認為自己與中國平起平坐。黃遵憲把這一切都回報給天津的李鴻章和北京的總理衙門（公認的外交部）。但是黃遵憲不僅草擬外交函牘報告，他也寫詩填詞，並且開始撰寫有關日本改革維新的書。黃遵憲不會說日語，而他所往來的日本官員和知識分子也很少會講中國話。但是，幸好雙方都能看懂漢字，因此雙方進行「筆談」：將他們要說的話寫在紙上供對方閱讀。

黃遵憲成為敏銳的觀察者，偶爾支持、有時也會批評「自由與人民權利」運動，閱讀及評論日本人所翻譯和出版的歐洲文章，其中包括史賓塞的著作。他的往來對象之一是退役海軍軍官曾根俊虎，是泛亞主義組織「振亞社」（振亜社）領導人。曾根俊虎認為日本和中國應該聯手對抗西方，而日本應該當領導人。黃遵憲雖然同意兩國需要相互支持，也參加曾根俊虎所主持的部分活動，他當然覺得中國應該當老大。縱使如此，他似乎已經接受「泛亞主義」的主張，尤其是他開始採用「亞細亞」這個名詞——這是日本人翻譯西方文字「Asia」（亞洲）成為漢字的名詞。他開始相信亞洲人都集體遭到西方列強掠奪欺凌，亞洲人應該團結起來抵抗。

一八七九年春天，黃遵憲蒐集一百五十四首詩詞，加上若干對日本奇蹟式的現代化評論文章匯編成冊，送呈總理衙門。同年冬天，同文館將它付梓印行。更重要的是，它在次年由香港的華文報紙《循環日報》*重印出版；《循環日報》主編王韜是當時寓居外地、最著名的改革派之一。黃遵憲的觀點開始受到廣泛的注意。書中蒐集的詩詞有一首描述中國人和日本人不僅文化相同、種族也相同。「同文同種」，這是日本人表達兩國人民應該聯手抵抗白人主張的中文版本。不過，就黃遵憲而言具有不同的含義：它指的是日本人是中國人的後裔。

黃遵憲選擇中文「種」來代表英文的「種族」（race），這是一個創舉。漢學家馮客（Frank Dikötter）指出這個字原意指的是植物的「種子」或是動物的「族類」。黃遵憲用它來指稱不同的人種。[22]他有一首詩寫於日本、但是更晚才發表，明白地提到「黃種人」。這首〈櫻花歌〉提到：「歐西諸大日逞強，漸剪黑奴及黃種。」[23]透過這樣迂迴的途徑，史賓塞的思想開始轉移給有志改革滿清政治制度的一群新讀者。

黃遵憲又花了十年功夫撰寫《日本國志》，同時也寫了不少新詩詞。然而，他下一步的外交官生涯卻徹底改變了他對種族的思想。他變得相信國際秩序的本質是競爭、而非合作，唯有適者才能生存。他和史賓塞一樣，成為「社會達爾文主義」的信徒。一八八二年三月三十日，黃遵憲抵達舊金山，接任中國總領事。他和今天的中國總領事可不一樣，並沒有住在舊金山的豪宅地區。黃遵憲到任才一個多月，切斯特・亞瑟（Chester A. Arthur）總統簽署《排華法案》（*Chinese*

＊　譯注：《循環日報》是香港第一份華人資本、華人主埋的報紙，於一八七四年創刊。報名「循環」有「天道循環，自強不息」之意，隱喻中國應當變法自強。不僅在香港發行，也流行到中國內地、越南、新加坡、日本、澳洲和美國各地，直到一九四七年才停刊。

Exclusion Act）、正式立法禁止華工移民進入美國。這些華工只是為了逃避戰禍與貧困才非法離鄉背井來到異國，他們別無選擇，忍受微薄的工資和惡劣的工作環境只求苟活。可是，有既有組織的美國勞工視之為威脅，極力推動要把已經來到加州的六萬名華工集體驅逐出境。與此同時，沒有組織的美國勞工則對個別的華工移民濫施暴力。

黃遵憲見狀，寫下一首長詩「表示我的憤怒」，透露出他基進的世界觀在一八八二年已經成型，裡面出現可能是中國作家首度使用到「黃種人」一詞。

> ……九夷及八蠻，一任通邛筰。黃白紅黑種，一律等土著。……籲嗟五大洲，種族粉各各。攘外斥夷戎，交惡詈島索。今非大同世，祗挾智勇角。……皇華與大漢，第供異族謔。不如黑奴蠢，隨處安渾噩。……*

黃遵憲在舊金山擔任了三年的總領事，度過愈來愈痛苦的煎熬，終於絕望地辭職。一八八五年九月，差不多在他任期的尾聲，二十八名華人礦工在懷俄明州岩泉鎮（Rock Springs）遭到一群白人暴徒謀殺。美國人虐待華人移民的遺緒將持續破壞兩國之間的關係，也為中國人以暴力侵害基督教傳教士以及其他反西方行為提供藉口。

黃遵憲的世界觀變得更加晦澀。一八八五年，越南淪入法國掌控，使他賦詩感歎，「弱肉供強食，誰能保沒齒？」†失望之餘，他在往後三年為母親守喪，閉門撰寫《日本國志》。一八八八年，全書完成，在李鴻章推薦下，他將之呈送給總理衙門。然而，中法戰爭失利之後，改革派遭到罷黜，總理衙門由保守派控制，他們對於宣傳這本書的觀點，包括大清帝國必須仿效日本的榜樣，徹底進行變革等，絲毫不感興趣。黃遵憲非常失望。《日本國志》一直要到七年之後中日戰爭落幕，才由廣東一家民營公司出版。傷心之餘，他在北京住了一年，謀求外交新職來安慰自己。他也花了很長時間與同理他改革思想的低層官員進行討論，其中包括三十歲的學者康有為。就這樣，一些他關於社會達爾文主義和種族化世界的思想，成為未來十年發展起來的維新運動正統觀念的一部分。

最後，黃遵憲的遊說取得成果，他被任命為中國駐倫敦使館的參贊。他在一八九〇年三月到達英國，卻發現無事可做：外交書信很少，需要保護的海外華人不多，而自己的英語也不足以與當地人交談。無聊又思鄉的他在一八九一年十月一有機會就趕緊離任，轉任駐新加坡總領事。他在新加坡的一些作法與英國殖民當局發生嚴重摩擦，其中包括發放中國護照給居住在英國統治下

* 編注：出自《逐客篇》，（光緒八年至十一年作）。
† 編注：出自《寄題陳氏峄廬，其二》。

圖六　外交官、詩人黃遵憲（中）和他的部分家人。他是晚清時期提出「黃種人」思維的先驅之一，但是後來他協助確保客家人被列入「漢族」。

的華人。有如今天爭端的前身，他基於種族的世界觀似乎與其他政府的觀點產生直接衝突。

直到中日甲午戰爭之後，黃遵憲才成為知名人物。他在一八九四年十一月戰爭期間從新加坡奉召回國，在接下來的兩年半期間，為兩江總督*（轄區包含上海）工作，負責其的「外事部門」。注黃遵憲因此有足夠空間推動自己的想法，並與志同道合的官員共謀改革。他成為官僚體系中「漸進改革」集團的一員，同時還與現在已經身敗名裂的李鴻章維持關係。他結識二十三歲的作家梁啟超，與他成為好朋友，並指派梁啟超為《時務報》編輯，這是一份由他贊助和共同出資開辦、支持改革運動的刊物。《時務報》第一期於一八九六年八月九日發刊，每十天發行一次，直到兩年後遭到停刊處分。這份刊物的發行量上升到一萬份，透過其影響力，梁啟超和黃遵憲的觀點散布到具有改革意識的菁英群中。他們主張教育、政府行政和經濟事務要改革。但是黃遵憲還是設法與朝廷關鍵官員保持良好關係。《時務報》創刊同一個月，黃遵憲被光緒皇帝傳喚私下見面。皇帝請他說明英、日兩國如何變得比大清國更強大，黃遵憲藉此機會宣傳推行新政策的必要性。黃遵憲已經成為帝國中最有影響力的改革派之一。不過好景不長，這並沒有持續太久。

一八九八年一月，中國最堅決的政治改革倡導者、也是黃遵憲的討論夥伴康有為，被請到總理衙門說明他的改革建議。二月，十七歲的皇帝要求閱讀黃遵憲所寫的《日本國志》；六月，皇帝下詔，展開日後所謂的「百日維新」。康有為被派到總理衙門任職，黃遵憲也獲派出任駐日本公使。幸運的是，黃遵憲上任之前就因染了痢疾、請病假休養中，此時慈禧太后和她在朝廷中的保守派盟友發動政變，監禁皇帝，鎮壓維新運動。太后命令上海當局逮捕黃遵憲，但是上海市洋人圈對這位著名的改革家受到如此待遇相當憤怒，他們偕同日本政府一起施壓，要求取消逮捕令。朝廷退讓，允許黃遵憲退休回到老家，雖然名聞遐邇、卻得隱居鄉野。這時候，黃遵憲的「黃種人」思想已經在整個維新運動圈子傳播開來，並且擴散到上層官僚機構。但是在一八九八

---

* 譯注：曾國荃於一八八四年二月至一八八七年九月擔任兩江總督，是曾國藩的九弟。

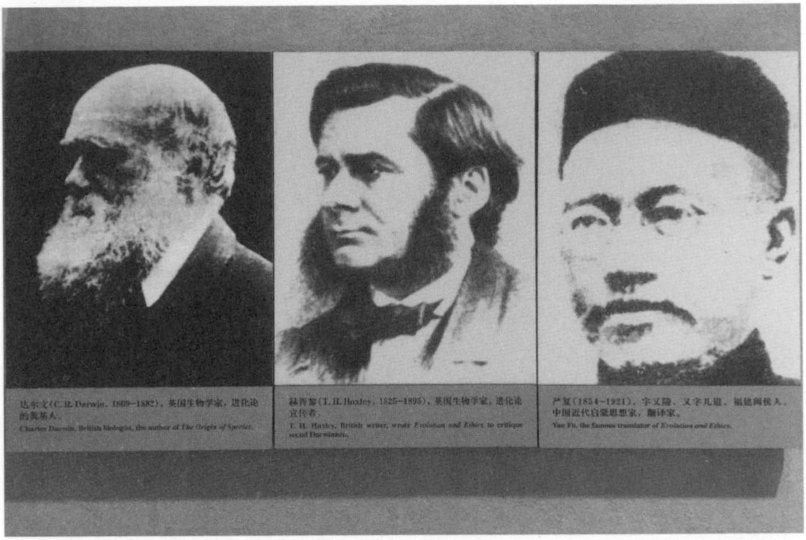
达尔文(C. R. Darwin, 1809-1882)，英国生物学家，进化论的奠基人。
Charles Darwin, British biologist, the author of The Origin of Species.
赫胥黎(T. H. Huxley, 1825-1895)，英国生物学家，进化论宣传者。
T. H. Huxley, British writer, wrote Evolution and Ethics to critique social Darwinism.
严复(1854-1921)，字又陵，又字几道，福建闽侯人。中国近代启蒙思想家，翻译家。
Yan Fu, the famous translator of Evolution and Ethics.

圖七　進化論思維在中國的演進。查爾斯·達爾文主張物種中的個體互相為生存競爭。英國社會改革家湯瑪斯·赫胥黎把它轉變為群體之間的競爭。嚴復採納赫胥黎的思想，主張「科學」顯示「黃種人」和「白種人」陷入你死我活的生死決鬥。

年之後，其他人將領導改革以及種族的觀念朝著新方向推進。

*　*　*　*　*

父親過世，對十二歲的嚴復來說是一樁悲劇，卻促使他走上日後成為十九世紀末、二十世紀初中國最重要的翻譯家之一的道路。如果父親沒有英年早逝，嚴復很可能入仕任官，而且有極大的機率，環境會促使他站到日後他據以聞名的思想的對立面。然而，他卻從繁華富裕、求學念書的生活陷入貧困悽慘境地。父親聘來教課的塾師必須辭退，母親靠著出售女紅織繡勉強維持家計，嚴復在十四歲就娶妻成家。付不出錢接受儒家典籍的必要教育，他似乎已經注定要在福建省陡峭的叢林山谷中默默無聞過一輩子。[25]

這時候父親的一名老朋友跳出來，提出一個雖然只算次佳選擇，卻讓大家接受的提議。沈葆楨也出身福建省，曾追隨曾國藩對太平天國作戰，然後與曾國藩一樣，成為積極支持自強運動的重要官員，利用西方技藝以維護大清統治。太平天國之亂平定之後，沈葆楨旋即循儒家傳統禮儀，正式告假為母親守喪。當他居家守制之時，自強運動派說服朝廷聘請洋人工程師培訓新世代的技術工人，教授如何造船和製作武器。朝廷分別在上海和福州成立兩個現代軍火製造局，前者由李鴻章督辦，後者由閩浙總督左宗棠負責。李鴻章聘用英國工程師和軍官，左宗棠則因為痛恨英國人，聘用法國工程師和軍官。英法兩國聯軍在一八六〇年讓清廷慘敗、飽嘗羞辱，現在這兩國的專家受聘前來打造一支現代化的海軍兵力，以俾能在未來擊退進犯者。

左宗棠需要有個官員在造船廠監督洋人，沈葆楨於一八六六年十一月被說服一邊守喪、一邊回任公職。[26]接下來八年，在他的領導下，福州造船廠成為普林斯頓大學教授本傑明．艾爾曼（Benjamin Elman）所謂「遜清中國最重要的工業設施」。[27]造船只是福州造船廠的部分工作，同時也負責訓練興建及操作人才的任務。必須克服的第一道障礙就是找到合適的培訓學員，因為大多數受過教育的家庭希望子弟通過科舉考試入仕任官，不想讓他們腦子染上「西學」。最後，沈葆楨決定以優厚的獎助學金和保證未來薪資優渥來吸引學員。對於十四歲的嚴復而言，這是非常完美的安排。

囿於師資的限制，海軍造船人員必須以法語授課，而導航人員和船上軍官則以英語授課。嚴復決定加入「英語班」，這項決定證明影響他一生事業走向。他的老師詹姆斯・卡洛爾（James Carroll）曾在英國格林威治皇家海軍學院（the Royal Naval College at Greenwich）任教，而嚴復顯得努力向學。他於一八七一年畢業，然後出海航行，最遠南至新加坡、北至日本。經歷六年海上服役實務經驗之後，老師推薦他和其他十一名軍官一起前往英國皇家海軍學院深造。他在一八七七年抵達，成為倫敦為數不多的大清臣民之一。他在倫敦直接嘗到種族歧視的滋味。皇家海軍學院校長、海軍上將愛德華，范夏威爵士（Sir Edward Fanshawe）命令這批外籍學員食宿和社交活動都必須限於在校區之外，不得與英國軍官混在一起。[28]不過，嚴復和甫於一年前到任的大清首任駐倫敦公使郭嵩燾結為忘年交。兩人經常秉燭夜話，討論英國何以能夠國富兵強，並且為國內如何改革擬訂基進的藥方。儘管遭遇種族歧視，嚴復還是選擇留在皇家海軍學院繼續第二年的學業，而不是像同期學員登上英國軍艦出海實習。看來他更喜歡充分利用機會在倫敦盡量閱讀和學習。嚴復在一八七九年束裝回國，擔任福州造船廠教習（講師），但是提攜他的沈葆楨在這一年去世了。李鴻章趁機會聘請嚴復到他所控制的機構，位於天津的北洋水師學堂任教。嚴復在那裏待了十年，於一八九〇年成為總辦（校長）。

嚴復英語流利，並著迷於英國竟能從默默無聞崛起為世界霸主的歷史，此後花了十年的時間尋找箇中奧妙。中國要如何恢復實力？他在史賓塞的著作中找到答案。一八八一年，嚴復研讀史賓塞的《群學肄言》*[29]，整本書以史賓塞的種族主義思想為基礎。起先，史賓塞譏笑「亞里斯多德（可能）出生自面部角度為五十度的父母親」的想法，他主張「偉人的產生取決於一系列長期的複雜影響，這些影響產生種族」。[30]後來，他又主張，透過消滅掉弱者，戰爭「扮演相當重要角色」將種族提升到更高階段。史賓塞自稱是達爾文信徒，但是他對演化的觀點卻更接近拉馬克的思想：他相信因為行為改變的結果產生出來的生理和心理調適，可以在生物學上傳延給未來世代子孫；他寫道：「由於人類大小社會之間不斷的對抗，出現了智力調適的共同文化、不容低估的某些性格特徵的共同文化，以及身體力量的共同文化。」[31]

一八九二年，英國傳教士傅蘭雅（**John Fryer**）（他在一八六三年一度短暫地在同文館擔任教習）發表了公認是第一篇提到可依膚色將人類分類的中文文章。[32]傅蘭雅曾經創辦和主編一份《格致彙編》雜誌（*Chinese Scientific Magazine*，即《中國科學雜誌》），立意是把西方科學思想介紹給中國讀者。傅蘭雅在一八九二年這篇文章說明歐洲對種族思維的最新發展，提出人類存在五大人種，分別是蒙古人種、高加索人種、非洲人種、馬來人種和美洲印第安人種，各自有不同的膚色，即赭色、白色、黑色、棕色和銅色。誠如馮客所指出，這個立論吻合中國針對區別既有

* 譯注：即《社會學研究》（*The Study of Sociology*）。

的看法。五這個數字在中國文化裡具有強烈的象徵性意義，像是代表五種感覺、味道、元素和方向。傅蘭雅文章中的「蒙古人種」並非「黃色」皮膚，但在時代的動盪中，不多久，這些有關種族的說法融合一起。傳統上，黃色是代表中央的顏色，「四夷」的顏色分別是綠色、白色、紅色和黑色。並不需要太費勁，就可以把觀念中的某部分調適揉合到新環境中。

嚴復在一八八〇年代和一八九〇年代初期似乎意志消沉。雖然受雇於李鴻章，他似乎認為整個「自強運動」的方式徒然浪費時間。頹唐之餘，他沉溺在吸食鴉片的惡習。然而，中日甲午戰爭失利，刺激他攘臂而起，日後他寫道：「胸臆中似有塊壘，不吐不快。」[33]舊方式導致中國腐敗、戰敗，必須換上以西方思想為根本的新方式。他宣稱：「科學、真誠和正直是井然有序的社會基礎。」

一八九五年初，大壩潰堤了。天津改革派菁英所辦的一份新雜誌《直報》提供欄位給嚴復，讓他很快地一連發表四篇文章。《直報》設在租界，這使得發行人和作者受到保護，不虞清廷壓力，嚴復因此可以暢所欲言。一八九五年二月至五月間，這四篇文章把史賓塞有關種族的思想，以及被稱為「社會達爾文主義」的思想，介紹給讀者。不過，這並不是他們的首要目的。根據漢學家浦嘉珉（James Pusey）的說法，嚴復「引進達爾文，並不是基於科學的理由，而是將之做為為西方證人，證明一定要改革」。[34]嚴復主張改革，而就和十年前的日本一樣，史賓塞的思想讓他有憑據鼓吹改革。但是，史賓塞在日本和嚴復寫作中的史賓塞，兩者截然不同。

日本維新派喜歡史賓塞，是因為史賓塞採用達爾文理論來合理化有關「個人」之間生存競爭的概念。而嚴復採納生存競爭的概念，但是把它轉為「群體」之間的競爭。為了說明這些概念，嚴復必須創造一些相等於社會達爾文主義的中文用語。特別是他需要翻譯「自然選擇」（natural selection）這個概念。他採用了「物競天擇」這四個字。嚴復解釋這個詞語的意思就是「適者生存」。[35]其實這是對達爾文原義的曲解，達爾文指的是最能適應的「個人」把他們的基因遺傳給後代；但是嚴復的解釋與他對社會變革的看法相吻合，因為他認為群體是歷史的引擎。這個看法出自他對英國社會的觀察，以及痛恨腐敗的清朝政治。

嚴復的第二篇文章〈原強〉發表在一八九五年三月四日至九日之間，結論就清楚表明了他的目的。文章寫於清軍出人意料之外慘敗於日本手下之後，嚴復主張：「是故居今之日，欲進吾民之德，於以同力合志，聯一氣而御外仇，則非有道焉使各私中國不可也。……然則使各私中國奈何？曰：設議院於京師，而令天下郡縣各公舉其守宰。」在嚴復看來，要讓「人民」願意為國家而戰、擊敗強敵的唯一方法，就是賦予他們有權力指揮國家。因此，最大的問題是，誰是「人民」？

要解答這個問題，嚴復從黃遵憲借來「黃種人」的概念。他抱怨說，滿人自從一六四四年入關以來就一直以獨立於漢人之外的菁英姿態統治大清國，他主張，在面對來自「白人」的生存威脅下，這種狀況需要改變。嚴復認為，儘管清朝菁英刻意採取使自己與大多數人口區分開來的策略，但實際上他們屬於同一個民族、同一個種族：「目前世界上只有黃、白、棕、黑四大種族……今天的滿、蒙、漢人都是黃種人……因此，中國自古以只由一個種族統治。實際上，它從來沒有淪於異族統治。」嚴復選來指涉「種族」（race）這個英文概念的中文單字，與黃遵憲所用的相同：「種」。他用此主張滿、漢之間的壁壘必須拆除。

有一點很有趣，必須在這裡指出，李鴻章是在〈原富〉於《直報》上發表之後幾天，才啟程前往下關與日本談判。我們很容易想像，李鴻章隨身帶了一本雜誌瀏覽，也因此他在談判中以中、日皆同屬「黃種人」為基礎向日方代表訴求。日本人對之不理不睬，這個事實一定讓李鴻章了解這想法的弱點。

儘管如此，在接下來的十年中，「黃種人」的概念持續激勵著中國的改革派人士。一八九六年八月，嚴復在黃遵憲前往北京覲謁光緒皇帝的途中，與黃遵憲見了面。往後幾年，兩個人經常書信往返，就種族和改革交換意見。[36]

一八九七年，嚴復在天津創辦日報《國聞報》和旬刊《國聞彙編》這兩份刊物注以傳播他的思想[37]。一八九八年，他把英國社會改革家湯瑪斯・赫胥黎（Thomas Huxley）在一八九三年討論「演化與倫理」的演講「翻譯」成中文以《天演論》為名發表，但說是翻譯，其實是「譯述」，不但翻譯還加入了自己的意見。史賓塞強調個人主義，赫胥黎與他成為強烈對比，主張的是群體團結。在嚴復的譯述中，更是強調這一點。誠如馮客指出，嚴復採取史賓塞的競爭論點和赫胥黎的合作論點，並與自己對種族的見解結合在一起，主張「科學」告訴我們「黃種人」與「白種人」

陷入生死存亡之鬥爭，除非推動政治改革，否則勢必走上「黑種人」和「紅種人」同樣的結局。

嚴復的作品變得極具影響力：很多年來在中國一直被認為代表了達爾文主義。達爾文的《物種起源論》的中文完整譯本，一直要到一九一九年才出版。在此之前，嚴復透過赫胥黎和史賓塞作品對達爾文的詮釋，替維新派如梁啟超和革命派如孫逸仙等人的辯論設定下條件。漢學家浦嘉珉在著書《中國與達爾文》（*China and Charles Darwin*）中說，嚴復作品對種族的描述，「幫助打開讓一整個世代產生不愉快的種族思維的大門」。[38]

* * * * *

二〇一八年四月十五日，新南威爾斯大學大禮堂雷登廳（Leighton Hall），擠進六百多個澳大利亞的「海外華人」。石牆上懸掛著一個巨型圖像，呈現著一位神話人物，或者說是位於中國新鄭市代表神話人物黃帝的一具雕像。這是由「澳大利亞愛而思文化協會」（Australia Chinese Ayers Association）主辦的一項年度活動；協會自稱成立的宗旨是「促進國與國之間的了解」，不過實際上促進了解的對象只有一個國家，那就是中華人民共和國。當天親自出席或致贈賀詞的知名人物有澳洲前任總理東尼．艾博特（Tony Abbott）、新南威爾斯省省長，以及許多地方市長和議員。這是一個中國共產黨中央統戰部推動的工作的典型例子——要在祖國、海外華人、地方政治人物和知名人士之間建立起關係。中國在澳洲的主要統戰組織「澳大利亞中國和平統一促進會」（Australian Council for the Promotion of the Peaceful Reunification of China）以及和統戰有關的一些文化團體，都是這項活動的贊助單位。籌備委員之一鄧立（Deng Li，譯音）是中國國家媒體的記者，而這項活動和前後舉辦的其他活動一樣，都在統戰部官網上公開慶賀。[39]

雪梨這項活動的目的，是與會人士跟在河南省新鄭市雕像前舉行的另一場更大型集會連線。這是在神話人物黃帝的出生日（西元前二六九八年農曆三月三日），於他神話的出生地進行的祭祀大典。同一天，除了雪梨之外，還在香港、澳門、台灣、舊金山和溫哥華等五個地方有相同的祭祖典禮。自從二〇〇六年首次舉行以來，新鄭市祭拜黃帝大典的目標就是要與海外華人建立共同體意識。官方主題是「同根、同祖、同源、和平、和諧」。[40]根據中國國家媒體的報導，在新鄭的黃帝故里舉行拜祖大典此一「核心」儀式的目的，是為了「建立精神故鄉、為中華民族的偉大復興祈禱」，這個訊息透過新聞網站和負責中國對海外廣播的中央電視台英語國際頻道（CCTV International）*及鳳凰電視台向全球廣播。

二〇〇六年在新鄭首度舉辦黃帝故里拜祖大典以來，主辦單位已經設計出一套特定儀式流程，被全球各地祭祀活動奉為典範。包括音樂、舞蹈、祭拜等九個項目接續進行，將黃帝尊奉為「中華民族的祖先」。這正是英國歷史學家艾瑞克．霍布斯邦（Eric Hobsbawm）所謂的「發明傳統」的典型例子。黃帝被框定為在全球號召團結統一的人物，他代表著世界各地的華人、也是中國共產黨的意識型態工具。這是起始於一百年前，一位急性子的杭州年輕人章炳麟的思想長路，最終集大成。

我們在第一章已經提到章炳麟原本是個儒生，在一八九五年之後因甲午戰爭敗於日本、成為改革派，一九〇〇至〇一年八國聯軍壓制義和團之後，又轉而鼓吹革命。我們看到，他的政治演進基礎，在於他對種族的思維出現劇烈變化。簡而言之，章炳麟發明了「漢族」的概念。香港出生的中國史教授周佳榮（Chow Kai-wing）觀察到，「一八九九年以前，章炳麟將中國與歐洲列強的鬥爭定調為『白種人』和『黃種人』之間的戰爭，以此思維做為主要基礎」。他接受法國東方學學者艾伯特・泰里安・德・拉克佩里（Albert Terrien de Lacouperie）某些「源自西方」的理論——即白種人和黃種人都共同發源於美索不達米亞——不過倒轉過來聲稱白種人是黃種人的後裔。一八九八年，讀了嚴復作品之後，章炳麟在改革派的雜誌《昌言報》寫了一篇文章介紹史賓塞的種族思想。[41] 政治上，他遵循黃遵憲和嚴復的改革派論述。[42] 但是一八九九年五月，在日本和上海安全處所，他寫了一篇文章稱光緒皇帝是「外來皇帝」，凸顯滿清帝室原本是「夷狄」，而

---

* 譯注：「中國中央電視台英語國際頻道」（CCTV International）於二〇〇〇年九月二十五日開播，頻道呼號為CCTV-9，是全天候二十四小時以英語廣播為主的電視頻道。二〇一〇年四月二十六日全新改版，頻道名稱由「中央電視台英語國際頻道」改為「中央電視台英語新聞頻道」，頻道呼號也由CCTV-9改為CCTV-NEWS。二〇一六年十二月三十一日，「中央電視台英語新聞頻道」改為「中國環球電視網」（China Global Television Network）、頻道呼號改為ＣＧＴＮ。

一九〇〇年初他發表的《訄書》，更是明目張膽主張推翻滿清政府。

章炳麟碰上意識型態的難題。清廷和改革派共同的「儒家」態度是，政治正當性來自開明的文化，任何人，包括蠻夷在內，只要接納文化，都可以成為華人。滿洲人和漢人一樣，都可以是華人。但是既然章炳麟認定滿洲人是問題之所在，他需要找出論據反對此一接受文化就能成為華人的論點。他在西元前四世紀的歷史評論書《左傳》中找到答案。根據章炳麟的說法，《左傳》顯示血緣關聯遠比文化重要。由於「夷狄」「非我族類」，他們不會有和漢人相同的忠誠。他採用「族」這個字做為差異的記號。在動盪不安的十九世紀，**族**是個很棘手的議題。清廷需要以「旗人」展示他們的先祖，而誠如馮客指出，許多漢人家庭編寫綿延年代長遠的族譜做為生存策略，一方面顯示本身的血統，再則增強與鄰人的親屬關係。當時在全國各地，族群經常捲入暴力糾紛，小至毗鄰村落械鬥，大至類似客家—本地人之戰的大規模衝突。[43]**族**代表一個強大的概念。章炳麟採納**族**的概念，把它從地方擴大到全國：漢人成為「漢族」，滿洲人成為「滿族」。這兩群人是對立的族群，因此之間產生衝突不僅可以想像得到、也是合乎邏輯的。

他又把歐洲人有關演進和種族的概念接枝起來。他在《訄書》中主張，白種人和黃種人都很聰明，不過黃種人比較文明。漢人屬於「黃種人」，但是他又創造出「種姓」的概念，以示漢人與滿人不同。「種姓」這個字詞結合「種族」和「姓氏」。漢人和滿人或許可說是同「種」，但是他們不屬於同一個「種族」，而族姓是區分兩者的極重要方法。這並不是《訄書》當中唯一的創見。他在《訄書》之中也為全世界留下他最恆久的遺緒，即所有的漢人都是黃帝子孫的概念。

就在他發表《訄書》之後不久，就和改革派徹底絕裂。八國聯軍於一九〇〇年七月十四日占領天津，改革派誓言捍衛清廷，章炳麟則全力抨擊清廷。他在八月三日改革派舉行的抗議活動中，公然剪去辮子，以示強烈反滿——滿清所有男性臣民若不留辮子，會有被處死刑的殺身之禍。接下來，他替設於日本的第一份革命派雜誌《國民報》寫了一篇文章，其題目為〈正仇滿論〉，其中寫道，他並沒有要殺光滿洲人，只要將他們統統趕回東北老家滿洲去。就這點而言，他在革命黨人中算是相當溫和。此時已經有人主張排滿，要殺盡滿洲人。黃遵憲、嚴復和其他改革派呼籲清政府拆除同為「黃種人」成員之間的壁壘，章炳麟和他的革命黨同志則主張，重要的種族是漢族，滿族無足輕重。

西方的種族主義和「東方」的種族之間存在一個重大差異。雖然絕大多數歐洲種族主義者從生物學角度提出立論，漢族人和滿族人的膚色和臉部形狀之間並沒有明顯差異。但是章炳麟需要找到理由來畫分他試圖創造出來的族群差異。他從「族」的邏輯中找到答案。他利用早年鑽研古籍的訓練爬梳典籍，從西元前二世紀歷史學家司馬遷的作品找到答案。司馬遷寫史，上溯到黃帝。到了章炳麟筆下，黃帝成為「始祖」，而依據司馬遷的說法，黃帝二十四個兒子的姓氏，就是原始的漢人種姓。幾乎五千年之後，整整四億五千多萬的漢族都可以被想像是黃帝子孫。

就和大多數成功的新政治思想一樣，章炳麟的種族民族主義採納既有的概念，包括黃帝的神話、「族」的重要性，以及不滿政府等等，從這個大雜燴中打造出新思想。在清廷碰上一九〇〇年義和團拳匪之亂處置乖張、又無力抵抗八國聯軍之後，這個觀念極為成功，短短幾年之內就使得黃遵憲、嚴復和梁啟超等改革派的論點淪落到幾乎無人聞問。到了一九〇六年十二月，新思想很容易就消化了舊思想。胡漢民在他主編的革命黨刊物《民報》第二期上發表文章，根據替嚴復寫傳記的史學家史華慈（Benjamin Schwartz）的說法，胡漢民「借用嚴復自己的社會達爾文主義分類，證明滿洲人為低劣民族，唯有卓越的漢族取得上位，中國才能復興」。[44]同一個月，在慶祝《民報》創刊一週年的集會中，章炳麟於演講的末尾高喊：「《民報》萬歲！**漢族**萬歲！」黃種人包括東亞所有居民的主張被拋棄，換上一個更狹隘的思想，刻意把排除**漢族**之外的人，即使**漢族**才剛被想像創造出來。

對於革命黨人而言，「漢族」這個概念的好處在於創造出一個極為龐大的潛在支持者社群，可以動員他們來對抗標明的敵人，也就是滿族統治菁英。如果**滿族**被排除在外，**蒙族**和其他不說漢語的少數民族當然也排除在外。土著民族更被貶到「棕種人」或「黑種人」的地位，社會達爾文主義已經預言他們唯一的命運是在未來的鬥爭中完全不足為道。逐漸地，以寓居日本、青年男性學生為主的革命黨人，把「族」的舊概念和以生物學「種」的新式種族概念結合起來。「種」和「族」的概念能夠融合，借力於「黃帝」這位想像人物，他被奉為「種族」的始祖。然而，誰是「種族」的一員、誰又不是「種族」的一員，這個問題並不容易回答。

鑒於革命情緒高漲，清廷政府終於遲遲決定進行某些改革，一九〇四年，頒布針對初級教育，頒布學校應該透過「本地教育」等方式推動「愛國」的新規定。各地知識分子紛紛出版自己編纂的府志、州志、道志、縣志等「地方志」，希望將自己的世界觀推及給年輕世代，或許也可以從售書賺點錢。根據香港城市大學歷史學教授程美寶（May-bo Ching）的說法，這些人的政治立場遍及傳統士大夫、改革派和革命派等各種色彩。「地方志」雖是歷史悠久的一種出版形式，清廷政府在一九〇五年規定，新版地方志必須包含新資訊。除了基本的歷史、地理資料之外，各地「地方志」應該包括與各式**人類**及其**氏族**相關的資訊。[45]

這項指示也規定，地方志編纂者必須辨明什麼人才算是帝國的臣民「旗民」（這個新名詞淹沒了原本「旗」與「民」之間的差異）。這訂下三個準則：他們不能信仰「他教」，如基督教或回教；他們必須從事士、農、工、商這四大傳統職業之一；他們不能是「他種」之成員。規定特別說明，「他種」包括回、苗、壯族及其他若干少數民族。透過明訂這些群體為「他種」，清廷政府實質上就是說其他人都包含在「旗民」之內——不論是漢族、滿族或蒙族。因此，到了一九〇五年，即使清廷政府也開始放棄建構其軍事及官僚體系近三百年的「族」的概念，換上改革派「種」的概念。

然而，這一年發生一項爭論，卻證明了漢族這個概念的專斷性質，也使得中國種族思想的先驅黃遵憲最後一次出面亮相。誰是漢族、誰又不是漢族，這個問題是極端見仁見智的問題，尤其在廣東省，年老的一輩仍然記得客家—本地人的戰爭，不同的地方志編纂人各有不同的立場。譬如，始興和興寧這兩個縣都有大量的客家人：興寧縣志提到這一事實，始興縣志則隻字不提。當具有革命思想的作家黃節出版他的《廣東鄉土歷史教科書》時，這個問題爆發開來。[46]黃節在前一年參與成立「國學保存會」以推動政治改革。國學保存會的反滿思想，把革命熱情和社會達爾文主義的恐懼結合起來，認為必須努力保存漢族，方能避免滅種之虞。國學保存會認為唯有透過動員古代文化才能奏效。黃節和國學保存會的夥伴從朝廷頒令推動教育改革見到機會，認為可以透過提供具有「國粹」的教科書，改造新世代的思維。[47]

黃節在一九〇五年編寫的《廣東鄉土歷史教科書》中大膽說出：「廣東種族有曰客家、福佬二族，非粵種，亦非漢，與福佬、疍族並列為外來諸種。」這一來激怒了幽居在廣東老家的黃遵憲，促使他和一些客家籍士大夫組織「客家源流調查會」，運用所有的影響力遊說省教育當局，終於讓它同意把這句話從教科書中刪掉。黃遵憲於一九〇五年三月去世，但是他的奮鬥還得繼續下去。雖然其他教科書出版時明白地把客家人排除在漢人之外，到了一九〇七年，廣東省當局同意刪掉所有冒犯客家人的文句。因此，黃遵憲生前最後的動作證明了「漢族」觀念的空虛，顯示出不是基於科學，只要有權有勢的人施加政治壓力，它是可伸可縮的。從此以後，客家人和福佬人都明白無誤是漢人。

不論空洞與否，漢族觀念成為革命黨最強大的武器。使得革命黨人可以在識字的官員和不識字的農民之間建立同盟。身為文明的「華人」或是「黃種人」一員已經不夠，改革只能來自黃帝子孫漢族。由於章炳麟的創造，從一九〇〇年起華人社群對自己的稱謂開始改變，變化一直延續。一九一〇年之前定居海外的「華僑」後裔，直到今天，通常仍自稱「華人」。他們對本身採用的「文化主義」定義是黃遵憲、嚴復和梁啟超能夠了解的。相形之下，生活在中華人民共和國或台灣的人則大多傾向自稱是「漢人」。

很明顯的是，中國共產黨統戰部想要改變這個狀況。在華僑社群推動祭祀黃帝大典，就是意圖改變海外華人認同和效忠，是此一政治策略的明顯例證。當中國駐舊金山總領事基於基因遺傳向美國公民訴求效忠祖國時，他是站在章炳麟種族民族主義的基礎上這麼做。頒發居民簽證給已經不知移民海外多少代的後裔，也是同樣的道理。北京領導人現在不僅希望海外華人以身為「華人」自豪，或是對祖先源自偏遠地方的鄉村自豪，還希望這些人能自認為是黃帝子孫，對於他的先祖族人效忠——指的是今天的中華人民共和國。

鑒於出席統戰活動的人士通常只有幾百人，只占估計約六千萬「海外華人」的區區之數，目前似乎可以安全地說，北京的訊息只對少數人有吸引力。可是，透過爭取海外僑社重要人物，以及透過掌控全球對「中國」的話語權，統戰部的活動在全球各地的影響力可能要比這些數字大出許多。

第四章

五千年優異傳統文明

guoshi／國史

ㄍㄨㄛˊ ㄕˇ

面對矽谷，北京的對策是中關村。一個世代以前，人們仍然可能沿著水稻田間泥濘阡陌、騎著腳踏車穿越部分地區。今天，這裡有十座科學園區，孕育出聯想、百度和百餘家高科技巨擘，而在中國之外，很多人都叫不出大多數這些公司名稱。中關村也是知識分子匯集之地，毗鄰清華大學和北京大學廣大的校園。數十年前建校時，主事者選上這片偏遠鄉間就是為了讓學子遠離市區五光十色的邪惡、也便於政治控制。中國共產黨一九三七年為了培訓幹部創辦的人民大學，今天就位於中關村的中心位置。人民大學有一棟閃閃發亮的大樓，「清史研究所」設置在五樓。

中國共產黨贏得內戰的次年，立即指示人民大學編纂清朝歷史。[1] 美國重要的清史學者柯嬌燕曾經說，「歷代皇朝都透過書寫前朝歷史來宣示它的正當性」，這項指示完成此一傳統弧線。[2] 黨的指示「清史研究所」在一九七八年正式成立，到了二〇〇二年發展成為相當龐大的一個單位。國務院接受人民大學前任校長李文海教授的提議，核准成立「國家清史編纂委員會」。李文海另外的頭銜是人民大學黨委書記、中國史學會會長，以及教育部歷史學教學指導委員會主任。這個項目享有政府寬裕的財務支持，令其他歷史學者既妒又羡。現在已經有將近兩百萬頁的數位文圖檔案，將數萬份外國學者的研究翻譯成中文，也出版了卷冊眾多的叢書，舉行過數十場學術會議。[3]

打從一開始，國家清史編纂委員會就是中國共產黨用來指引今人如何記錄清史的工具。然而，二〇一二年習近平躍登權力巔峰後，黨的手更是緊緊扼住這個項目的咽喉。對於十七、十八和十九世紀的事有哪些能說——更重要的是，有哪些事不能說——有愈來愈嚴格的限制。原因很清楚：面對台灣要獨立，以及西藏和新疆也有分離主義主張，絕對不容許出任何差錯、打亂官方的國家敘事，因為官方宣稱，這些地方是在和平狀態下、平穩、有機地併入祖國，因此它們長久以來就是這個民族國家不可分割的一部分。

自從二〇一三年以來，柯嬌燕、羅友枝（Evelyn Rawski）、米華健（James Millward）、歐立德（Mark Elliott）等外國歷史學者就對大清國的歷史提出不同的敘述——主張這是一個滿族人皇朝，透過征服、暴力和高壓統治擴張領土，這些學者在中國遭到貶抑，被譴責是帝國主義者，接著不讓他們接觸清史檔案資料做研究。同樣的鬥爭也劍指具有獨立思維的中國歷史學者。二〇一九年初，共產黨「中國歷史問題研究委員會」提出警告：「一小撮學者針對西方學術思想缺乏適當的警覺，把外國的歷史虛無主義的理論引進清史研究領域」。歷史虛無主義（historical nihilism）這個名詞近年愈來愈常出現，共產黨用此指涉那些不支持黨的歷史觀點。委員會會刊《歷史研究》的常務副主編周群的文章經《人民日報》轉載，確保外界普遍收到此一訊息。文章標題〈牢牢把握清史研究話語權〉，提醒讀者：「重視歷史、研究歷史、借鑒歷史，是中華民族五千年來生生不息、綿延不絕的一條寶貴經驗，也是中國共產黨領導中國人民取得一個又一個勝利的重要法寶」。[4]中國共產黨對歷史的觀點，最貼切的形容莫過於毛澤東本人在一九六四年對學生們說的一句話：「古為今用」。就三、四百年前發生的事展開的意識型態戰爭十分敏感，而且明顯依然攸關今天人民共和國的生死存亡。國家清史編纂委員會是共產黨的捍衛堡壘，誓言捍衛外國陰謀想利用檔案研究的詭計破壞國家團結統一。

共產黨強推「思想正確」的歷史固然存在著新的僵化，但是創造和策畫「中國歷史始於五千年前」這件事，發生在毛澤東當權之前。中國的歷史並沒有五千年之久。有個地方叫做「中國」、有個民族叫做「中國人」，而且已經持續存在五千年之久，這個想法直到二十世紀初才出現。這個想法誕生於政治流亡者的心中，他們遠離家鄉，夢想建立一個新世界。為了創造新世界，他們必須先創造一個有關舊世界的故事。用力最勤、使這個舊世界的故事誕生的人，是我們在之前已經見過的基進改革派作家、中國新聞之父梁啟超。

*****

李提摩太（Timothy Richard）在一九一九年四月去世時，已經是在中國最出名的外國人。現在，他在自己的祖國已經被人遺忘，可是北京博物館裡還掛著他的照片。甚至習近平也很可能看過他的照片，因為李提摩太在中國共產黨的神殿裡具有特殊的地位：他是第一個發布馬克思（Karl Marx）和恩格斯（Friedrich Engels）中文名字的人。對於一個來自英國威爾斯西部鄉下農村的男孩而言，這實在是讓人難以想像的際遇。

李提摩太一八四五年出生在法迪布瑞寧村（Ffaldybrenin）一戶貧窮的農民家庭，這是個只有一座教堂的小村落，坐落在卡馬森郡（Carmarthenshire）山區裡。十四歲時，他選擇在鄰近一條小河以冷冽的河水受洗，再過十年，他進入設在縣城哈佛福韋斯特（Haverfordwest）的神學院，立志當傳教士。中國似乎立刻成為他的志業目標。在神學院修讀四年之後，復經三個月的舟車跋涉，他在一八七〇年二月十二日抵達上海。英國浸信會差會（Baptist Missionary Society）派他北上到山東芝罘。他換上當地服裝，與本地人住在一起，也學習中文。一八七八年，他和另一位傳教士瑪麗．馬丁（Mary Martin）結為夫妻，生了四個子女。飢荒時期，兩人積極籌畫賑濟工作，贏得鄉里尊敬，日後中國許多地方出現反傳教士的情緒，他們也得到保護。[5]

他對傳教工作的態度與其他許多傳教士大不相同。他尋求對話、找出共識，希望以樹立榜樣、而非以勸誘讓人信教。一八九一年，李提摩太出任同文書會*督辦）。這個組織的宗旨是翻譯和發行「吻合基督教原則」的論著。書會深信他們的使命不只限於宗教方面、也關注社會層面，他們在一八九八年的年報中宣示：「事實上，純粹的基督教在所有徹底接納它的國家都已經鼓舞全民。」他們宣傳西化的福音和宣揚基督的福音，同樣賣力。書會對外策略是走向「中國未來的統治者」，而他們的確在某些菁英分子中找到願意接受的群眾。書會對外使用的中文名字

---

* 譯注：全名為「中國基督教和實用知識傳播協會」，或者也叫「中國基督教文學協會」（CLS）。

「廣學會」遮掩其宗教性質，以便更容易推動工作。廣學會一項最成功的策略，就是到傳統科舉考試的場所外圍發放書籍及小冊子給考生們。[6]一八九二年至一八九六年期間，派發出去的文宣超過十二萬份。[7]在廣學會領導人的心中，政治改革和宗教改革是齊頭並進的。

另一項策略是發行中文雜誌《萬國公報》，內容包括基督教論點、有關歐洲進步的文章，並且鼓吹政治改革，其中有許多篇由李提摩太翻譯或執筆。一八九四年一整年，他調撥出好幾期的雜誌篇幅刊登一本歷史書的節略版，因為他相信這本書將對讀者帶來深刻影響。這本書的作者是馬懇西（Robert Mackenzie），是一本四百六十三頁的磚頭書《十九世紀史》（*The Nineteenth Century: A History*），最初於一八八〇年在倫敦、愛丁堡和紐約出版。它不是學術著作，鎖定渴望知道本身在世界地位的新興中產階級。這本書大約有一半篇幅專談英國，其餘篇章介紹歐洲、尤其是法國和俄羅斯，以及土耳其和美國。除了英國的殖民地印度之外，幾乎完全沒談到亞洲或非洲。李提摩太選擇翻譯這本厚如磚塊的書來，目的是要介紹英國和法國如何從貧窮困境和戰禍殘破之中，崛起成為今天的世界大國。他的讀者對象和馬懇西目標一致，即城市中有文化的中產階級。而他開出的藥方很簡單：教育、改革和自由化。

《萬國公報》從一八九四年三月至九月分期連載《十九世紀史》。隨著每期出刊，中日戰爭的情勢一再惡化。一連串戰事失利變成具像化的實體證據，證明馬懇西的訊息所言不虛：透過改革，即使是日本這樣的新興蕞爾小國也可以變得比食古不化的大清國更強大。馬懇西的著作因而洛陽紙貴，次年，廣學會出版《十九世紀史》的全譯本，中文版書名為《泰西新史攬要》。李提摩太強調「新史」的概念，他在「序言」中說明：「猶如明鏡照出美醜，新史揭示何者蓬勃發展、何者需要更替。」《泰西新史攬要》因此不僅可做為深入了解過去的借鏡，也是指示新現代人民、現代國家和現代政府的指針。全譯本造成市場轟動，半個月內就賣了四千本。更重要的是，全國各地到處出現盜印本。歷史學者馬紫梅（Mary Mazur）估計，總共售出約一百萬本，「不能低估」這本書的影響力。幾乎整個菁英階層人手一冊，連光緒皇帝也要捧讀。[8]

《泰西新史攬要》既已出版，李提摩太直接向菁英訴求，選在進士會考期間前往北京（進士會考每三年舉辦一次，考生上榜即可望出任高級文官）。參加進士會考的許多考生，已經透過《萬國公報》上的文章知道李提摩太這號人物，有些人渴望能見到他。中日戰爭慘敗之後，一八九五年的北京陷入躁鬱動盪。四月間，改革派學者康有為和他的學生梁啟超組織起一千二百名在京城的舉人考生，聯名上書要求皇帝不要接受《馬關條約》奇恥大辱的條件。（詳見本書第二章）[9]他們的要求遭到拒絕，反倒更激化改革派的決心。八月間，康有為成立他己的報紙，這是第一份在北京發行的獨立刊物。這份報紙模仿的榜樣很明顯，就是廣學會的《萬國公報》。事實上，康有為起先就把它也取名《萬國公報》，三個月後才改名《中外紀聞》。進士會試二度落第的梁啟超同意出任主編。

一八九五年十月十七日，李提摩太和康有為首度會面。根據李提摩太的紀錄，康有為前來拜訪，表示希望「與我們合作」推動振興中國。[10] 雙方關係增強後，李提摩太同意成為康有為在十一月成立的維新派團體「強學會」的創始會員。與此同時，梁啟超自願擔任李提摩太的秘書，協助他的翻譯工作和與官員打交道。兩人顯然對國家的未來有共同的願景。一八九五年底和一八九六年初，梁啟超擔任李提摩太秘書期間，規畫發表一份做為維新派人士參考的必讀書單，。他特別推薦的書單中兩本書，一是馬懇西的《泰西新史攬要》、另一就是《萬國公報》。兩人一起工作下，梁啟超的改革思想持續發展，李提摩太的影響在日後梁啟超有關歷史、政治改革、乃至婦女角色的文章中昭明可見。[11]《中外紀聞》被清廷逼迫停刊後，梁啟超於一八九六年八月在上海另辦一份《時務報》。他模仿《萬國公報》的版式，報導許多相同的主題和論點。[12]

這是梁啟超一八九〇年以十七歲之齡初次參加進士會考落第以來，走上的智性旅程——他抱著失望之情歸途，路經上海，接觸到西方地圖和改革思想，因而完全改變他的人生方向。到了一八九〇年代末期，梁啟超堪稱是以中文寫作最有影響力的新聞工作者，他在《時務報》上的文章充滿對歷史的新概念，深受李提摩太思想的影響，同時透過李提摩太也深受馬懇西思想的影響。強學會在一八九八年二月出版的《經世文》，其中三十一篇文章由李提摩太執筆，另有四十四篇由梁啟超執筆，康有為的作品也有三十八篇。[13]

大約就在嚴復翻譯的史賓塞和赫胥黎作品出版（見本書第三章）同時，李提摩太也介紹梁啟超認識社會達爾文主義，啟發梁啟超發展出「群」的概念，認為這是確保中國生存的上策。這段時期，維新派懔於亡種滅國的憂患，力主救亡圖存。梁啟超一八九七年的文章〈說群〉把這個概念介紹給《時務報》讀者。[14]根據梁啟超的說法，人民群體提供能量推動社會改革。這表示他們才是任何歷史作者恰當的主角，而非政府或統治者。這一來暗示完全脫離「舊學」的傳統思維，點出梁啟超有關中國「新史」思維的方向。

康、梁的圖謀以及他們盼望推動維新改革（更不用說也是李提摩太的希望），因為慈禧太后在一八九八年九月二十二日發動政變而徹底粉碎。慈禧太后的盟友軟禁光緒皇帝、處決六個為首的維新派人物，但是未能防止康、梁逃往日本。李提摩太原定那一天和皇帝見面，但是似乎獲悉警訊，設法動用關係安排康、梁受到外交保護。[15]這兩位維新派領袖在日本一安頓好，立刻投入策畫如何變革和研究理論，而此時的中國留學生社群也從日本快速的現代化發展中汲取靈感，夢想著國內也能變革。梁啟超在橫濱定居，學習日文，因此能夠讀許多已經譯為日文、但尚無中譯本的西方書籍。他的知識視野再度擴大。一九〇二年，他寫了一篇文章推薦數十本書，這些書的作者上承亞里斯多德、下及德國歷史學者卡爾．普洛茨（Karl Ploetz）。他所採納及新創出來的概念和名詞，有許多都透過中譯及日譯，受到這些歐洲思想家的影響。

最重要的是，梁啟超採取流亡者的角度看待本國。他在橫濱寫作，明顯看到大清國並未涵蓋「天下」，它只是眾多國家當中的一個。他在一八九九年的一篇文章中，借用日文名字把這個國家稱為「支那」。[16]撰寫介紹歐洲「新史」時，梁啟超缺乏適當的中文名詞來描述「國家」和

「民族」的概念，他開始試驗採用新字詞。他在一八九九年寫道，雖然中文有「國家」這個詞，但是要維護黃種人的生存需要有「國民」。拯救「國」不會遭到白種人「社會達爾文主義」式的滅亡，唯一之道就是動員「民」起來防禦。有了「國民」，國家屬於全民所有，他們因此組成了「民族」。[17]梁啟超把他重視「群」的概念發展成為專注在民族是推動歷史的引擎之觀念。他在一九〇〇年寫說：「今天的歐洲各國無不大大受惠於民族主義。」[18]在梁啟超的觀念至關重要的是，應該是由人民來界定國家，而不是由國家來界定人民。我們將在第五章談到，「人民」、「種族」和「民族」這些名詞都是新概念，而且定義很鬆懈且不嚴謹，這些新概念乘載的意義，在未來幾年中隨著維新派和革命黨人之間的政治鬥爭日趨激烈，產生變化。然而，梁啟超對「國民」的新觀念日後將界定他想要撰寫的「新史」，以及他的繼承人在下一個世紀、乃至更後來的年代如何界定「中國國史」。

一九〇一年，梁啟超發表《中國史敘論》，以此為基礎日後發展成為「中國新史」理論。他在書中奠下定義和建構民族的知識基礎。他寫道，有一個地方不再叫做「支那」，而是「中國」，是由一個民族所組成，歷史把他們結合在一起，使他們與鄰人大不相同。梁啟超告訴讀者什麼東西應該包含在「中國」的歷史裡，又有什麼應該切割掉，以及應該以什麼正確的詞語來討論。他所選用來代表英文「people」的這個字詞，明顯受到流亡海外的維新派和革命黨因種族而進行的辯論影響（見本書第三章）。他選擇稱作是「民族」，但是這個字也很容易可以翻譯為

「種族」（race）。因此中國人民叫做「中國民族」。他借用德國歷史學者的概念，主張「中國民族」對歷史的影響有如亞利安／白種人（Aryan / white race）對歷史的影響。[19]

梁啟超認為寫史和生存之間存在著有機的關聯。所有的群體都互相競爭，但是有共同歷史的群體——梁啟超指的是白種人和黃種人——將曾存活下來，而「沒有歷史」的群體——黑種人、棕種人和紅種人——就無從存活。大約同一時期發表的另一篇文章裡，梁啟超聲稱，「就血液和腦力中的微生物（micro-organisms）而言，黑種人、紅種人和棕種人就比白種人差，只有黃種人能與白種人相比。」[20]

因此，種族若要生存，具有強化群體的歷史就十分重要。梁啟超選定的群體是「中國民族」，因此他的「新史」必須是持續性的論述。但是「中國民族」的概念又必須保持彈性，以便包括國家之內所有的不同人民。他捨棄按朝代編寫歷史的傳統方式，採納歐洲人分為「上世史」、「中世史」和「今世史」三階段的分類法。按照他的畫分，上世史時期始於西元前二七〇〇年神話人物黃帝，止於西元前二二一年秦朝統一「中國」。用梁啟超自己的話來說，「上世史，自黃帝以迄秦之一統，是為中國之中國，是「中國民族自發達、自競爭、自團結之時代」。「中世史，自秦統一後（西元前二二一年）至清代乾隆之末年（西元一七九六年），是為亞洲之中國」，是「中國民族與亞洲各民族交涉、競爭最激烈之時代」。接下來，就是「近世史，自乾隆末年以至於今日，是為世界之中國」，是「中國民族合同全亞洲民族與西人交涉、競爭之時代」。唐小兵教授指出這個三階段論是以梁啟超對**中國**「天然」地理的觀點為基礎，他在選擇時，腦海浮現的是大清國的疆域。他描繪的「上世史」時期是**中國民族**與其他群體如苗人競爭的時期。這裡隱含的意思是，最早的**民族**是漢人這個種族團體，即使梁啟超極不同意同一時期也在日本相當活躍的章炳麟所提出的**漢族**種族主義。

有一點很重要，我們必須了解，梁啟超在一九〇一年並不是在講一個已經存在的中國民族，而實際上是透過撰寫這項歷史來**創造**一個中國民族。透過選擇哪個群體包含在**中國民族**之內、哪個群體不包含在**中國民族**之內，他把延續到今天的民族畫進來。他不覺得有需要解釋他**為什麼**為這個特定群體寫歷史：必需性顯然已經不證自明。梁啟超並不是為寫史而寫史，而是基於政治改革的需要與其他文章齊頭並進。歷史是他政治工作的基礎。梁啟超追求現代化，但是他也要維繫大清國，因此他需要能夠合理化他的論點的意識型態。他在歐洲人的歷史觀中找到，這是以「社會達爾文主義」為基礎的演進觀點，認為民族的真實性是由表面上古老的根源所提供的。因此，民族的存在必須透過追溯它的演進史來證明。關鍵在於，他必須證明遙遠的過去與現在之間存在連續性。原本**中國民族**的成員是否真的曉得他們屬於這一群體並不重要。重要的是過去和現在之間的連結。[21]他混合證據和臆測，選擇某些故事、又割捨其他某些故事，編織起一套論述，全都用來合理化他當前的政治主張。這些主張直到今天仍然界定著中華人民共和國的中國論述。

梁啟超把中世史定性為「亞洲的中國」，只包括在十七、十八世紀已經併入大清領域之內的人種：即土著苗人（這個廣義字詞包含仡蒙人〔Hmong〕和其他南方山地人）、漢人（黃帝子孫），再加上藏人、蒙古人、通古斯人（滿人）和匈奴人（維吾爾人或突厥人）。梁啟超說，這些「亞洲民族」和漢人鬥爭，然後彼此結合，組成一個異於其他的單一民族。[22]這些人就是現代**中國民族**自古以來「明白的」組成分子。就**中國**這個領域而言，它也有同樣「明白的」意義——應該包括這些人所居住的所有的地方，也就是「中國本部」（原本明朝的領域）、再加上西藏、新疆、蒙古和滿洲。

接下來，梁啟超界定「近世史」的開端就是**中國**與廣大世界連結起來的時候，被迫進入與白種人國家展開「適者生存」的競爭。[23]他主張種族混合、而非分離，才是生存的關鍵，尤其是必須打破漢、滿壁壘。梁啟超認為，漢人是**中國民族**的核心，明顯優越多了。混合的目的是要提升其他民族的演進水平。

這只不過是前菜。一九〇二年二月，梁啟超創辦《新民叢報》半月刊，每一期銷售量約一萬份，主要派發到日本各地，但也有流到中國及海外其他地區。《新民叢報》在維新派人士群中的巨大影響力，可從梁啟超的老朋友與提攜人黃遵憲的信中看出來。黃遵憲在一九〇二年十一月的信中說，梁啟超文章中提出的思想和新字詞，廣泛出現在其他報刊雜誌上，甚至在清廷的科舉考試中也有人引述暢論。[24]直到一九〇七年停刊之前，《新民叢報》是梁啟超絕大部分新思想的發表園地。他對這份報紙訂定的宗旨清楚明白：力於建立新民族。創刊號登出一篇長文的第一部分

（全文分六部分刊載），梁啟超在文中說明為什麼這個新民族需要有新歷史，文章中稱之為「新史學」。文章一開頭，他就借用李提摩太七年前為馬懇西《泰西新史攬要》撰寫序文時所用的比喻，他寫說：「史學乃國民之明鏡也、愛國心之源泉也。」*他又批評傳統二十四史依朝代記述乃是「質而言之，則合無數之墓志銘而成者耳。」，因此主張書寫歷史也要「革命」。[25]

梁啟超的意思很清楚。他認為「史界革命不起，則吾國遂不可救。」。歷史必須屬於人民、不是屬於統治者。沙培德觀察到，新史學是「特別設計來提振民族感情的歷史」。[26]種族和群體（grouping）的問題，還是根本關鍵。種族之間互相角力競爭是進步的引擎，競爭的結果將會決定某一民族是「歷史的」民族——意即占了主導優勢，或是「非歷史的」民族——即滅亡。然而，梁啟超對種族的思維本身也在演進。過去的文章中他提到**中國民族**中有六個種族，現在他只提到三大種族，包括蒙古人和突厥人，其他族群包含漢人、藏人、滿人和苗人並未再被細分出來。按照梁啟超的觀點，這些族群之間可能存在什麼樣的差異並不重要，因為「**中國**是個大一統的國家！人民統一、語文統一、文化統一、宗教統一、傳統統一」。[27]他沒有說明原因，但是變化出現在他反對章炳麟的漢族種族主義論戰時期，梁啟超現在主張「黃種人」要團結起來對抗大敵「白種人」。

除了約略提到語言、文字和傳統之外，梁啟超根本沒有提到他是如何區分族群，其他的分類也沒有解釋根據，充滿了許多前後不一致的敘述。鑒於當時他寫作非常快速，這一點也不足為奇。撰寫梁啟超相關作品的中國作家李國俊估計†，一九〇二年梁啟超光是在《新民叢報》上就寫了四十五萬字的文章。[28]然而，更重要的是，梁啟超發明全新看待歷史的方法，並且不斷實驗他的想法。他對中國歷史的概念會每週形成、再更新，出版後、重新出版，某些概念被他摒棄，某些概念則界定了新的民族國家。

梁啟超描述喜馬拉雅、帕米爾和阿爾泰等山脈是中國民族的天然邊界，山脈的龐大阻礙**中國**高等文化傳送進入印度和西亞。然而，他也提到其他同等高大的山脈，譬如分隔開西藏和中原的崑崙山、以及橫跨新疆中部的天山，則是「可以穿過」。蒙古人、西藏人、突厥人、通古斯人和苗人，分布在這些「天然邊界」的兩邊，但是並不妨礙他們「自然地」成為中國民族的一部分。梁啟超也沒有想到這些族群居住的其他地方——例如南亞、東南亞或中亞——應該納入**中國**版圖。他的邏輯前後不一致，研究中國史的茱莉亞．史奈德指出，這顯示出梁啟超歷史概念的主要動機，是要合理化大清國的存在與其領土範圍。[29]

梁啟超刻意淡化可以做為不同「自然」秩序理論根據的相似性。譬如，蒙古人、西藏人、尼泊爾和北印度的人民同樣有佛教文化。蒙古人、西藏人和滿洲人社會有相似的薩滿教

＊　編注：出自《中國之舊史》。
†　編注：《梁啟超著述繫年》，李國俊著，復旦大學出版社，一九八六。

（shamanism）傳統。信奉回教的突厥人與遠至伊斯坦堡的民族有共同的文化關聯，而高地「苗人」少數民族也遍布東南亞地區。這些文化都和中原漢人的文化大不相同，但是梁啟超盡力避談差異、只強調相似處，以便凸顯**中國性**的統一性質。因此，他的邏輯裡保留了清朝的「五族」（滿、漢、蒙、回、藏），以及他們各自五大領域。[30]這些都是他在一九〇〇年代初期，基於明顯的政治理由所做的選擇，可是這些概念的影響在大清國覆亡之後仍然存續下來。今日習以為常描述的中國「自然歷史」領土，其實到二十世紀中葉都還不是「固定」的疆域。

梁啟超在一九〇三年寫了一篇文章，繼續發展歷史和建造民族之間的關聯。針對當時在日本維新派圈已經十分知名的瑞士政治思想家約翰．伯倫知理（Johann Bluntschli）的思想，他表達出欽佩之情。梁啟超採納伯倫知理對「people」和「nation」這兩個詞的定義：「people」是共同文化歷史的結果，因此未必與國界相吻合；另一方面，「nation」則是由某一國家的居民所組成。梁啟超選擇用「民族」這個字詞來代表「people」，以「國民」來表示「nation」。循著伯倫知理的概念，梁啟超主張創造出「國民」就會自動創造出「國家」（nation-state）。

然而，在界定什麼是構成「民族」的要件時，梁啟超和伯倫知理的見解不一樣。伯倫知理提到八個標準，包含語言、宗教、身體外貌、生活方式、職業、傳統共同生活，以及政治組織（political union）。然而，很明顯的是，其中幾項元素會讓想像中的**中國民族**分化。因此，梁啟超說，其中只有三項真正重要：即語言、文字和傳統。因此，民族的本質將透過非常傳統的方式，也就是文化來界定。所有接納較高等的文化，包括語言、文字和傳統的人，都是**中國民族**的一部分。這根本就是以民族主義重新表述傳統儒家的文化觀念，但這吻合梁啟超種族化的新興國民概念。他在一九〇三年的文章中主張：「果有此事，則此大民族必以漢人為中心點，且其組織之者，必成於漢人之手，又事勢之不可爭者也。」[31]換句話說，在大清帝國境內所有其他群體的未來是必須被同化。他反對主張漢人「獨自執行」的見解。他把這種想法稱為「**小民族主義**」，和他的「**大民族主義**」概念成為鮮明對比。小民族主義會使國家分裂，大民族主義則可使國家團結起來對抗來自「國外」的威脅。[32]

為了支持他所謂同化力量的說法，梁啟超創造了另一個重大的歷史神話，這個神話一直存續到今天——為了證明漢人文化未來將占優勢，他宣稱在滿洲人身上已經奏效，「他們已經完全被**中國**同化。」鑒於漢、滿兩族當時在各城市仍然分區居住，這句話明顯不實。漢、滿兩族不得通婚的禁令直到一九〇二年才解除，兩族大體上仍是各自生活。即使如此，基於政治需求，梁啟超仍然堅持他的說法。他也把此一主張投射到更早以前的時代，聲稱除了滿清（西元一六四四年至一九一二年）之外，更早以前侵入**中國**的拓跋氏（西元三八六年至五三五年）、契丹人（西元九〇七年至一一二五年）、女真金人（西元一一一五年至一二三四年），都已經被融入漢人的優勢文化。不過，他也承認，蒙古人（西元一二七九年至一三六八年）並沒有改變。

諷刺的是，梁啟超列舉出來的例子卻都明白顯示，從西元三八六年以迄梁啟超發表這篇文章的一九〇三年，**中國本部**（China proper）*一半以上時間由北方南下的「夷狄」統治。這段期間，中國實質上是殖民地，由非漢人主掌的帝國所統治的。然而，按照梁啟超以民族主義立場對這段綿長時期的描述，是倒反過來的殖民統治：所有這些外來統治者都被優勢的漢文化同化，成為**中國民族**的一部分。中國精髓綿延數千年不變。

梁啟超想要尋找具有連續性的論述，一種自從他一八九五年結識李提摩太以來，了解的歐洲式歷史。如果**中國**要成為一個民族，就需要有一個版本的歷史。根據梁啟超開出的藥方，這項民族主義歷史必須強調連續性勝於不連續性，其中的自然性（naturalness）大過於隨意性（arbitrariness）。這一來就必須把許多相互矛盾的片段、轉化成為演進的論述，說出「我們」如何走到「現在」的故事。梁啟超因此發明「同化力量」（assimilative power）的概念：隨著愈來愈多人融入優勢文化，這個民族一路進步和擴張。[33]他不能接受**中國民族**積弱不振的說法。他在一九〇一年所寫的《中國史敘論》就說：「……而自形質上觀之。漢種常失敗。自精神上觀之。漢種常制勝。……」[34]換句話說，漢人只是**表面上**受到殖民統治；若是真正看清實情就會了解，在整個苦難的過程中，這個民族依然團結且堅強。

一九〇三年至一九〇五年間，梁啟超對民族的觀點繼續發展，他所採用的名詞從**中國民族**轉變為**中華民族**。這似乎是出自他和章炳麟對漢族性質辯論之後的結果。梁啟超在一九〇五年一篇文章中表明，他認為**漢族**是中華民族的骨幹，但是他和章炳麟不同之處在於他把其他人也納入中華民族。就梁啟超而言，最純粹的族群是**華族**，也就是炎帝和黃帝子孫。他們日後相繼同化了其他八個族群，包含苗蠻族、蜀族、巴氐族、徐淮族、吳越族、閩族、百粵族和百濮族，組成**漢族**。梁啟超承認，苗和濮其實並沒有被同化，但是他還是把他們列入漢族。因此，**漢族**和**中華民族**其實就是同一回事†。面對許許多多證據都提出異議，梁啟超還是矢口否認其他族群之間有任何差異——即使語言和傳統的差異當時就顯而易見，直到今天許多區域性的差異依舊存在。[35]

但一九〇〇年代初期，梁啟超深信中華民族與白種人陷入存亡絕續的鬥爭。因此主張分化形同自殺，唯有混同才會有力量。只能有一個民族，而且**中國**的每一分子都必須是成為一部分，沒有個別認同的空間。在他的觀念裡，漢族是中華民族的核心根本這件事毫無疑義，其他族裔都必須同化進來。這不僅適用到其他族裔，梁啟超對漢人之間的地方差異同樣不感興趣。共同抵禦外敵，遠比自己人之間不足為道的小差異來得重要。梁啟超對民族的概念不僅涉及族群，也涉及文化。**中華民族**之所以能凝聚在一起，並且能夠克服入侵者，是因為它具有優勢文化。這個優勢文化把所有接觸到它的人全都同化進來。因此，**中華民族**的歷史就是這個文化進步和擴張的故事。

---

* 譯注：英文中的「China proper」原是對歷史上中國漢族傳統地區的稱呼，常譯為中國本部或中國本土。一般是指明長城以南的漢族聚居區，不包括蒙古、西藏、新疆以及被滿清所劃出的滿洲等地域。

† 譯注：梁啟超曾說：「今之中華民族，即普遍俗稱所謂漢族者。」

梁啟超一直都沒有時間寫他的國史。他的寫作重點轉向需要建設「新民」、為維新和革命的利弊得失筆戰，還有討論婦女的角色，以及所有在一九〇〇年代出現、亟待辯論的每一個議題。但是梁啟超提出有關民族的概念，以及需要一部國史來打造新民持續下來。一九〇四年，他的好朋友夏曾佑寫出梁啟超一直沒寫出的這本書：由中國人提筆、在中國出版的第一本中國國史。梁、夏兩人有許多共同的思想，夏曾佑經常用筆名為梁啟超的《新民叢報》寫文章。可能是因為這些文章，也可能是因為梁啟超的推薦，設在上海、不會被清廷當局騷擾的民間出版社「商務印書館」，聘請夏曾佑寫一本新的歷史教科書《最新中學中國歷史教科書》。清廷政府剛通過教育改革方案、首度建立全國學校體系，商務印書館見到了其中的商機。

教育改革揭示一項目的，即要增強學生「愛國基礎」。不足為奇的是清廷的國家概念和梁啟超提議的國家概念並不相同。政府用的字詞是「國家」，不是梁啟超喜談的「民族」。**國家**是儒家的說法，基於同心圓的概念，從個人、透過家、族向國輻射。[36]梁啟超的**民族**則是愛國至上。然而，政府頒布的新制遵循梁啟超的想法，明確要求學生學習「國史」，也規定學生應該學習「本朝皇帝仁政」，這一點，梁啟超等維新派不會有異議。

夏曾佑編寫的教科書，緊密遵循梁啟超替新國史開出的藥方。他在序文裡提到社會達爾文主義的演進論，說明為什麼這本書的主題是進步和改革；把歷史分為「上古」、「中古」與「近古」三個階段，但如何展現中華民族的連續脈絡貫串古今，用夏的話來說：「漢族界定了中國的領土疆界。」他特別強調非漢人，包括突厥人和蒙古人在組建民族中的角色。夏曾佑提到若干山脈是國家的天然疆界，合理化為何把滿洲、蒙古、西藏和新疆納入國家疆域。這本書作為教科書發行銷售，但是初步鎖定的目標讀者也包括廣大的知識分子。書一發行就大為暢銷，後來在一九一一

圖八　李提摩太和他太太瑪麗（娘家姓氏馬丁〔Martin〕）、與兩個大女兒愛蓮娜（Eleanor）（上）和瑪麗．希莉雅（Many Celia）合影。這張照片可能是一八八三年攝於山西省太原。李提摩太是威爾斯人、浸信會傳教士，試圖和他想要感化的中國人過一樣的生活。他結合傳播福音和社會改革。他翻譯的作品使得許多中國菁英接觸到歐洲思想。在影響未來歷史的一八九五年，有幾個月時間，梁啟超曾經擔任他的譯員和秘書，而梁啟超撰寫中國歷史的許多思想深受李提摩太的啟發。

圖九

（a）梁啟超學生時代的照片。他的頭髮依據大清統治下對所有男性臣民的要求，編成辮子。頭顱前半剃光，其餘頭髮往後梳理、編成辮子。

（b）梁啟超一九〇〇年代初期寓居日本時期的照片。此時他已經剪去長辮，身穿西裝，有如現代的日本或西方紳士。

年辛亥革命、中華民國成立之後成為學校標準教科書，甚至在一九三三年書名改為《中國古代史》再版，以供新一代師生閱讀。到了這時候，讀者或許會覺得此書內容所講的再自然不過，但這本書的「製造過程」顯示，書中談到的歷史其實源起於海外留學生夏曾佑和梁啟超的思想，以及更早之前，一八九五年梁啟超和李提摩太結識時。

*****

知道北京德勝門的外國人，大多是因為前往長城旅遊的巴士起站設在此處。聳立於此是重建過的德勝門，本地區也此得名——這是要進入舊城區，如今碩果僅存的兩個城門之一。城門所在的城牆建於明朝，但早已不復存在，一九六〇年代為了建造北京市的地鐵和二環道路而拆除。拆牆之議原本是共產黨有心顯示進步改革，後來是為了資本家盈利的需求，但這個舉動也很容易被解讀為是針對梁啟超家人的教訓。梁啟超的兒子梁思成和媳婦林徽因都是著名的建築師，在一九四〇年代和一九五〇年代極力奔走主張保存城牆和舊城市原貌。對於喜愛真正傳統古蹟文物的人而言，很不幸，他們失敗了。即使留下來的城門和塔樓也被翻修，為了使其更顯宏偉。

德勝門上有一座防禦用的巨大「箭樓」，讓人回想起舊城牆。城樓俯瞰著現在更寬闊的十字路口，在修建汽巴士站和十字路口很久之前，德勝門是通往西北的主要路線的起點。軍隊從這兒出發，開拔到邊疆。或許這可以說明為什麼這個地區過去住了許多回族穆斯林，他們聚居在一座小清真寺四周。直到一九九〇年代末之前，德勝門大街是一條僅有二十公尺寬的單行道，兩側有許多小店舖和商家。然而，北京市都市計畫單位另有想法。短短幾年內，本地區四分之三的居民遷走，馬路拓寬為四倍。小商家全部拆掉，改建為辦公大樓和大型商場。[37]清真寺保留下來了，至少名義上是如此；二〇〇三年法源清真寺重建，成為吸引觀光客的景點，因為原本的教徒早已被遷移到其他地區。

清真寺正對面一座閃閃發亮的辦公大樓建於二〇〇〇年代。與箭樓隔著車流相對的這座大樓，裡頭是「漢辦」和「孔子學院」合署辦公的總部。漢辦全名「國家漢語國際推廣領導小組辦公室」*，是中國教育部底下的機構，負責對外漢語教學、漢語國際推廣和中外語言文化交流工作。在政府資源的大力支援下，漢辦現在指導遍布全球一百四十多個國家、五百多個孔子學院。[38]孔子學院的工作內容主要是漢語教學，但也負責推廣一種特定的歷史和文化觀點。漢辦向學生推薦的唯一一本歷史課本書名為《中國史常識》（*Common Knowledge About Chinese History*）。搭配上地理課本，這一系列叢書至少已有十二種外文譯本，包括英文、挪威文、蒙古文等，這就是專門給外國人讀的官方版**國史**。孔子學院選擇的歷史雖然經由共產主義觀點略做修正，但大體上還是遵循當時梁啟超所擬訂的敘述模式。

其中一些篇章的標題，如〈封建大統一時期：秦漢時期〉、〈統一的多民族社會進一步發展：明清時期〉等。一個關於早期的主題是「中華民族的祖先」，敘述炎黃子孫如何合併成為**華夏**，他們是「漢人的祖先，也是中華民族的主幹」。讀到西元六世紀的隋朝，我們知道：「以漢族為核心的中華民族已經成為相當穩定的社群，因此隋朝的統一是個歷史趨勢。」套套邏輯（tautology）†的表述顯示梁啟超翻譯「民族」（people）和「國民」（nation）概念時所遇到的困難，到了人民共和國時期依舊存在。

這本書前半部討論很久以前就有一個叫做中國的地方、一群人被稱做中國人，他們已經存在了數千年之久。即便當時的名稱還不叫做「中國」，或是分裂為幾個國家，它還是「中國」。連續性是其中的基本假設，書中內容道：「秦漢時期（兩千多年前）創建的許多制度被後來的朝代持續繼承。」從九〇七年唐朝滅亡，至一二六〇年蒙古人出現的這三百多年被稱作「亂世」，但「中國」依舊屹立不搖。蒙古人入侵中國，卻神奇地變成中國的一個朝代，「一二七九年，中國再度統一成為一個國家。」更荒謬的是，清朝的創建者被說是「中國東北的滿洲人部落」，入主中原竟然沒被承認說是異族入侵。[39]

這本書的偏見出現在必須處理「非漢人」，尤其是他們入侵、統治「中國」時特別嚴重。在今天的華北和蒙古建立魏朝的鮮卑人，顯然發現「鞏固他們統治的關鍵是……向漢人學習」。我們被告知，藏人原本住的是帳篷，但是因為仰慕大唐文化，透過皇帝娶了文成公主，收下中華文化此一大禮。梁啟超的「同化力量」概念依然十分強大。除非是向漢人學習，或是與漢人作戰，否則東北其他的民族通常不會出現在這本通識課本上，就和他們不會出現在國史之中一樣。

當然，中國出版很多的歷史書籍，也有許多歷史學者對過去有更深刻的了解。但這本課本是中國政府選擇來向國外陳述其國史的書。這套敘事出現在中國教科書中，構成了中國領導人經常提到的歷史先例的基礎。這是清史研究所等機構所努力建構的論述。提出歷史異議的政治空間儘

---

* 譯注：二〇二〇年已改名「教育部中外語言交流合作中心」。

† 編注：又稱為恆真句（或譯為「同義反複語」），意指某個邏輯上的複合語句，不管原本子語句是否為真，若此複合語句恆為真，則稱該複合語句為「恆真句」。

管原本就不大，但自從習近平上台以來更加縮小。國史被削減為只有優勢文化向低劣文化擴張的故事。

還有其他敘述這塊土地，以及生活在其中的人民的方式嗎？如果我們避免誘惑，不把中國認為是具有「天然」疆域的古老領土單位，那麼我們需要根據當時的狀況各自看待每個時期，而不必然將其視為匯流至今的一個階段。故事應該著重在當時的區域背景，強調人們如何遷徙、各國如何起伏興衰、邊界如何波動、貿易如何流動，以及文化如何交雜。如果我們拋掉關於優劣的假設，就會開始注意到歷史的流動其實有各種方向。

細讀標準歷史的字裡行間，我們或許可以以日本歷史學者岡田英弘的觀點為例。[40]根據他的說法，這塊東亞大地最早有紀錄的居民全都來自其他地方。夏人來自南方，或許起源於東南亞，而後定居華南和華東沿海平原；另一方面，商人和周人似乎是從北亞遷來的遊牧民族，高地蠻人在西元前八世紀初成立楚國。用傳統的說法來說，這些族群應該是夷狄，有別於「中國人」。但是岡田卻持相反的主張，他認為這些「夷狄」事實上是最早的居民，他們採納定居下來的城市生活方式，因而使得自己與狂野的親人不同了——他們住在城鎮裡，由皇帝透過書寫文字統治。這是早期文明化的三個標誌，標誌並不包含族群性。城鎮有許多族群入住，但是透過採納城市文化，「公民」把自己改造成為新的群體。大約在西元前一百年，朝廷官員司馬遷編造出修訂版的歷史，用來討好他的皇帝主子。司馬遷將的漢朝源起追溯到「上古時期」，掩蓋掉「異質」根源。司馬遷不但是個歷史學者，也是個宣傳家，而且相當成功，他編造的歷史在兩千年之後仍然大為流行。

漢朝在西元一八四年左右因為宗教團體「黃巾賊」起義開始分裂。隨之而來的戰爭和飢饉，造成將近九〇%的人口喪生，使得五千萬人只剩下五百萬人。最後一個漢人國家殘部向南逃到長江流域，他們丟下的土地由北亞南下的移民補上。這些人建立一個新的北方政權，有新的「北方化」的語言。南北朝分立持續約兩百年，直到西元五八九年，北方的隋朝（由中亞的鮮卑人所建立）擊敗南方人。

隋朝在六一八年被唐朝推翻，唐朝也系出鮮卑後裔。大唐帝國在九世紀開始裂解，終於在九〇七年覆亡，地方被幾個互相對立的小國家占領，接下來一個世紀的特徵就是動亂與戰爭，北方地區再度由突厥人統治。沙陀人被契丹人推翻（我們從契丹人得到中國的古名Cathay）。契丹人建立遼朝，後來被女真人征服，女真人一直統治到一二三四年。根據岡田英弘的說法，這些民族都不認為自己是在統治**中國**。他們是內亞民族，就他們而言，中國是他們帝國的附屬物。北京成為女真人的冬季都城，可以避開西伯利亞的酷寒，也兼做管理臣民的行政中心。這段「五代十國」時期在「國史」中幾乎是完全輕輕帶過，「國史」更偏向專注在另一個對立國家宋朝的存在，宋朝控制今天中國的南方地區，但領土在北方壓力之下日益萎縮。

蒙古人在一二一五年占領北京，然後在一二三四年消滅女真人的金朝。往後半個世紀裡，蒙古人步步進逼，把宋朝逼到沿海地區，最後在一二七九年廣東一場海戰中將其消滅。蒙古人把他們在中國的行政區域稱為「元朝」，以便在文化上比較容易獲得接受，但它是個內亞大國、不能算是「中國人」的國家。雖然忽必烈汗在一二七一年把首都遷到北京，但「中國」只是大汗國的一部分。一二七九年，這個大汗國的領土東起朝鮮半島、西迄匈牙利平原。梁啟超也理解歷史的諷刺，在日後不得不推崇蒙古人的元朝「統一了中國」，因為他們征服北方的女真、也征服南方的南宋，把將近四百年前唐朝覆亡以來的地區，歸納在同一個統治者之下。即使是梁啟超也必須承認，「中國」因此是蒙古人的遺緒。

蒙古人統一起來的疆域維繫不到一個世紀，因為地方叛亂四起而拆碎。以持續擴張為基礎的大國實在無法應付定居施政的要求。十四世紀初是離心式大混亂的時期，好幾個地方的軍閥聲稱繼承了先前帝國的天命。其中一名地方軍閥朱元璋一三六八年自命是新皇朝明朝的天子，建都於南京。雖然梁啟超和後繼的「國史」作者把明朝描繪為真正的中國人王朝，他們刻意淡化明朝統治者有意識地模仿蒙古人的種種舉措。明朝政府的基本官僚架構，如內閣、都察院、軍機處等，的確都從忽必烈汗的朝廷原封不動搬過來。

地方政府也一樣。蒙古人把全國畫分為若干私人采邑，每個地區的領導人就是征服此區域的部落酋長。明朝仿效這個原則，但是當明朝史官要書寫前朝歷史時，他們抹掉細節，使制度看起來比較像由中央掌控。明朝的士大夫基於本身的利益，把自己描繪為儒教國家的核心，但是岡田英弘說，真正的權力其實掌握在「軍事貴族」，也就是支持朱元璋的將領之後裔手中。這個模式又是直接從蒙古人抄襲過來。明朝也依據蒙古方式組織人民，「軍戶」編組為「百戶所」、「千戶所」，再進而為「衛」。今天留存下來的戶口紀錄顯示，「衛所」的首長通常具有蒙古背景。

明成祖朱棣定都北京可不是因為他喜歡當地的氣候。北京是通往蒙古的門戶，刻意選擇這個地點是深思熟慮後的結果，具有戰略意義。他希望兼為明朝皇帝和蒙古大汗。承繼元朝權柄之後，明朝也把勢力延伸到原本被蒙古人征服的兩個地方：雲南的傣族舊王國，以及朝鮮族居住的遼河盆地。按照梁啟超版本的歷史，北方南下的入侵者進入**中國**，接觸到**華**族的優勢文化而變得「文明化」與「漢化」。明朝（以及日後清朝）政府的基本結構告訴我們，文化是雙向流通的。**華**人是混合異質的。

就明朝而言，大明國的「天然疆界」從雲南的山脈向北及向東延伸，穿過四川的阿爾金山、岷山和祈連山山脈，再和不是天然的長城邊界連接。這些邊界特別設計來阻止藏人、突厥人、蒙古人和滿洲人，無論是心靈上和實體上的往來都要阻絕。這些邊界持續了三百年之久，直到一六四四年被滿清攻破長城。就滿清而言，身為契丹、女真和蒙古文明的繼承人，**中國**只是邁向區域霸權的中途站。清朝發動的軍事作戰，使得北京統治的版圖面積擴大為三倍。如果依梁啟超聲稱蒙古創造了中國，那麼滿洲人就創造了「大中國」。

這當然不是對兩千年歷史的完整描述，而是試圖展示出如果我們選擇從區域性的角度，而非一個國家的故事來敘述，可以如何寫出不同的歷史。（如果讀者想了解更長期、更多專家的意見，建議參閱史懷梅（Naomi Standen）主編的《破解中國神話：中國史新了解》（*Demystifying China: New Understandings of Chinese History*）一書。[41]）一旦我們了解兩千年的「混亂性」，就可以看到，只有民族主義才能提供如此的想像力，才能在其中爬梳找出一直存續不斷的「中華」民族。這個版本的歷史，最多只能說是一群承認一位皇帝的城市居民，以某種特定文字寫出來的故事。

每個時代為了追求政治正當性，皇帝們派史官撰寫強調連續性的正史。大約在西元八〇〇年左右，這些史官訂出了一個官方教條**道統**，也就是歷代儒家聖人相繼的傳道統緒，統治者可以有意識地模仿孔子和其他文士所定下的前人思維方式來尋求正當性。倫敦大學亞非學院（SOAS）教授提姆·巴瑞特（Tim Barrett）曾說：「渴望建構的驅力，可以在沒有嚴謹思慮的狀況下融合大量的知識創新。」[42]他指出每一時代在撰寫「歷史」時，如何操縱證據以便提出吻合當前需要的歷史版本。有了紙張和剪刀，各種敘述都可以任意剪貼拼湊。從這一點來說，國家清史編纂委員會目前的工作完全吻合先例。這個委員會的任務是編輯與重述前朝歷史，以便賦予當今政權正當性，以及透過「政治虛無主義」這類指控，讓批評者失去正當性。

每個統治者過去需要，今後也仍將需要聲稱自己是古聖先賢的後裔，這一來就能產生強調連續性的敘述，即使缺乏證據佐證。若有斷裂不是被忽略掉、跳過去或不寫進「歷史」。我們所聽

圖十　梁啟超在北京的故居靠近東直門地鐵車站，現在是十來戶人家的住所。有位大媽住戶很驕傲地亮出舊日照片，顯示房子分配給現住戶之前的樣貌。

到的故事是，朝代嬗遞，中間偶有「例外」的中斷分裂時期。但一旦公正的分析歷史之後，我們就會發現，事實上，統一才是例外。但是，習近平宣布中國是個大國，而大國需要一部偉大的歷史，例如綿延五千年的悠久歷史。大國也不會遭到侵略或羞辱，而是一直都是贏家。梁啟超所想像出來的「中華民族」一直都存在，以後也將一直存在。

＊＊＊＊＊

就在皇城的舊東門（東直門地鐵站因此為名）內，是一個像迷宮般的灰色磚屋巷弄，仍然襯著怡人的樹蔭。樹幹中間的空間現在做為電動摩托車的停車位，這些摩托車一旦騎上北京街頭，對不小心的行人可真危險。北溝沿胡同二十三號並不起眼，就和附近的其他建築物一樣：裸露的牆壁上有些鐵窗，瓷磚屋頂上則是亂糟糟拉著一些電纜線。然而，紅門邊的牆上嵌著一塊牌子，告訴我們這個四合院是個文物保護單位。和大多數的四合院一樣，也被共產黨分割。現在這裡不是一戶大富大貴人家的宅第，而是十多戶窮人的住所。這些受到革命之惠的老人家可是十分驕傲，他們住進了梁啟超的舊居。有位大媽拿出一張舊圖，勾勒出在二十世紀初期的模樣。那時候沒有這麼多住戶，還保留著漂亮的庭園和池塘。

一九一二年國民革命之後，梁啟超受到新成立的中華民國袁世凱總統的歡迎，由日本回到北京。他在歷任政府中出任司法總長、財政總長等要職，繼續主張推動自由主義的社會改革。梁啟超回國後，康有為也在一九一三年十二月回到睽違十五年的祖國。他上後一次在北京，是一八九八年戊戌變法失敗逃亡出國時。兩人重逢後立刻去見李提摩太。三個人見面時，梁啟超解釋他的歷史三階段理論，以及結合西方和平的觀念和孔夫子的大同思想，認為科學、繁榮和民主普及全世界之後會促成烏托邦的思想。李提摩太完全同意。早在一八七九年他就起草一份世界聯邦的計畫書。[43] 根據他女兒的說法，此後數十年他不斷向各國元首及「數不盡的」人遊說這個目標。[44] 當然，這個夢想和他們渴望中國政治改革的希望，都將被搗碎，新國家很快就瓦解為地方軍閥割據的局面，袁世凱總統甚至在一九一五年自立為皇帝。在此同時，日本出現更具侵略性的政府，想從中國積弱不振中榨取更多利益，提出更加不友善的要求。

歐洲陷入第一次世界大戰戰火，日本最先看到有機可乘。日本覬覦德國在山東的勢力範圍，於一九一四年八月底、也就是在盟國英國與德國交戰三個星期之後，向德國宣戰。然而，梁啟超也意識到大戰是中國的良機。他向政府進言，主張正式支持英國與法國，或許可促使列強在戰後必須更公平對待中國。一九一七年八月，北京政府也對德國宣戰。中國雖然無部隊可派，卻派出約十四萬名平民工人在大戰的最後一年，前往西線戰場流血流汗。

一九一八年十一月停火協議簽字後，戰勝國宣布將在巴黎召開國際和平會議，以確保今後再也不會爆發如此恐怖的衝突。新世界已經在望，將是和平、正義的世界，新國家的權利將受到尊重。梁啟超精神大振，雖然不是政府官員，他決定要帶領一個民間代表團前往巴黎，為中華民國的權利展開遊說。他帶了曾經在英、法、德、日留學的六名同僚一起前往巴黎，俾便透過世界輿論向各國和會代表遊說。[45]這一個小型代表團於一九一八年十二月從上海出發，一九一九年一月十二日抵達倫敦。他們對這座深陷戰後經濟蕭條、又冷又黑的城市印象不佳，梁啟超形容它「一片貧窮、破敗景象」。[46]他們下榻的旅館房間冰冷、食物難以下嚥，滿天煙霧使得太陽「有若紅血」。但是代表團不是來倫敦觀光旅遊，他們心裡頭惦記著另一項任務——自四分之一個世紀前初識之後，梁啟超現在前來向李提摩太道別。

李提摩太最後離開中國是一九一六年。年邁體衰的他，在前一年於上海開會時辭去廣學會總幹事的職位。會議通過決議正式准辭，並且讚許李提摩太「在中國已是家喻戶曉」的人物，對基督教會和政治改革運動的貢獻極為深刻。回到英國之後，榮耀也相繼而來，李提摩太獲頒榮譽博士學位，有人為他舉辦若干會議、也出版幾本書表揚他的事功。他退隱住在倫敦郊區格德葛林鎮（Golders Green）一棟小房子，當時的一些名流包括葛雷伯爵（Earl Grey）、史莫資將軍（General Smuts）*和外交大臣羅伯．塞西爾勛爵（Lord Robert Cecil）†等人都前往拜會他。[47]

梁啟超抵達倫敦時，腦子裡惦記著許多大事，但是根據這次會面保留下來的紀錄，他第一個想見的人是李提摩太。他立即要求中國大使館安排拜會。他身穿新製的西裝，來到格德葛林鎮，親自送上幾本自己新近的著作。[48]別後重逢，兩人立刻找到共同話題。儘管健康欠佳，李提摩太仍然投注時間關心世界和平。多年來，他執著努力向每一個願意傾聽的對象推銷他的世界聯邦理念。梁啟超前來拜會時，這一切似乎即將成真。這時候，他在公共集會和私下寫信給領導人物時，極力鼓吹一個新的的「國際聯盟」（League of Nations）。兩人再次分享對未來世界和平的希望。

然而，在倫敦，並不是人人都樂意見到梁啟超。懷抱民族主義、年輕世代的中國留學生對他抱持警戒的態度。因為梁曾在日本住了很長一段時間，又曾經在袁世凱的專制政府裡擔任要職，他們懷疑他的動機。二月間，一群學生發給他一封措辭激烈的信，警告他，現在不是和日本打交道的時刻。他們宣稱，世界已經變了，新的「國際聯盟」由「正義的」美國和「民主的」的英國與、法國支持，將會確保中國受到公平待遇。中國不是派了幾萬名華工到西線戰場犧牲性命、參與工作嗎？中國不是應該受到尊重和公平待遇嗎？

三月間，梁啟超離開英國、前往法國，他對於戰禍破壞之巨大吃一驚，尤其是歷史古城漢斯（Reims）‡受到的嚴重破壞更是難以想像。[49]他在巴黎對一月中旬以來展開的和平談判進行觀察、遊說和評論。不料，「正義的」和「民主的」國家出賣了中國。英國和法國早已和日本達成祕密協議，交換日本參戰。日本在和會中被奉若「大國」，中國只得到「小國」的地位，比起比利時、巴西和塞爾維亞還不如。

中國代表團也因為國內政情發展而舉步維艱：國內已經分裂為受到各國承認的北京政府，以及孫逸仙及國民黨領導的廣州政府。中國領導圈的空檔由在會場之外抗議的留學生團體補上，他們散發傳單、組織陳情，發信給其他國家政府。可是，他們不知道北京政府早已屈辱地達成協議。一九一八年九月二十四日，北京政府同意讓日本占領戰敗國德國在山東半島的權益，交換日

---

* 譯注：史莫資將軍是南非和英國政治人物，在第一次世界大戰期間率領南非軍隊對抗德軍；一九一七年至一九一九年也是英國戰時內閣成員；一九一九至一九二四年，以及一九三九至一九四八年，兩度出任南非總理。

† 譯注：羅伯．塞西爾勛爵是國際聯盟創辦人之一，由於對國聯的貢獻，於一九三七年獲頒諾貝爾和平獎。

‡ 譯注：漢斯（Reims）是法國東北部一座重要城市，是香檳地區經濟、文化、商業中心，也是法國藝術與歷史古城。法國歷代國王有三十一人在漢斯主座教堂加冕，被稱為「王者之城」。

本以新貸款協助中國興建鐵路。[50]

和會的結果就是「大國」之間的重新整合。他們沒把戰敗國德國占取的權益還給新建立的中華民國，反而交給日本。[51] 一下子，民族主義者對於新世界秩序，也就是基於主權及國家平等所懷抱的希望完全粉碎。新秩序與舊秩序無殊。梁啟超和新世代同樣激憤，將怒火化為文字。梁啟超關於中國在凡爾賽和會所受待遇的電報一送回國內，引起報界報導，點燃了民眾的怒火。一九一九年五月四日，北京學生示威，放火焚燒去年與日本談判鐵路貸款的交通總長曹汝霖府邸，也引爆下一階段、更基進的中國民族主義，也就是一般稱之為五四運動。

圖十一　維新派學者康有為。他協助說服光緒皇帝在一八九八年推動變法改革，但是新政僅只一百天，就被壓制。他立即逃亡，受到英國人保護，此後持續推動維新改革和恢復光緒皇帝權位。

李提摩太完全不知道這一發展。梁啟超離開倫敦後不久，他動了手術，但再也沒有復原，他於一九一九年四月十七日去世，享壽七十三。他們兩人把書寫歷史轉化為政治改革大業的工具，在往後一個世紀，這種詮釋歷史的方式果如梁啟超所夢想，被政治人物拿來替民族國家服務，成為中國對國家意識的基礎，而且同等重要的是，也成為外在世界看待中國的意識。但這只是歷史的部分面向，它也被打造出來支持政治計畫，也持續偏袒某種民族的概念，壓過其他看法。民族主義有如迷幻藥，中毒上癮的人看到整體的幻象，其他人則只看到分離和多樣性。在中國境內得到官方支持，又得到國外缺乏批判的支持，在書寫歷史和政治上，「中國」版本的概念一直主導勝過藏、突厥、蒙古、滿、苗人的版本。而北京清史研究所的任務，就是確保情勢維持不變。

第五章

創造大一統的偉大民族

中華民族／Zhonghua minzu

二〇一八年八月底，一位特別貴賓來到中國在西藏喜馬拉雅山區一處工程奇蹟參訪。藏木水電站（Zangmu Dam）位於雅魯藏布江（Yarlung Tsangpo）上，海拔超過三千公尺，二〇一五年正式投產發電時，它是全世界海拔最高的水力發電廠，每小時發電量五百個百萬瓦，使西藏的供電量倍增。供電不虞之後，吸引了新客戶來到本地區，譬如若干礦產公司、一條貼近中印邊境營運的高鐵，以及高檔的旅遊開發案。跟著後面來的就是來自內地的移民。

當天的貴賓是藏傳佛教第二高位的班禪喇嘛。或許也可說，他不是。因為堅贊諾布（Gyaltsen Norbu）是中國政府選定的班禪喇嘛。一九九五年，流亡在印度的達賴喇嘛選了另一個靈童根敦確吉尼瑪（Gedhun Choekyi）為班禪喇嘛，但是根敦確吉立刻被中國官員帶走。這兩位班禪喇嘛現在都被中國監管起來。兩者之間的差別是，堅贊諾布三不五時在全國媒體亮相，參觀一些建設計畫等等，而根敦確吉已經人間蒸發二十五年。兩人都是中國政府爭搶西藏人民心靈作戰的俎上肉。

根據官方媒體的報導，中國選任的這位班禪喇嘛在當天參訪時發表講話說：「以習近平同志為核心的黨中央非常重視宗教工作、愛護宗教信徒。」[1]他在這項官方佛教團體的集會表示，他們必須「支持黨的領導，堅決反對分裂主義，注意將佛教與現代知識及政策學習結合起來，做為黨和政府的橋梁，團結和連結信徒。」然後他在藏木水電站前拍照，為這項「社會主義發展」的成果背書。

這正是中國共產黨期待班禪喇嘛扮演的角色。前世班禪喇嘛至少有一段期間也扮演同樣的角色。一九四九年西藏仍然獨立時，共產黨派出一位官員習仲勛接觸第十世班禪喇嘛，班禪喇嘛後來協助計畫一九五〇年人民解放軍進入西藏，今天中國政府仍然稱之為「解放」西藏。然而，第十世班禪喇嘛批評共產黨政策對藏人的影響之後，於一九六二年被剝奪頭銜、遭到批判且關進大牢，直到一九八二年才獲釋。然而，在他晚年又恢復地位，也與習仲勛恢復往來。這時候，習仲勛已經出任國務院副總理，主管民族、宗教和「統戰」工作。兩人合作翻轉許多造成藏人遭受苦難的政策。他們也打造一個本地藏族人的官僚體系，代理著北京忠誠治理這個自治區。第十世班禪喇嘛在一九八九年突然去世時，習仲勛在黨的機關報《人民日報》上發表一篇冗長的悼文，敘述他們四十年的交情，以及「班禪喇嘛熱愛中國共產黨」。習仲勛具有處理西北少數民族事務多年的經驗，他得出一個觀點，最好是允許少數民族管理自己的事務，只要他們效忠黨就行。這個立場和他今天貴為中國最高領導人的兒子習近平的立場，完全不同。

二〇一八年三月二十二日，習近平在全國人民代表大會閉幕式發表重要講話，強調「黨領導一切」，題目翻成白話是「中國共產黨將一直是中國人民與中華民族的支柱」。在大多數國家，英文「nation」和「people」這兩個字詞被認為是同樣的東西，但是習近平一再同時使用「**中國人民與中華民族**」這兩個詞語，可以說是告訴我們，兩者的中文意涵不盡相同，可是在翻譯為英文時，其中的差異卻不見了。已經從頭讀到這裡的讀者一定會警覺到，「中國」和「中華」這兩個字詞翻譯成英文雖然都是「China」，兩者是有差異的：**中國**是「中央的國家」，而**中華**有很強大的族群色彩。**人民**一般翻譯為英文「people」，但是學者對於如何翻譯**民族**卻有冗長的辯論，主要是這個字詞有著混亂的起源。

中國人民和共產黨有很清楚的關聯。在中華人民共和國建政初期，這是一個標準詞彙。「中國人民」是個政治實體，指的是和黨站在一起的四個階級：工人、農民、民族資本家和小資產階級。國旗上各有一顆小星星代表他們。按照這個說法，「人民」排除掉了黨的敵人：即地主、資本家、以及國民黨的支持者。[2]

另一方面，**中華民族**則是與敵人的用語有緊密的關係，的字詞支撐著國民黨的意識型態，國民黨領導人蔣介石在抗戰時期的作品中頻頻出現這個字詞。蔣介石一九四三年發表《中國之命運》，書中描述**中華民族**由五個族裔組成，但是因為他們都是同一個祖先的後裔，所以構成單一的種族。[3]他們在過去五千年或許分成漢、滿、藏、蒙、回族，但是無可避免的命運是重新融合為一個中華民族。蔣介石也堅稱**中華民族**的天然疆域和大清國最鼎盛時期的版圖完全一樣。

當時，中國共產黨譴責這個說法。中共的集體思想受到蘇聯政策和史達林觀點強烈影響，在一九三一年甚至宣稱其他「民族」有權利脫離中國，其中明白提到蒙、回與藏族。然而，等到一九四九年奪得政權，共產黨卻修正了觀點。到了一九五〇年，中共承諾要在現有的疆域內建立多民族的共和國，具有「分裂主義」思想的少數民族，最多只能盼望獲得自治。等到一當家掌權，人民共和國就請出人類學家仿效蘇聯模式，將**民族**區分類別，一九五四年，研究人員提出有點隨意認定的數字，宣稱國內有五十六個不同的民族，包括漢族、藏族、維吾爾族、蒙古族、滿族以及其他許多人數極少的少數民族。[4]

一直要到一九八〇年代中期，共產主義理論家圈子才開始接受單一的**中華民族**概念。有位特別的先驅費孝通，這位人類學家從三十年前就參與最初的民族分類計畫。他提出「多元一體格局」（pluralistic unitary structure）理論：每一群體或許有他們本身獨特的認同，但是他們首要必須是認同**中華**。這是建立在一種對過去的特定觀點基礎上，這與蔣介石的觀點驚人地相似：即中國歷史的進程，就是各個民族融合為一體的故事。

一九九〇年代期間，隨著正統的共產主義意識型態敗退，共產黨的聲明愈來愈常把「民族」和「人民」這兩個字詞連用。譬如，二〇〇〇年十月，在紀念抗美援朝五十週年大會的演講中，國家主席江澤民提到戰士捍衛「民族尊嚴」。次年，江澤民發表演說正式歡迎資本家入黨時，講稿裡多次出現**中華民族**這個字詞。毛澤東所謂的「人民」並不包括資本家，而今江澤民的「民族」包括了他們。[5]

二〇〇〇年代在西藏和新疆發生的種族暴力和抗議事件，使得這種新思維變得更有急迫感。中華人民共和國裡有一小群很有影響力的人物，認為各個民族分別存在的概念，將會威脅到國家的未來。譬如，北京大學教授馬戎和清華大學教授胡鞍鋼等人提出警告，他們認為鼓勵族裔差異

圖十二　第十世班禪喇嘛一九五一年四月二十二日前往北京途中，習近平的父親習仲勛在西安接待他。習仲勛主張給予國內少數民族更大的自治權力，這一點和他兒子目前的政策南轅北轍。

會導致國家像蘇聯和南斯拉夫在一九九〇年代那樣分崩離析。因此他們提出另一個激烈的替代辦法，也就是「熔爐論」的思路，單一的「中華民族」團結的利益，可以將族裔差異在大熔爐中根除。

如果徹底執行，將直接摒棄習仲勛所執行、復經人民共和國奉行數十年的政策。重要是，支持熔爐論的主要人物之一是習仲勛的兒子習近平，他一再強調要求所有中國公民遵循「五個認同」的重要性，分別是必須認同祖國、認同**中華民族**、認同中華文化、認同中國社會主義道路，以及認同中國共產黨。這解釋了習近平相信中國只有一個民族、只有一種文化。但是，漢族與藏族、維吾爾族及其他許多族群，在語言、文字及生活方式上有所不同。因此，究竟有沒有單一一個中華民族？還是有好幾個不同的民族一起在單一國家內共存共榮？要為這個問題找出答案，打從一開始就是中國民族主義的棘手問題。

＊＊＊＊＊

一八九七年一月十三日，日後成為中華民國第一任總統的孫逸仙來到倫敦杜莎夫人蠟像館（Madame Tussauds）參觀新展覽品：英王約翰簽署《大憲章》的蠟像。[6]事實上，他來到那兒是要表示謝意。三個月前，他遭到綁架，拘禁在倫敦西城區的中國使館裡。一連十二天，使館官員試圖逼迫孫逸仙承認犯下叛國罪。他們威脅把他偷偷運回國內處決，也不排除在英國就把他殺了。然而，孫逸仙設法收買使館裡的英國人守衛，傳遞紙條給他的友人、也是以前在醫學院念書的老師康德黎（Dr James Cantlie）。康德黎奔走下，從法院取得人身保護令，迫使中國使館釋放孫逸仙。實際上，是《大憲章》救了孫逸仙一命。[7]

英國報紙大幅報導這一事件。孫逸仙因此成為名人，在他參觀杜莎夫人蠟像館時，已經出版他的《倫敦蒙難記》（*Kidnapped in London*），聲名更盛。清廷一下子使原本無足輕重的異議人士變成全球明星。在此之前，孫逸仙建立革命組織的進展相當遲緩。兩年前他在夏威夷所創立的「興中會」（見本書第二章）只有少數支持者；他所策畫的一八九五年廣州起義失敗，大部分參與密謀的黨人遭到逮捕；而力主維新變法的儒生士子，也不支持這個在教會學校念書突然冒出來的煽動家。孫逸仙恢復自由之後立即接受英國記者訪問，清楚表示他的目標與維新派大不相同，他解釋道：「我們的主張改為推動革命，消滅現今的皇朝。」[8]孫逸仙又說，他認為腐敗的官僚階級就和清廷統治者一樣是問題之所在。他的主張相當激烈，此時正在倫敦訪問的李提摩太也不願見他。[9]

由於中國政府雇了私家偵探跟蹤他，我們很清楚孫逸仙在倫敦寓居八個月期間的動態。一八九六年十二月五日，他經由羅伯．肯納威．道格拉斯爵士（Sir Robert Kennaway Douglas）的推薦，取得大英博物館閱覽室的閱讀證。（道格拉斯爵士是退休的英國外交官，時任圖書館東方部主任）。孫逸仙花了大量時間在圖書館裡，廣泛閱讀政治書刊和時事新聞。[10]他接觸到由史賓塞和赫胥黎推動、當時流行的社會達爾文主義學說。這些理論有一部分在兩年前由嚴復翻譯為中文，掀起整個世代基進分子的認真思索，（見本書第三章）[11]也成為孫逸仙日後民族主義論述的基礎。

然而，春去夏來，孫逸仙向東道主康德黎告辭，離開英國，前往加拿大，再轉往亞洲。清廷駐英使館雇用的私家偵探全程跟蹤，把孫逸仙試圖向北美華人社區、特別是溫哥華和維多利亞市華僑募款與爭取支持的活動，一五一十向北京報告。孫逸仙募款成功的結果之一，顯示在最後一段行程可以從普通艙升等到「頭等艙」。[12]由於涉及到廣州起義，香港當局不准他入境，孫逸仙選擇流亡到日本。他在一八九七年八月十日抵達橫濱，經人介紹，很快就結交各式各樣同情革命的日本人——從支持「黃種人」的泛亞主義分子到極端民族主義者都有，其中還包括若干政府部會首長。這使他得到大量資金援助，特別是中日甲午戰爭之後，基於各種不同理由、希望清朝終結的人士。[13]

他也得到橫濱華人社區的資金援助，尤其是當他的支持者成立一所新學校時。他們認為設校可以提供機會，讓維新派和革命黨人之間的意識型態和文化差異得以溝通。他們特意找上梁啟超，邀請他出任第一任校長。但是梁啟超忙於在上海主持他的維新派報紙編務。於是，梁啟超的老師和盟友康有為推薦其他人選，後者對儒家思想的基進詮釋已經引爆論戰。康有為閱讀古籍產生烏托邦的理想，建議學校取名為「大同學校」。然而維新派康有為和革命黨孫逸仙之間的友好關係只維持了幾個月。隨著康有為的倡議言論愈來愈有影響力，他與北京光緒皇帝越來越親近，和流亡日本的革命黨人的關係變得相當尷尬，特別是在一八九八年夏天「百日維新」時期。康有為在橫濱的盟友禁止孫逸仙進入他曾協助創辦，由他的黨人出資捐助的這所學校。

雙方對立持續惡化到一八九八年九月二十二日，此時慈禧太后發動政變、叛變光緒皇帝與他主持的變革，康、梁都必須逃命與流亡國外。日本特務從天津救出梁啟超，稍後又從香港接走康有為，並且將兩人帶到橫濱，在一八九八年十一月之後花了數月時間試圖斡旋維新派和革命黨合作。然而，康有為還不預備與迷戀西方唯物主義，他眼裡「沒知識的土匪」合作；孫逸仙同樣也不願與沉溺於空幻理論的「腐儒」合作。[14] 不消幾個月，日本人對康有為失去耐心，一八九九年三月，康有為轉往加拿大向當地比較同情他的華人社區尋求支持。

康有為離開之後，卻促成他的維新派弟子梁啟超和孫逸仙發展出難得的友好關係。梁啟超主張「黃種人」團結起來對抗白種人，而孫逸仙領導的革命團體興中會則誓言「驅逐韃虜」。梁啟超開始傾向同情革命，孫逸仙則採納梁啟超有關民族的許多概念，兩人甚至在梁啟超於橫濱新創的刊物《清議報》上聯名發表若干文章。[15] 他們共同的懸念就是擔心黃種人會被白種人消滅，這出自社會達爾文主義的恐懼。同等重要的是，梁啟超和孫逸仙都不能接受章炳麟一派的漢族種族主義。梁啟超認為滿族和漢族同屬黃種人，而孫逸仙反對的是滿族腐敗的菁英，但並不是反對這個種族群體。一九〇二年初，孫逸仙拒絕和章炳麟一起召集會議，紀念滿洲人「滅亡中國」。章炳麟後來在演講裡抱怨孫逸仙「根本沒有全心全意擁護拯救漢族的主張」。[16] 一方面是因為有共同的敵人、一方面是同樣困居在橫濱，兩人的思想共生共長。梁啟超這位「圈內人」儒生思索的是他想要創造的中華民族（Chinese nation），孫逸仙這位「圈外人」革命黨心中想的則是希望能在將來領導的國家（state）。然而，兩人的夢想都繫於梁啟超對**民族**的概念。

梁啟超在一九〇三年的文章中創造出**民族**這個字詞，包含「人民」與「族氏」。梁啟超選擇將此做為伯倫知理以德文表述的「Nation」概念，但其實伯倫知理搞混了，他說的是英文字「people」的概念。伯倫知理的 people/*Nation* 成了梁啟超的**民族**。同樣混淆的是，伯倫知理用德文字「*Volk*」表述英文字「nation」的意思，梁啟超則把nation/*Volk*翻譯為**國民**。梁啟超認為，一個國家之內可以有好幾個**民族**，而一個**民族**也可以跨越國境居住在不同的國家。另一方面，**國民**被描述為一個國家的公民。[17] 混亂的語意起源，直到今天仍然影響著中華人民共和國對於境內西藏、新疆等地少數民族的意識型態和政策，今天中國共產黨領導人試圖應付的問題，與維新派和革命黨在一九〇〇年代面臨的如出一轍——如何將盼望人民能夠同質的夢想，和實際上是多元帝國的現實調和。

* * * * *

從加拿大溫哥華市到溫哥華島南部的渡輪雖是直航，卻必須穿過薩利希海（Salish Sea）眾多森林茂密的小島，航道令人毛骨悚然。必須蜿蜒曲折穿過海峽和狹窄之處，躲過作業中的船隻和休閒遊艇，才能泊靠到史瓦茲灣（Swartz Bay）的航站。在渡輪到達碼頭之前，左舷的乘客可以看到煤炭島（Coal Island）這塊巨大的私人產業，現在是加拿大實業鉅子席爾德家族（Shields family）的產業。然而，就在一個多世紀以前，這個僻靜的小島是康有為逃避大清國和日本政府刺客的藏身之處。由於他同情遭到幽禁的光緒皇帝，慈禧太后要取他性命，而日本人則要剷除他，以便他們支持的革命黨孫逸仙可以主導流亡海外的政治運動。然而，英國政府希望保住他性命，盼望有朝一日他的維新派活動或許會成功。英國政府在香港提供保護，在新加坡破獲日本特務的暗殺陰謀，在加拿大則提供一名警察守衛。

康有為人未到、名聲已先傳到維多利亞港。當一八九九年四月七日他從日本搭乘的船隻靠岸時，他立刻接受兩家當地報紙的訪問，呼籲中國要變法維新、實行政治改革，也要求英國政府的介入與支持（不過，梁啟超的報紙轉載這些評論時，要求英國協助這段被刪掉）。卑詩省（British Columbia）*副省長和其他許多要人接見他，並且也應邀到維多利亞和溫哥華唐人街向大批聽眾發表演講。康有為首次談到需要以愛國主義，把海外華人和太平洋彼岸的祖國結合起來。

但是英國政府雖然保護康有為，但並不願意強迫大清國實行政治改革。康有為一八九九年五月和六月人在倫敦，遊說英國進行軍事干預，但是失望地回到加拿大。於是他和維多利亞的華人商人成立「保皇會」（英文名為Chinese Empire Reform Association，中文全名為「保救大清皇帝會」），準備組織**華僑**來支持維新改革。他們選擇「保種、保國、保教」為口號（康有為所謂的**保教**是保護儒家思想）。康有為和梁啟超分別被推舉為保皇會正副會長。然後，康有為退到煤炭島靜思和寫作。[18]一八九九年九月十九日，他寫了一首詩描述他流亡之地：

飄零遠客二萬里，垂白鬢絲四十春。回首銀河共明月，最難文島話鄉親。
漸將黨禍驚鄉曲，愧乏恩施及里人。便恐故鄉成永別，空勞父老話逋臣。†[19]

康有為明白自己在日本不受歡迎，接下來幾年大部分時間都在大英帝國各地出入。一九〇〇年，他在新加坡；一九〇一年在檳城（Penang）和馬來亞；一九〇二年，他住在印度山區大吉嶺（Darjeeling）寫他最偉大的著作《大同書》（與在橫濱創立的學校同名）。這本書對未來社會提出一個烏托邦式的願景，在這個社會中，社會界限如家庭、性別、階級、民族和職業將會枯萎，世界可以臻至大同、猶如一體。康有為不認為民族主義有任何價值，他反倒是希望各國合併、組成區域聯邦，然後再合併為一個全球國家，擁有自己的議會和軍隊。[20]然而，這是深具種族主義色彩的未來世界觀。康有為預見到膚色深的種族透過通婚、移民和絕育受到改造。嫁娶非洲人的白種人和黃種人應該獲頒獎牌。[21]最後，新出現的全球人種將具有白種人的體力和黃種人的心智技能。

康有為只允許《大同書》的前兩章在他生前出版，[22]他在公開場合繼續主張以儒家之道解決大清國的問題：必須竭盡全力保皇，並且依循英國模式建立君主立憲制。然而，儘管他表面上盼望全球平等，骨子裡根本不希望與群眾來往。他只爭取海外**華僑**商人以及國內學者菁英的支持；前者被鼓勵要透過遍及北美洲的**華僑**網絡關係成立新公司，以便提供資金給保皇會，後者被勸誡

---

* 譯注：英屬哥倫比亞殖民地（Colony of British Columbia）於一八七一年加入加拿大聯邦，華人取ＢＣ之音稱之為卑詩省，省會即為溫哥華島上的維利多亞市。

† 編注：出自《文島中秋夜，有故鄉蘇村之蘇熠來陪。與話故鄉事，惘然寫付，寄鄉人》。

要堅決支持光緒皇帝。

康有為雖然是知名學者，還是受限於亞瑟總統一八八二年頒布的《排華法案》，不得進入美國。由於自己無法親自出馬號召美國**華僑**支持保皇會，康有為在一九〇三年派出兩個最親近的親信代為出馬。梁啟超似乎沒有困難地順利進入美國，於二月至十月間受到美、加各地華人社區的熱切歡迎。另外康有為派女兒康同璧出馬，她在卑詩省、華盛頓州、舊金山、芝加哥等地，成立保皇會婦女支會，最後亦於十月二十日在紐約成立婦女支會。[23]

梁啟超花了好幾個月時間遊歷美國各地。然而，此一經驗反而似乎使他對美國政治制度的優點感到失望。他雖然欣賞美國華府春天百花綻放，對紐約的摩天大樓嘆為觀止，但他也注意到各地唐人街的過度擁擠和不衛生。拿美國城市跟他所知道的國內城市相比，他得出結論：問題出在中國人，中國人還未準備好接受共和民主，他寫道：「……而中國之多數、大多數、最大多數，如是如是，故吾今若采多數政體，是無異於自殺其國也。自由云，立憲云，共和云，如冬之葛，如夏之裘，美非不美，其如于我不適何！……一言以蔽之，則今日中國國民，只可以受專制，不可以享自由。」[*24]他依然相信共和體制是最理想的政府形式，但是在中國人做好準備之前，必須以君主立憲制向前邁進。

梁啟超回到日本後改為提倡漸進過渡到民主，這一來造成他和孫逸仙決裂。兩人不再聯名發表文章。康有為君主立憲派的**保皇會**和孫逸仙的革命黨之間的意識型態之爭日益激烈，演變成為全球大戰，彼此角力爭取北美、東南亞、澳洲及其他地區**華僑**社群的效忠。起先，康有為占了上風。他有科舉功名身分，主張儒家思想、效忠大清和漸進改革，在最富有的海外華人社群中得到強大的支持。孫逸仙沒有這些優勢，必須調整他的政治主張，以便吸引更多人支持革命運動：他添入更加基進的民族主義主張。一九〇四年，他的團體派發數千份鄒容強烈反滿的小冊子《革命軍》。（見本書第三章）鄒容號召漢族「誅絕五百萬有奇被毛戴角之滿洲種，洗盡二百六十年殘慘虐酷之大恥辱，使中國大陸成乾淨土」。[25]直到此時，孫逸仙對漢族民族主義一直都很小心。他採納似乎只是因為策略，要從康、梁的黃種人民族主義爭搶支持者。

維新派與革命黨、黃種人支持者與漢族支持者之間的辯論，在接下來的十年間，於日本和東南亞、北美洲廣大的**華僑**社群中，爭論不休。梁啟超努力寫文章和思考，孫逸仙則規畫起義、採取行動。為了促成革命，他極力爭取祕密社團、國內軍閥和外國列強的支持。一九〇五年八月底，孫逸仙達成重大突破。他和章炳麟及其他相互角力的革命黨人設法放下歧異，組成「中國同盟會」。一九〇五年十月十二日，孫逸仙在同盟會機關報《民報》創刊號上揭櫫同盟會的主張：**民族主義**、**民權主義**、**民生主義**，統稱為「三民主義」。

雖然這時候他們已經各自站在截然不同的政治陣營，**民族主義**明顯帶有梁啟超的思想印

---

* 編注：出自《新大陸遊記》，（一九〇四年二月）。

記。梁啟超在一九〇三年的文章中，選用**民族**這個字詞相等於「people」，並以**國民**相等於「nation」。梁啟超認為，**國民**可以包含好幾個**民族**，由於黃種人的未來必須依賴大清國內所有群體的團結，他主張以**大民族主義**把他們凝聚在一起。孫逸仙行動家的特質強過思想家，基於政治上的權宜之計，借用梁啟超的名詞。就他而言，**民族**後來就擁有了國家(nation)的內涵。

歷史學者雷國俊（James Leibold）認為，英文nationalism這個字不足以說明孫逸仙的意思。[26]孫逸仙走在政治鋼索上。鄒容絕對不是唯一僅有、公開主張將滿洲人誅殺殆盡的革命黨。有些人也主張放棄西藏、新疆、滿洲和蒙古等地方，還給本土住民，以便讓未來的共和國成為純粹漢族的國家。然而，孫逸仙同意梁啟超的見解，認為有必要維持大清國的領土疆域。早在一八九四年初，孫逸仙曾經上書清廷官員李鴻章（見本書第二章），建議朝廷「……盡仿西法，招民開墾，集商舉辦。」[27]（一九〇〇年，為了展示他堅信必須維持未來國家，此時他稱之為**中國**的領土），孫逸仙在文章中列舉應該列入其領土的地方：包含大清統治之下的每個地方，西起西藏、東迄滿洲。孫逸仙的優先事項是未來的共和國應該繼承及維持大清國的領土。

孫逸仙需要保住他在同盟會的夥伴章炳麟、以及其他漢族種族主義者的支持，可是同時也得保持他自己的夢想，未來的國家要包括所有非漢族所居住的地方。這是革命黨人所面臨的最大的意識型態問題，孫逸仙把尋找解答的任務交待給剛到日本的留學生汪精衛。

汪精衛是個十九歲的秀才，來自廣東，一九〇四年底由清廷官費派到日本法政大學進修「西學」。一到日本，汪精衛就投身革命，要推翻清廷。他在同盟會成立不久就加入，初次給《民報》撰稿，就在第一期和第二期連載刊出。這篇長文專注在解決孫逸仙的問題。汪精衛的文章採納梁啟超對「people」（**民族**）和「nation」（**國民**）的區分，提問一個**國民**是否可以由多個**民族**組成。他聲稱，滿族很明顯是不同的**民族**，但是漢人在過去不是曾經成功同化其他**民族**嗎？如果滿清統治終結，他們也被同化，不是也合乎邏輯嗎？漢族將是「主人」，大清領域內其他所有**民族**都將併入，組成新的**國民**。[28]

另一方面，梁啟超遊歷北美各地之後，堅定的政治信念變成大清國需要漸進的改革計畫而非革命。他主張，漢族、滿族之間的區分已經打破，排除革命性政治改革的需要。他聲稱，種族融合的這個過程將會創造出一個新的**中華民族**來救種、救國。遊歷北美的這段經驗，似乎說服他文化「熔爐」的重要性，梁啟超撰文提到不同的**民族**必須在「內之將國內固有之複雜諸族，冶為一爐」。*[29]而汪精衛和孫逸仙則認為滿族人還未同化，因此必須推翻他們，才能創建**中華民族**。維新派和革命黨的共同點是，他們都認為族裔多樣化只是暫時的現象，透過漢族的同化力量可以泯除；他們也一致認為，最優先的目標是保有大清國的領土。就孫逸仙、梁啟超和今天的中華人民

---

* 編注：梁啟超，〈歷史上中華國民事業之成敗及今後革進之機運〉，《飲冰室文集》之三十六，第十三冊，頁二一六—二一七。

共和國而言，這片領土的組織有鮮明的階層性質。孫逸仙把核心中國稱為「支那本部」，另外有滿洲、蒙古、西藏和新疆等四個「屬地」。日後孫逸仙以此為政治基礎，用來界定他所謂的民族和國家。不論是維新派或革命黨哪一方贏得政治戰爭，對於大清國的藏族、維吾爾族、滿族、蒙古族這些「非漢族」地區開出的處方都是一致的，他們都必須併入未來的國家，族裔必須被同化。

＊＊＊＊＊

誰也沒料到，對於康有為、梁啟超領導的維新派政治運動最大的威脅，並非來自於他們的對手革命黨人，而是來自清廷本身。進入一九〇〇年代後，慈禧太后放棄了她在一八九八年極力反對的立場，改為同意康有為曾經遊說的許多改革。漢、滿不得通婚的禁令在一九〇二年取消，學制改革在一九〇四年公布，傳統的科舉考試在一九〇五年廢止，到了一九〇六年，更簡派大臣出國考察憲法。看起來，不需要康、梁鼓吹，清廷已經在推動激烈改革。維新派論述的力量開始下降，到了一九〇八年十一月十四日更幾乎完全崩潰——維新運動想要拯救、保護的光緒皇帝死了，年僅三十七歲。由於將他幽禁的伯母慈禧太后在次日逝世，批評她的人士就自動認定，知道自己時日不久的她安排將皇帝下毒毒死，讓光緒年僅兩歲的侄子溥儀繼任皇帝。

主張拯救與保護兩歲的小皇帝，在任何人聽來都覺得沒有道理，連康有為也如此認為。支持維新派論述的情感耗竭，論述主導權轉向革命黨。一九〇九年之後，康有為在北美洲的富商支持者快速地轉為支持孫逸仙。孫逸仙得到捐助後，不斷發動武裝起義，但是全都失敗。不過，每次起義失敗使他聲名大噪。政治局勢似乎陷入僵局，然後在一九一一年十月十日，華中城市武昌的部隊起事。孫逸仙的同盟會實際上跟最早的兵變毫無關係，但是隨著亂事散布開來，運動有如滾雪球般愈演愈烈，到了年底，清朝的命運已定。

在這兩個月的動亂中，章炳麟和鄒容的**漢族**種族主義在街頭血腥上演。孫逸仙的追隨者奉行「**革命排滿**」的口號，在許多地方對滿族人發動暴力攻擊。首先起於武昌，革命黨宣布只有約二十名同志身亡，滿族則死了五百多人。[30]歷史學者路康樂（**Edward Rhoads**）指出，有十個城市發生屠殺慘劇。武昌首義之後十二天，革命風潮吹到西安，大約一萬人（占全城滿族人口的一半）遭到不分青紅皂白的屠殺。福州、杭州和太原也發生大規模殺戮，死者可能高達兩萬人。[31]鎮江和南京守軍不抵抗就投降，但是滿族人還是大量遭到屠殺，居住地區遭到破壞。一些滿族人因為據稱頭顱比較平、說的話不一樣或是婦女不纏足，而遭到鎖定、被揪出來殘殺。許多人當場被殺害。[32]

許多地方領導人深怕這種種族滅絕的暴力停不下來，呼籲革命黨人出面譴責並制止。在這種氣氛下，另一個有關中華民族的說法，也就是「五族共和」出現。主導初期中華民國得這個思想，可以追溯到一九〇〇年代流亡人士在日本發行的另一份雜誌《大同報》。這份雜誌與眾不同的地方，在於編輯既是維新派、又是滿族人。從刊物的命名就可以清楚看到康有為新儒家思想的影響，不過主筆並不是烏托邦主義者。他們被反滿思想勃興，以及可能影響滿族人士性命嚇壞了。這些人在一九〇七年和一九〇八年發行的七期《大同報》中，尋求解決漢滿關係的問題。他們支持君主立憲和議會民主，但最重要的是，他們以「統合滿、漢、蒙、回、藏為一大**國民**」為宗旨。梁啟超「一個**國民**中可以有許多**民族**」的論述影響相當明顯，[33]只不過梁啟超最後要的是把所有的**民族**融為一個**中華民族**，《大同報》作者則是希望五大群體被承認是五個不同的**族**，而每個**族**都擁有平等的地位。

《大同報》的作者除了自行發展這個看法，但也大大修訂乾隆皇帝一個多世紀前訂定的大國觀點。在這個框架中，滿、漢、蒙、回、藏族五個族群各依他們使用的文字來界定，並且各有他們相對應的特定領土，可以在大國中共存，同時保持自己的信仰和治理體系。這就是柯嬌燕所謂的「同步統治」（simultaneous rule）。[34]譬如，藏人可以是佛教徒，接受喇嘛的權威，但仍然是皇帝的臣民。反過來，皇帝可以公開信仰佛教、在北京的喇嘛廟祭拜，表現出身為藏族寬宏大量的領導人姿態。他可以對蒙古族表現出**大汗**的姿態，對漢族則有如儒家統治者。制度彈性可以讓每個族群覺得獨立自由，同時又是整體的一部分。《大同報》上展現的創意是，在現代世界裡不再對皇帝個人效忠；五**族**應該忠於**中國**，他們都是**中國**的**國民**。

他們主張，這樣的安排可以維持族裔團結和領土完整。在一九一一年底動盪騷亂的幾個月，這也是革命黨人被迫必須接受的折衷方案。革命黨人未必能夠接掌大權，因為朝廷仍然擁有效忠於它的軍隊，另外許多軍事將領也已經宣布獨立，建立自己的地盤。更重要的是，由漢族主宰的共和國取代多元種族的大清國這個可能性，嚇壞了蒙古王公，他們在十二月也宣布獨立。西藏也走向獨立，已經爆發作戰。新疆則在地方軍閥的控制下實質上自主了。大清國有半數以上的領土正在脫離北京掌控。

孫逸仙和革命黨曉得他們必須談判才能取得大權，不但要跟清廷，也必須與地方軍閥談判。有一位關鍵中間人楊度是滿族維新派*，他曾經留學日本，在一九〇七至〇八年間是《大同報》的支持者之一，同時也具有《大同報》主張維新及族群平等的思想。一九一一年，他回到北京，與出任清廷內閣總理的北洋軍閥袁世凱有交情，也和孫逸仙的理論大將汪精衛有往來。[35]這使他居於關鍵地位，影響折衷方案，終結了大清國並促成民國肇建。但就此時，朝廷和革命黨都不相信能以五**族**平等為基礎，做出未來的政治安排——就朝廷而言，大清國是階層分明的，滿族居於最上位；另一方面，而革命黨則還未準備好政治上承認任何群體，或者說每個人都是**中華民族**的

* 譯注：一八七五年生於湖南湘潭縣，一八九二年考取秀才，次年鄉試舉人。師從船山書院名儒王闓。一九〇三年赴日本，次年入法政大學與汪精衛同學。留日期間曾被推選為留日學生總會幹事長。楊度與袁世凱私交甚篤，一九一一年袁世凱出任清廷內閣總理，楊度擔任學部大臣（即教育部長）。一九一四年，楊度成立「籌安會」，替袁世凱洪憲稱帝鼓吹奔走，被先前好友梁啟超痛罵為「下賤無恥」。

其中一員。

孫逸仙從北美取道歐洲，於一九一一年聖誕節當天回到上海，此時南北談判已達到高潮。十二月二十九日，革命黨談判代表伍廷芳做出關鍵性的重大讓步，承認滿、蒙、回、藏和漢族地位平等。[36]未來的國家將是「五族共和」。剛開始談判時，沒有一方肯接受，但是他們最後達成妥協。誠如雷國俊所顯示，這是孫逸仙在一九一一年十二月的特殊環境下不得不接受的結果。[37]孫逸仙得到的回報是在一九一二年一月一日，經各省革命代表公推成為新成立的中華民國臨時大總統。然而，他在就職《宣言書》中很清楚表明他對族裔組成民族的觀點，他說：「國家之本，在於人民。合漢、滿、蒙、回、藏諸地方為一國，即合漢、滿、蒙、回、藏諸族為一人。是曰民族之統一。」孫逸仙和梁啟超一樣，內心裡還是「熔爐論者」。

一直要到大清王朝的最後一天，也就是一九一二年二月十二日，朝廷正式以宣統皇帝名義下詔退位這一天，五族這個字詞才第一次出現。[38]革命黨人在上海擬了一份聲明，經過袁世凱在北京修飾後呈給隆裕皇太后（光緒皇帝的遺孀、慈禧太后的親侄女）。袁世凱在革命黨起稿的退位詔書中添加兩項重要規定：一、保留現有的滿蒙回藏族貴族的地位，二、保護少數民族的宗教。因此新共和能繼續維持族裔區隔的兩大基礎。

孫逸仙只擔任十個星期的臨時大總統，就把職位讓給威脅要動用軍隊鎮壓革命的袁世凱。這十個星期中，顯示出最大的一項涉及民國對種族和民族政策根本上的爭議，就沒有共識：新國旗究竟應該是什麼模樣？孫逸仙的偏好很清楚。一八九五年，孫逸仙孩提時期的好朋友陸皓東，為首度起兵反滿的廣州起義設計了一面青天白日旗。起義失敗，陸皓東被捕、遭處死刑，照孫逸仙的觀點，他是第一位為革命殉難的烈士。一九〇五年各革命團體合組**同盟會**時，孫逸仙堅持採用陸皓東設計的青天白日旗做為**同盟會**會旗，凡有人企圖變更，他必定堅決反對。[39]

因此，這面旗幟很明顯代表了孫逸仙以及他的組織和信念。但是，還有其他若干旗幟一起角逐國旗的模樣。有些漢族民族主義者採用一面十八顆星的旗幟，每一顆星代表舊時明朝的一個省分，因此隱含排除非漢族區域的意思。另一面旗幟很簡單，上面就是一個大字「漢」。到最後，一月十日新共和採用的國旗則象徵完全不同的意念：新國家之內五個**民族**和諧團結。這面五色旗最上頭一條紅色，代表漢族；其次一條黃色，代表滿族；再來藍色代表蒙族、白色代表回族穆斯林，最底下的黑色代表藏族。

這面旗幟的確切起源是個謎團。文化史學者沈艾娣（Henrietta Harrison）說，起先是被用為代表較低層級官員的海軍軍旗，當清廷派任的漢族江蘇巡撫程德全投向革命，於一九一一年年十一月宣布蘇州獨立，當時就採用五色旗為旗幟。[40]程德全的部隊征服南京，雖然旗幟名義上反映多元民族，卻屠殺投降的滿族居民。[41]孫逸仙的一位副手、上海同盟會領導人陳其美也採用五色旗。他認為，旗幟上有代表滿族的意思，可以使清廷官員支持共和。

因此，相對於孫逸仙偏好的青天白日旗，五色旗具有兩個優勢。它被認為不是一個政黨之

圖十三　孫逸仙在新獨立的中華民國旗幟環伺下留影。圖右側為「五族共和旗」，左側是代表共和國軍隊的十八顆星「鐵血」軍旗。一九一二年二月十五日，清帝正式退位、交出大權當天，孫逸仙前往大明王朝創建人朱元璋的孝陵墳墓致祭，與革命派支持者一起慶祝終結了「韃虜」的統治。

旗，又包含五個**民族**；但是從孫逸仙的角度來看，這兩點都太負面。即使他被迫辭去臨時大總統之後已有相當長一段時間，他還是繼續批評五色旗。表面上，他認為五色旗「既言五族平等，而上下排列，仍有階級」，反對旗幟上的顏色暗示種族有階層高下之分，但其實他真正反對的是個別**民族**的概念。一九二〇年發表演講時，他告訴聽眾，「五**族**這個字詞不適當」，他呼籲「我們講民族主義，不能籠統講五**族**，應該講漢族底民族主義。仿美利堅民族底規模，將漢族改為**中華民族**，組成一個完全的民族國家。」[42]

袁世凱一九一二年三月十日正式宣誓就任中華民國臨時大總統時，五族代表向他和新國旗鞠躬敬禮。實際上，這是昔日帝國朝貢儀式的現代版本，只不過在大清治下，貢使來自不同地域，而今他們來自住在號稱單一國家**中華民國**領土裡的不同族裔群體。事實上，民國正在動搖。袁世凱就職後一個月，西藏部隊在達賴喇嘛領導下驅逐中國守軍。隔了幾個月，袁大總統派一支部隊要奪回控制，但沒能讓達賴喇嘛屈服。於是，袁世凱試圖採用舊日清廷的統治技術。他發了兩封友好信件給達賴喇嘛，頒給他清廷曾經賜予的封號。十月底，民國官方政府公報《京報》樂觀地宣布：「現在共和成立，五族一家，前達賴喇嘛誠心內向，從前誤解自應捐釋。」根據英國駐藏外交代表查爾斯・貝爾（Charles Bell）的說法，達賴喇嘛回函說他不要這些封號，以及準備獨立地統治西藏。[43] 貝爾和英國人十分支持達賴喇嘛，他們希望維持西藏做為新的民國和英國在印度的皇家領地之間，有個天然的緩衝國家。愈能讓西藏脫離北京控制，他們愈能有安全感，因此他們警告袁世凱，不要輕舉妄動全面入侵西藏。

同一時期，孫逸仙雖然已被迫辭去大總統職位，仍然極力推動他的**中華民族**夢想。他在城市居民中仍然極受支持，因此，儘管在大多數議題上兩人立場不同，袁世凱很明顯寧要孫逸仙做為盟友、而非敵人。一九一二年八月二十四日，孫逸仙從上海抵達北京時，受到幾近從前仍是國家元首般的盛大歡迎，不但派了榮譽侍衛、設盛宴款待，還安排寬敞的居停住所。次日，孫逸仙和同盟會一些領導人，以及若干維新派小黨的領導人，前往湖廣會館戲樓，參加他們新組成的政黨

「國民黨」的成立大會。[44]

國民黨通過五點政綱，其中最重要的就是「勵行**種族同化**」。按照孫逸仙的觀點，這將透過「**融合**」的過程推動，這個觀念始於十四年前孫逸仙在倫敦大英博物館閱覽室研究的社會達爾文主義。大會過後幾天，孫逸仙在北京湖廣會館演講，闡述：「故天演淘汰為野蠻物質之進化，公理良知實道德文明之進化也。」達爾文原則讓比較文明的**民族**透過天擇，勝過行為舉止猶如禽獸的**民族**。由於漢族具有「最文明的知識」，他們有責任領導低劣的少數民族走出野蠻、進入文明。他稱這一責任為「**感化**」，雷國俊把它翻譯為「透過道德優異為榜樣而改造」。孫逸仙告訴聽眾，藏、蒙領導人是因為不了解箇中好處才脫離民國，他告訴一位記者：「他們的教育仍然不足……我們只能慢慢幫助他們看清楚什麼才是對的。」[45]

根據孫逸仙的想法，促成**民族融合**最有效的方法是，鼓勵文明的漢族移民到野蠻的邊區。而計畫的關鍵是開發鐵路、深入到共和國的偏遠邊區，他早先在一九〇〇年畫的地圖已經約略描繪出此一計畫。袁世凱總統或許對融合新民族沒有太大興趣，但是他絕對了解掌控邊區的戰略重要性。孫逸仙在北京一個月當中，與袁世凱長談十三次，話題包括國防、外交事務、農業改革和工業發展。會談進行時，袁世凱派孫逸仙出任全國「鐵路督辦」，給予他每個月三萬元的預算，以及全權規畫全國鐵路網，並負責與外國談判貸款俾能動工興建。下一個星期，孫逸仙搭乘慈禧太后以前的火車專列離開北京，著手為未來的工作做準備。他告訴和他同行的澳洲記者唐納德

（William H. Donald），他準備在未來十年興建十萬公里的新軌道，把新疆和西藏跟全國各地連結起來。唐納德問他，有那麼多崇山峻嶺阻絕，怎麼可能興建這些鐵路，孫逸仙顯然信心滿滿地表示，犛牛小徑能通的地方，就能蓋出鐵路。孫逸仙也告訴另一位法國記者，這項計畫估計將花費一百六十億法郎，他將會爭取外國貸款來興建。[46]孫逸仙認為，花費大量經費把西北邊區與「中國本部」連結起來，因而為民國保持住大清國的領土，比起在漢族地區推動其他更有可行性的計畫，還來得重要。然而，儘管他急切想要興建鐵路網，卻借不到錢。縱使如此，即使在一九一三年七月，由於兩人之間的政治歧見升高為內戰，袁世凱將他免職，之後孫逸仙仍繼續籌畫他的計畫。[47]

孫中山失去政治權力、半退休似的住在上海，繼續構思他的鐵路計畫和民族主義。到了一九一〇年代末期，他完成了兩部重要著作，一部是《建國方略》（後來的英文本書名《中國的國際開發》〔*The International Development of China*〕），另一部是比較著名的《三民主義》。這兩部著作相輔相成，應該合併起來當做系列作品看待。《建國方略》的構想是以美國邊區作為基礎。孫逸仙主張展開大規模的「開墾和殖民」計畫，調動數萬名無地的農民和士兵進入邊區教化當地居民。孫逸仙的「三民主義」借用梁啟超對民族主義分為**小民族主義**和**大民族主義**兩種形式的定義，他說，到目前為止，「不過祇達到民族主義之一消極目的而已」，必須再進一步達到積極部分，「**漢族**當犧牲其血統、歷史與夫自尊自大之名稱，而與滿、蒙、回、藏之人民相見以誠，合為一爐而治之，以成一**中華民族**之新主義，如美利堅之合黑白數十種之人民，而治成一世界之冠之美利堅民族主義，斯為積極的目的也。」

一九一九年十月，孫逸仙建立新政黨「中國國民黨」繼承「國民黨」，但是中國國民黨一直要到一九二四年一月才召開第一次全國代表大會，通過以「三民主義」做為黨的〈宣言〉。第一次全國代表大會是在戰爭狀態下召開。大會選在由他們掌控的廣州國立廣東高等師範學校大禮堂舉行。在史達林新派來的蘇聯顧問影響下，**民族主義**遭到重大修改，不再主張把許多**民族**「融合」為單一民族，而是保證他們都會受到平等對待。不過，這並不代表孫逸仙已經改變主意。俄羅斯檔案館找到的文件告訴我們，個別的民族生活在單一國家內的字句完全出自蘇聯顧問之手，在不顧孫逸仙和他的理論大將汪精衛的反對之下，加了進去。[48]

四天之後，孫逸仙在他剛創辦的國立廣東大學舉行民族主義系列演講的第一講。沒有蘇聯顧問在場，他直接提出和〈宣言〉相反的說法。他告訴聽眾，和世界上其他國家不一樣，中國是由一個單一**民族**組成的單一**國家**。雖然承認中國事實上存在著其他**民族**，他說，可以不用理會這一點，因為他們將會融入優異的漢族：「就中國的**民族**說，總數是四萬萬人，當中參雜的不過是幾百萬蒙古人，百多萬滿洲人，幾百萬西藏人，百幾十萬回教之突厥人，外來的總數不過一千餘萬人。所以就大多數說，四萬萬中國人，可以說完全是**漢人**，同一血統生活、同一語言文字、同一宗教信仰、同一風俗習慣，完全是一個**民族**。」[49]

簡而言之，孫逸仙根本沒有接受蘇聯顧問的建議，接受名義上少數民族平等並肩生活的概念。他相信社會達爾文主義，以及漢族需要把少數民族納進入一個中華民族，俾能和白種人帝國主義競爭、將之擊敗。他對社會達爾文主義深信不疑，因此相信同化過程將自然而然地進行，不需要武力或強迫。這導致他主張這個「自然的」過程已經進行了數百年之久，而且滿洲、蒙古、西藏和新疆全都成為中國，因為這些人民仰慕漢族文化。他在民族主義第六講裡也說，這個「同化的力量」最後可以延伸到安南、不丹、婆羅洲（Borneo）、緬甸、朝鮮、尼泊爾、台灣和以前所有的藩屬國家，全都納進一個統一的大中國。

孫逸仙在一九二五年過世，一年後，蔣介石崛起成為國民黨的軍事和政治領袖。到了一九二八年，國民黨進入北京，成立全國政府。第一個動作就是放棄十六年前採用的「五色旗」國旗，換成孫逸仙鍾愛的「青天白日旗」的改版國旗。接下來，一九二九年國民黨的第三次全國代表大會廢止一九二四年〈宣言〉，以及對民族自決的承諾。看起來國民黨將要推行孫逸仙單一**中華民族**的理想。可是，必須控制邊區的實際需求再度浮現。一則是回應地方政治領導人的要求，另外則是意識到來自列強的威脅，新當權的國民政府展開在內蒙古和藏人居住地區設置特別行政區的過程。[50]後來在一九三九年成立「內藏自治區」（正式名稱「川邊特別區」）*，在一九四七年成

* 譯注：一九一四年，北洋政府成立川邊特別區。一九三九年，國民政府將川邊特別區升格為西康省，省會康定。

立內蒙古自治區＊。

然而，與此同時，孫逸仙長期以來推動的鐵路興建開始將他的人口「融合」夢想化為實際。[51] 二十世紀的頭四十年裡，有兩千五百萬漢人遷進東北三省，雖然大部分墾荒者後來相繼離開，滿族人還是變成當地人數不多的少數民族。原本是滿洲人老家的這塊地方，直到一八六〇年代之前，官方一直不准漢人遷入，此時卻變成漢族的領域。滿族遭到同化，而直到大清國終結之前一直是官方語文的滿洲文幾乎完全消失。

儘管宣布自治，現在在內蒙古地區的蒙古族也是人數不多的少數民族，在自治區二千四百萬人口之中，他們占比不到五分之一；雖然受漢人同化的程度不及滿族深，但能夠說、讀、寫蒙古語文的人也愈來愈少。[52]

新疆和西藏的故事則又不同，主要是因為離主要的人口中心更遠，氣候很差，也很難興建鐵路抵達邊區。通往新疆的軌道花了十多年時間興建，而連結省會烏魯木齊的路線直到一九六六年才通車。人民共和國在一九五五年宣布新疆為自治區，但是後來漢族人口從占比約一〇％上升，至二〇一〇年人口普查時占比已達四〇％。說突厥語、寫阿拉伯文字的回族穆斯林目前仍然構成多數，不過恐怕也為時不久了。連結到西藏的鐵路則花了更長時間才完成興建，直到二〇〇六年才接通到首府拉薩。因此之故，漢族人口在西藏自治區很少，不過在青海和四川等自古以來藏人居住的地區，漢族人口成長得相當快。然而，新疆和西藏的漢族人口集中在有鐵路連結的城鎮，當地所得收入和生活水平比較高。

一九一一年辛亥革命以來戰亂不停的數十年裡，中國對待四大屬地人民的國家政策搖擺不定，依違兩可於袁世凱和孫逸仙的敵對立場之間，有時候還會激烈轉向。有很長一段時期，各民族之間的差異受到寬容，甚至鼓勵；有時候國家卻轉向「融合」政策，試圖以建立單一的**中華民族**之名義消泯差異。孫逸仙相信，光憑人數懸殊就會完成民族融合的工作，他在一九一二年五月告訴一位記者：「邊疆地區如果發生騷亂，沒有關係。他們只是人數極少的少數民族，力量不夠大到惹麻煩。」[53]一個世紀之後，他的沙文主義樂觀心態在某些案例上證明是對的，不過有時候也不正確。

＊＊＊＊＊

＊譯注：中華民國北洋政府基本上保留清朝對蒙古的制度，袁世凱在綏遠、察哈爾、熱河等內蒙東部地區設特別區，為建省做準備。南京國民政府成立不久亦籌畫在內蒙設省。一九四五年八月下旬抗日戰爭甫告結束，部分蒙古官員和青年即成立內蒙古人民委員會，擬與外蒙古合併。但是史達林基於國際政治因素考慮，指示外蒙古不接受。內蒙古人民委員會轉向籌畫獨立，嗣經中國共產黨運作，委員會於一九四七年五月一日放棄獨立之議，成立內蒙自治政府。一九四九年中共建政後，逐步廢除國民政府的察哈爾、綏遠、熱河省，併入內蒙自治區。

圖十四　鮑羅廷（Mikhail Borodin）（前排坐著左二，繫領帶者）是蘇聯共產國際派來的政治顧問。照片約於一九二五年攝於廣州。國民黨召開全國代表大會時，在鮑羅廷的影響下，大會不理孫逸仙及其理論大將汪精衛（照片前排左四）的反對，修訂了孫逸仙的民族主義。照片中坐在鮑羅廷與汪精衛之間是擔任翻譯的張太雷，中國共產黨早期領導人之一。

二〇一八年八月三十一日，大約就在班禪喇嘛參訪西藏的工程建設計畫，原本默默無聞的中國官員胡聯合在日內瓦躍登全球新聞頭條。胡聯合出席聯合國消除種族歧視委員會（United Nations Committee on the Elimination of Racial Discrimination）聽證會，只被輕描淡寫成中國共產黨中央統戰部的高級官員，但「鎮壓煽動者」（crackdown instigator）恐怕才是更恰當的職銜，因為就是胡聯合規畫展開二〇一七年初在新疆的安全政策，當他公開亮相時，這項維穩政策已經導致一百多萬名維吾爾族和其他說突厥語的穆斯林，被關進一千兩百個偏遠的「再教育營」。他告訴聯合國委員會，這件事用不著擔心，這些營區只是「職業教育和就業訓練中心」，極端分子在這兒「受到復原協助，可以再重新融入社會」。[54]從前的囚犯並不同意，敘述他們被關在鐵絲網裡面，身心如何遭到偵訊人員的折磨。

這項大規模的拘禁行動，是為了回應維吾爾族極端分子針對漢族發動多次攻擊。最後一根稻草似乎是二〇一七年二月新疆西南部戰略要衝和闐附近，有五名平民遭到殺害。地方官員奉指示找出任何表現出「極端主義思想」跡象的人，譬如戴頭巾、留鬍鬚或批評中文教育的人都有嫌疑。結果，大約有一〇%的成年人被送進再教育營拘禁，遭受好幾個月（或更長時間）的壓力，直到他們能夠說服他們的守衛，自己的確放棄分離主義，並擁抱共產黨的教條後才能獲釋。同時，安全部隊派駐到全省各地。裝甲車輛、騎摩托車的武警和特種部隊在和闐、省會烏魯木齊，以及所有黨覺得控制不夠安全的地方巡邏。

胡聯合是中國重新思考**民族**政策的關鍵人物。憑著研究恐怖主義的論文從中央黨校獲得博士學位之後，他被中共中央政法委員會吸收，然後被借調到一個由軍方經管的智庫「中國國際戰略學會」）的反恐怖主義研究中心，成為黨的反恐政策重要顧問，並且參與起草反極端主義法律。然後，在二〇〇四年，他加入對中國**民族**政策頗多批評的清華大學教授胡鞍鋼團隊。「二胡」聯手寫了十多篇論文，探討**民族**政策需要有新思路。[55]胡聯合聲稱已經建立一套「穩定理論」，這需要將「人類行為標準化」。

「二胡」特別把重點放在西藏和新疆上，警告說如果不採取果斷行動，國家將失去當地少數民族族的效忠，將會面臨與蘇聯相同的命運。他們直接呼應一個世紀前梁啟超和孫中山的主張，呼籲政府要擁抱「大熔爐」，把五十六個**民族**融合成為一個**中華民族**。在二〇一一年的文章中，他們呼籲黨取消所有基於群體的權利，並且改善少數民族地區與國內其他地區之間的聯結（令人想到鐵路），增加使用標準的國家語言，增加到全國各地的移民。[56]

二〇一四年九月二十八日，這個主張得到習近平正式首肯。他在「中央民族工作會議」上發表講話時明確表示，方向要改變，共產黨將更加關注多元一體格局，而不是讓多樣性更加制度化。據報導，他在會議上提示：「現在，許多問題之所以會產生，不是因為沒有政策，而是因為有政策不落實。這個問題一定要解決，確保各項政策舉措落實到位。」會議通過處理民族事務的新方法，一種更為和平的「融合」版本，官方稱之為「**交融**」，遵循「二胡」開出來的處方：增進勞動力流動性的政策，以使藏族和維吾爾族到國內漢族地區的工廠工作，建立民族混居的社區，促進民族之間的通婚等等。[57]

這項決定在二〇一七年中國共產黨全國代表大會上正式通過，大會決議把「鑄牢**中華民族**共同體意識」的概念納入共產黨章程。然而，習近平和支持「第二代民族政策」的人遇上根深柢固的反對勢力。中華人民共和國仍然將人民畫分為不同**民族**的這個事實告訴我們，儘管經過了一個多世紀的努力，梁啟超和孫中山所夢想的民族主義計畫還未成功。不過，當習近平與袁世凱、史達林及自己父親留下的意識型態和官僚主義搏鬥時，他似乎決心完成這項始於一九〇三年、以發明單一**中華民族**概念為起始點的工作。

第六章

中國話就是普通話／國語（ㄍㄨㄛˊ ㄩˇ）guoyu

在無數愛好者心目中，魚蛋是香港最可口的國民美食。但是在大多數外來人的品味中，它的彈性口感可能令人驚訝。生魚肉經過長時間攪拌形成海綿狀的魚漿，小販再把它與米粉混合製成饒富彈性的魚蛋。有些街頭廚師將它們放進熱湯燙熟，然後用小竹棍串起來；也有人油炸之後灑上醬汁，對於那些不怎麼欣賞它的人來說，這只不過是一種糊狀的魚鮮副產品，但是在正港香港人來說，街頭美食魚蛋則是本地城市文化的縮影。

要好好品嘗香港魚蛋，最好的時間點莫過於農曆新年期間。春節放長假使得過去幾年移居到香港特別行政區的內地人回鄉探親。至於香港本地人則覺得，時光彷彿倒回到一九九七年之前，當時大陸人被高牆和英國的步行邊境巡邏隊拒之門外、進不了香港。在農曆新年期間，享用香港魚蛋最好的地方則莫過於深水埗，這是九龍北部一個高樓林立、勞工階級聚居的地區，從前有許多來自大陸的難民在此安家居住。一連三天，沒有牌照的小販沿著熙來攘往的街道設立攤位，向過節的民眾兜售商品：他們只不過是低收入的工人，賣點便宜小吃、賺幾個錢。他們的生意是非法的，但通常警察會視而不見。畢竟是過節。

二〇一六年二月八日星期一可不是一個典型新年吃魚蛋的夜晚。星期一夜晚至星期二清晨，有四十四名警察受傷，二十四名民眾被逮捕。事件始於本市食品和環境衛生部派員取締「非法」攤位。為了躲避取締，小販們向南進入旺角。旺角是購物和娛樂地區，有時被稱作地球上最繁忙的地方，也是香港「真正的心臟」。他們來到砵蘭街擺攤，這是與彌敦道主要購物區平行的紅燈區。但是不久之後，大批官員趕到，威脅要逮捕所有擺攤的小販。小販又撤退到小巷裡。情勢緊繃，隨時可能爆發對抗。一群抗議者出現，開始護送小販回到砵蘭街。他們有備而來，帶著自製的盾牌、口罩和橫幅布條。雙方對峙下，鎮暴警察來到現場，結果就爆發一場長達十小時的街頭戰鬥，警棍、磚頭、瓶子齊飛，警方對空開了兩槍。

隨著街道清潔隊清掃殘骸，明顯可以了解，這不是一場為了爭取違法販賣魚蛋的權利而爆發的抗爭。二〇一六年「旺角魚蛋革命」事件是挺身捍衛「地方主義」的行動，針對北京政府而來。本地人認為北京政府試圖將全國文化同質化，從而消除讓香港人感到特別的生活方式。事件發生在一個黑道幫派明爭暗鬥年深日久、風化案件頻傳的地區，讓找出事件的確切原因更加困難，但是毫無疑問，騷亂的根源在於強烈的文化迫害感。當地人，包括一個自稱為「本土民主前線」組織的支持者，決定使魚蛋小販成為一種新身分認同的象徵，一種反對大陸強勢霸道民族主義的香港版民族主義。出動鎮暴警察是要執行政治打擊，不是要對付小販，而是要鎮壓剛萌芽的分裂主義運動。

大英帝國從一八四〇年「鴉片戰爭」奪取香港這個岩石島嶼作為一部分戰利品時，本地居民只散布在寥寥可數的幾個漁村。英國人以典型的方式建立一個只用英語運作的殖民地政府。隨後的一個半世紀中，數十萬大陸人逃到香港，躲避國內的貧困、戰爭和混亂，也帶來了不同的地區方言。直到一九七四年，英國人終於屈服於公眾抗議，允許中文做為官方語言。他們沒有說明應該使用哪一種中文，然而，主要原因是因為沒有爭議：廣東話是絕大多數居民的語言。書寫時，香港人使用繁體中文字，而不是共產黨一九五六年後在大陸推動的簡體字。

就官方而言，即使香港於一九九七年移交給中華人民共和國，這種安排沒有改變。街道標誌和公共建築上仍使用繁體字，政府機關和法律體系仍然使用粵語。某些詞語和某些表達形式僅出現在粵語裡，但是在官方和非官方語言裡都普遍通行。然而，香港的「本地人」，如旺角那批抗議者，認為北京的共產黨領導層打算改變這一切。官方從來沒有正式宣布，但是大量證據顯示，針對粵語（以及針對粵語身分認同這一理念）的「祕密」計畫已經在進行中。

香港移交一年之後，特區政府決定將中國大陸官方版的**普通話**作為小學生和初中生的必修課。但是，這被當做一種「外來」語授課，每週上課時數只有一個小時。十年後，特區政府開始鼓勵學校以**普通話**作為授課使用的語言。從二〇〇八年開始，學校如果同意所有學科都以**普通話**授課，將獲得額外的經費。愈來愈多香港父母開始為孩子選擇這些學校，希望日後流利的**普通話**會幫助他們獲得更好的工作。這一來似乎擴大了親子之間的世代鴻溝，香港的年輕人厭惡必須學**普通話**。某些人認為，這似乎與預期產生南轅北轍的效果，造成他們走向抵制的道路，而不是與大陸的融合。

大約在同一時間，大陸方面也有人開始擔心粵語的未來。廣州市在二〇一〇年十一月舉辦亞洲運動會，那年七月，中國人民政治協商會議廣州市委員會（這個機構將共產黨和其他地方組織結合為「統一戰線」）建議，廣東省的主要電視台應在比賽前，及時將各項廣播從廣東話改為**普通話**。中華人民共和國法律規定，所有通過衛星傳輸的頻道只能以**普通話**播放，如此變動才能使廣州電視台受益，可以透過衛星傳播。委員會認為，國內外將會有更廣大的觀眾可以看到節目，從而提高廣東省的國際聲譽。委員會也說，學習過**普通話**的外國觀眾也能因此了解播報的新聞。[1]

當時以獨立思想著稱的本地《南方日報》報業集團報導這則消息，立即在線上討論論壇與各處引起了各式反應。投書人談到會說粵語很驕傲，粵語與古典漢語十分接近，或稱粵語是一種國際語言，全球各地有一億人會說粵語，以及相比之下**普通話**太難聽了。北京反對廣東話的運動被某些人認為是反對本地文化的運動，許多人認為，政府的最終目的是徹底消滅粵語。另外，也有人批評從其他地方移入廣州的人，竟然不學廣東話。在政協提起這項議案的提案人，本身就是南漂下來的的移民。[2]當地人為這些人起了個名字：「北佬」——**普通話**中的「北方人」，用廣東話聽起來很像「北撈」。[3]

七月二十五日，抗議聲音離開線上，走上廣州真正的街道。至少有兩千人（有人說多達一萬人）聚集在江南西地鐵站外、表達他們的憤怒。一個星期後，又有數百人在廣州市人民公園舉行抗議活動，香港方面同時也有人集會響應。[4]一場泛粵運動似乎正在形成。廣州市當局對此踩了煞車。政協地方委員會提議的以**普通話**播放案遭到電視台拒絕，因此頻道被排除在衛星網絡之外，亞運會的運動員和觀眾不得不聽廣東話播報的新聞。

然而，這只是戰術上的撤退。二〇一四年六月三十日，廣州電視台的每小時新聞快報從廣東話換成以**普通話**播報。[5]電視台還把四名講粵語的主播換成**普通話**主播。然後，九月份大部分節目都換成以**普通話**播放。一位內部人士告訴香港英文報紙《南華早報》（*South China Morning Post*）：「這是悄悄進行的，沒有任何正式的宣傳、也沒有通知觀眾。」[6]批評者把這項新策略形容成溫水煮青蛙，結果是中華人民共和國堅持在全國使用國語的長期運動又取得一次勝利。但某些讀者若是知道這項運動目前竟然還遠遠沒有完成，一定大為吃驚。

二〇一七年四月，中國教育部及轄下「國家語委」（全名為「國家語言文字工作委員會」）[78]設定目標：到二〇二〇年，要讓八〇%的中國公民會說**普通話**。這是很荒謬的一件事，要在三年之內再教會一億四千萬人*學會一種新語言的機率小之又小，但這顯示共產黨認為這項國家建設（**nation-building**）工作相當具有急迫性。早在一九八二年，中國憲法中就加入一項新條文，要求國家機關「在全國推動使用**普通話**」。四分之一世紀後，教育部這項聲明等於承認這項改革沒有什麼效果：全國大約三分之一的人口（約四億人）不會說國語。正如香港和廣州的抗議活動（更不用說西藏和新疆更加強烈的抵抗）所顯示，使用國語的想法在全國範圍內並沒有受到歡迎。

所有這些地方，語言都是被高舉標榜的象徵，提醒著過去一個世紀當中，在北京和南京推出現代「中國人」的身分認同之前，早就有了區域、甚至國家的身分認同。由於居民擔心受到大陸不公平的法律制度對待，二〇一九年香港街頭爆發抗議活動，活動之所以變成暴動，是因為大陸領導人不准特區政府與其批評者達成妥協。幕後的政治鬥爭被認為是攻擊香港人擁有差異感以及自我意識，而且這似乎是特意發動的攻擊。習近平治下的中國幾乎沒有文化認同差異的空間。語言已經成為民族主義壓路機和地方差異的基石兩者之間的戰場。但是這絕對不是一個新現象：可以追溯到最初出現國語觀念的那一刻。王先生與汪先生為了誰對誰錯要打架，更將其推到最高潮。

*****

上海市歷史博物館的新館址是昔日上海跑馬總會大樓。二十世紀初，這座建築物是帝國主義文化力量的堡壘，但是現在有了新目的：宣揚一種可以追溯到「上古時代」的上海意識。通過低調但又基進的舉動，展覽品講述著當地文明，而非「全國」文明出現的故事，是「長江三角洲文化」、而非「中國文化」。這裡有六千年歷史的馬家濱文化男子的頭骨，也有一個四千年歷史的

---

* 編注：中國政府二〇一七年表示，目前普通話使用者的比例是七〇%，因此仍然有四億人說其他方言和語言。請見 https://www.bbc.com/zhongwen/trad/chinese-news-39486439

良渚文化精緻的象牙雕刻，但是沒有任何地方的兵馬俑。在每個展示櫃前，父母會仔細觀看說明文字，大聲用上海話、廣東話或普通話等各地方言向孩子們解釋含義。這些古代手工藝品的製作者可都聽不懂這些人究竟在說什麼。

良渚人是什麼人？我們對他們知之甚少，但是遺傳學家、語言學家、考古學家和人類學家正開始整理出一幅圖像。在良渚遺址發現的人類遺骸男性染色體上呈現遺傳標記，可將它歸入「Y單倍群O1」（Y haplogroup O1）中。雖然科學不斷在發展，但這種單倍群（被認為具有共同祖先的一群人口）與在東南亞發現壯侗語系（Tai-Kadai）*和南島語系類型（Austronesian-type）語言的人類有密切的聯繫關係。[9]換句話說，目前的理論是，上海和長江三角洲的早期居民是從東南亞沿海岸北上而遷移過來，他們語言與南方人的共同點，大過與北方人的共同點。鑒於魚類供應充足、乘船旅行方便以及河川三角洲所提供的肥沃土壤，也就不足為奇人類藉由海路會比比起經由陸地定居來得快。長江人種的是水稻，可能是從東南亞帶來，與北方人在黃河周圍種植小米的情況不同。這些來自南島的水稻種植者已經居住了數千年，之後才有其他語言群體加入或征服他們。中國科學院昆明動物研究所孔慶鵬教授領導的新研究，似乎證實了這一點。他的團隊發現，大約在一萬年前，黃河流域與長江、珠江下游的人群在基因上是分開的。結論充滿爭議，這三個地點都可能說是中國人的祖先發源地。[10]

這些史前定居發展至今天，導致的結果可能是中國沿海地區的語言模式與內陸地區大不相同。上海話、廣東話、福建話（福建和台灣的語言）和其他許多鮮為人知的方言，建立在延伸到遙遠過去的根源上，發展經過只能藉由精心設計和一些推測才能重新建構。目前的共識是，在香港、上海和廈門等城市以及之間的大多數地方所使用的現代語言，是東南亞和東北亞地區混合影響的結果，而這過程仍在繼續當中。[11]有些語言學家談論「語言層」，就像岩石層一樣，新的粒子從多個方向流入，留置在舊結構的頂部，並混合成新的結構。在過去的兩千年中，北方的影響相當大，以至於很難發現早期的語言層。可是，這些南方語言中的單字、語言結構和發音與越南和泰國等鄰國相比，比官方訂定的**普通話**具有更多共同點。

中國語言學家呂叔湘是一九五〇年代《現代漢語詞典》的原始編纂者之一，曾經估計在中國和台灣約有兩千種形式的「漢語」。[12]雖然有些人可以輕鬆理解其他人講的話，但是已故的美國漢學家羅杰瑞（**Jerry Norman**）曾經估計高達四百種是彼此無法理解的。[13]他後來寫道：「如果大家都講母語，北京人聽得懂廣東話的人，跟英國人能聽懂奧地利語的機率，一樣寥寥無幾。海南閩語方言與西安方言的差異，就和西班牙語與羅馬尼亞語一樣天差地遠。」[14]究竟要如何確切描述這些不同類型的方言之間的關係，不但是語言問題，也是政治問題。俄羅斯語言學家馬克斯・魏因里希（**Max Weinreich**）曾經留下一句開玩笑的名言：「語言是帶著一支陸軍和海軍的方言。」

---

* 編注：壯侗語系，又稱仡台語系（Kra–Dai languages）或台—卡岱語系（Tai–Kadai languages）。

雖然將西班牙語和羅馬尼亞語描述為各自不同的語言，是司空見慣的事情，中國政府卻堅持海南閩語和西安語，都只是一個民族的單一語言之中的「方言」。

普通話中的「方言」（地方語言）可以巧妙地規避這些難題。中國學者在使用時不會遇到任何政治困難，因為它既可以表示「語言」，也可以表示「方言」。大部分學者承認中國有七種主要**方言**：**普通話**、**粵語**（包括廣東話）、**吳語**（包括上海話）、**閩語**（包括福建話）、**客語**、**贛語**（在江西省）和**湘語**（在湖南省）。歷史上曾用**方言**這個字詞，描述地方語言之間的細微差別，以及形容本地語言和歐洲語言之間主要差異的案例。美國語言學家梅維恆（Victor H. Mair）發明了「*topolect*」這個字，做為相等於中文**方言**的英文字*，指的是一種與特定地方（大小可能有所不同）相關的說話方式，但沒有確切指出差異有多大、或者是否為政治實體所承認的語言。因此，梅維恆提醒不要使用「中國語言」這個詞彙，因為選擇「中國人」要說哪一種單一語言完全是政治上的選擇。他寧願用一組「漢語」方言的說法，這些漢語方言彼此之間關聯，但不一定源自一個共同的根源。

直到近代，中文沒有完全符合「語文」（language）意義的這個詞彙，有「文字」（*wenzi*），也有「語言」（*yuyan*），但是兩者的含義是截然不同的。[15]梅維恆稱道，絕大多數漢語方言從來不是書寫文字；自古以來，不識字的人說出來語言。從定義上講，書寫文字——即「古典中文」或「文」（*wen*），只有識字的人才會使用，只用來寫和讀而缺乏口頭表達的形式。官員們還使用一種聲望很高的說話形式，稱為**官話**。從字面上看，意思就是「官員說的話」。外國人似乎不能理解官員們說話和書寫形式之間的區別。結果就是，古典書寫文字「文」和口語形式「方言官話」被共同稱為「官話」（mandarin）。「*mandarin*」這個字來自葡萄牙語「*mandar*」，即「下令」，但與馬來語「*mantri*」又有關聯，後者是從北印度語—烏爾都語（Hindi-Urdu）借來的，意思是「官方的」。因此，「*mandarin*」可以很合適的翻譯成「官話」。[16]書面文字「文」是一種通用語言（*lingua franca*），整個帝國的學者和官員都能讀懂，作用相當於羅馬帝國中的拉丁文，作為一種溝通和控制的工具。絕大多數羅馬臣民從未讀過拉丁文，但是下令指揮他們生活的人卻讀得懂拉丁文。「文」也是如此。

但是拉丁文和「文」之間也有一個關鍵性的區別。固然菁英人士說**官話**，但是用「文」所寫出來的文本，也可以根據地方方言，使用完全不同的字音大聲朗讀。朝廷的諭令和中央其他公告可以在北京寫成「文」，然後實際上經過「翻譯」，以便在帝國的城鎮或鄉村的人能夠理解。最後，地方方言中的單字開始與**官話**中的方塊字相關聯，因此它們是指相同的語文。我們不妨想像一下，歐盟頒布法令，規定所有歐洲語言都必須使用表情符號（emojis）來書寫。於是，看到符號後，說英語的人可能會說「fish」，說法語的人可能會說「poisson」，而說克羅埃西亞語的人可

---

* 譯注：topolect是topo（地方）加上lect（語言）組合成的一個字。

能會說「riba」，但是所有人意思指的都是「魚」。

但是，即使**官話**也不是大清國的官方語言。**官話**僅用於國內的漢族地區（中國本部）進行交流溝通。帝國的其他部分使用藏文、突厥文和蒙古文等不同的文字。上海市歷史博物館的展示櫃中可以清楚看到，朝廷使用自己的語文來協調轄下屬地。編號二二三號展示品〈清代陸錫熊父母誥命〉是乾隆皇帝封贈《四庫全書》總纂官陸錫熊父母的文書。誥命寫於一七八〇年，也就是乾隆四十五年，是一幅金銀兩色的絲綢錦緞捲軸，金色一端精美地裝飾著**官話**書法，而銀色一端則是完全不同的另一種文字：清廷行政管理使用的滿文。

直到一九一二年大清國壽終正寢，官方語文不是「中文」**官話**，而是滿文。滿文是從東北入關征服大明帝國，並繼續將蒙古、西藏和新疆納入其疆域的滿族人的語文。清廷的秘書處翰林院內始終設置一個「滿本房」。所有政府文書都必須用滿文謄寫，所有送呈給皇帝的奏摺也全用滿文謄寫。滿文和其他文字的文檔各有各的檔案庫，即使大多數「滿族人」在日常生活中不再講滿洲話之後，仍有數百名儒官忙於將官方諭令和報告由其他語文譯為滿文、或由滿文譯為其他語文。皇帝繼續以滿洲語向官員和外國使節講話，也對一些無法講滿洲語的官員施懲。[17]賜給陸錫熊父母的卷軸，只是成千上萬個官方語文多樣化的例子之一。實際上，滿洲語在**官話**中經常被稱為「**國語**」。但二十世紀初的文化變革和辛亥革命將完全扭轉這種局面。實際上，**官話**將成為**國語**，而滿洲語文將會消失。

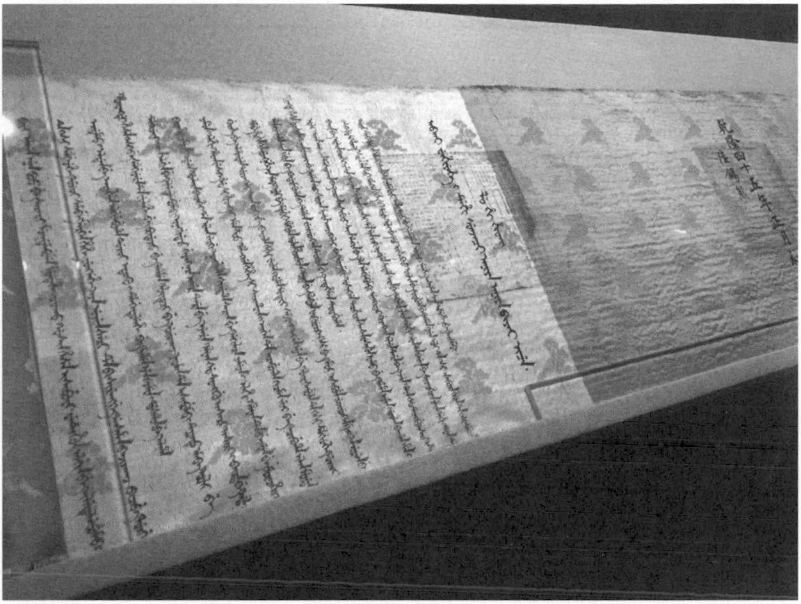

圖十五 上海市歷史博物館展示的一幅絲捲軸。注意，左側是滿洲文，右側是漢文。這份文件是一七八〇年的〈清代陸錫熊父母誥命〉。

＊＊＊＊＊

直到帝國結束，大清國都不需要一種**全國性**語言，因為並沒有滿清民族。朝廷只要求有一種**國家機關**的語言，來管理多語言和多民族的帝國。直到孫逸仙、梁啟超和他們同世代人物在一八九〇年代和一九〇〇年代想像出**中華民族的**存在之前，根本沒有人思考國語這個問題。而這項討論最終的命運，深受其他知識分子同時提出關於語言問題的強烈影響。

許多維新派人士將中日甲午戰爭中大清國的戰敗，歸咎於帝國在教育方面過於薄弱。與清朝的士兵不同，在日本，即使是低層士兵也能夠閱讀命令和地圖。但是，維新派也看到了更深層的原因：其他國家，群眾教育建立起民族（nation）。日本語言學者上田萬年於一八九〇年代負笈柏林和萊比錫，接受了德國語言理論家的論點，即「母語」代表「國家的內在精神」。一八九八年，上田萬年受命擔任文部省專門學務局長，其任務是創建一種統一言語和文字的國語。這涉及到將傳統「漢字」（*kanji*）的使用設下限制和標準化，將東京上流社會的言語確立為全國通用的標準，也鼓勵在書面寫作中使用這種白話語言。[18]

同時，李提摩太等傳教士在《萬國公報》和其他媒體宣揚日本的榜樣（見本書第四章）。黃遵憲的《日本國志》於一八九五年再版（見本書第三章），也是清末維新派靈感的主要來源。他們的訊息很清楚：通過學校、圖書館和報紙進行的群眾教育將使整個國家團結，並且強大。康有為一八九五年的改革請願和梁啟超一八九六年的《變法通議》都呼籲擴大教育，以及有必要向日本學習，這則訊息受到了光緒皇帝的重視。在慈禧太后發動政變之前，光緒皇帝的最後一舉是發布一道詔令，要求擴大從日文翻譯新知，及派遣學生前往日本接受高等教育。慈禧太后發動政變並粉碎「百日維新」之後，確實有大批人前往日本，但只是維新派為了逃命而流亡。然而，在慈禧太后自己於一九〇〇年代開始實行改革後，政府開始公費派遣許多學生赴日本留學。在接下來的十年中，他們親眼目睹在上田萬年等官員領導下、日本所進行的語文現代化所產生的影響。思想基進的人更把這個議題放進社會達爾文主義的框架來思考，認為如果不改革就會亡國滅種，這些人認為語言是問題的核心。有些人認為，中國語文根本就與這個國家的生存無法相容，既無法吻合現代觀念，又需要太長的時間學習，因此許多人不識字而被剝奪能力喪失能力。

黃遵憲的著作，首次把德國理論家的日文版概念介紹給中國讀者，德國人相信「言語和寫作需要一致」。他透過日文將這句話翻譯為「言文合一」*。黃遵憲擔心學習古典漢字的困難度，以及它們已經遠離日常對話中所講的話。他指出，英國和法國在捨棄拉丁文之後，改用人們所說的口語來寫作，已經成為強大的國家。日本以表音文字（日文稱之為「假名」）補充漢字之後也成為強大的國家。

然而，黃遵憲的論點包含兩個含義，指出語言改革朝向兩個不同的方向。人們經常認為指的是同一件事，但是兩者之間的差異，將對中國未來建立的國語產生根本上的重大影響。黃遵憲呼籲使用傳統漢字的現代寫作風格，以及讓寫作者知道如何唸出使用文字發音的書寫方式，也就是說，他希望能有一種拼音文字。[19]理解兩者實際上是兩個截然不同的問題，能將我們帶到改革者面臨的難題核心。

漢字拼音文字的想法實際上已經流傳了一段時間。基督教傳教士和外國外交官曾經創建自己的版本，以協助傳播宗教和收集訊息。由英國官員威妥瑪（Thomas Wade）和翟理士（Herbert

* 譯注：黃遵憲有一首〈雜感〉詩是：「我手寫我口，古豈能拘牽！」

Giles）創造的「威翟氏拼音法」系統（Wade-Giles' system）成為了英語標準。但是，對於說母語的人而言，這套系統還不夠好，尋找替代方案仍然持續進行。所有人共同的野心是把傳統的漢文方塊字（每個方塊字代表一個字詞，但是從技術上說它是「詞素（morpheme）」，換成代表這個字實際發音的符號。譬如，拼音文字不會用一個方塊字代表一隻貓或是害怕的概念，只顯示指示「c」和「at」或「f」和「ear」的發音。儘管所有拼音文字方案的多樣性和獨創性，但是都存在從一開始就顯而易見的相同問題。

來自福建省廈門市的基督徒盧戇章是第一個正式發布拼音文字方案的人。盧戇章為英國商人和後來為傳教士麥嘉湖（John Macgowan）*擔任翻譯，嘗試這個想法已經有十多年之久。[20]盧戇章曾幫助麥嘉湖在一八八三年編纂《英廈詞典》。一八九二年，他出版了自己的地方方言指南，書名《一目瞭然初階》，號稱「天下第一快廈門話切音新字」。盧戇章以拉丁文字母為基礎，發明了總共六十二個新的音標。其中十五個為母音、四十七個為韻腳，「母音與韻腳兩字合切即成音」。對於盧戇章來說，不幸的是，音標不為人熟悉、又非常複雜難懂，他的拼音文字沒有產生任何影響。不過，他的構想仍然存在、沒有消失。一八九五年，李提摩太的《萬國公報》發表了盧戇章提倡拼音文字的論文《變通推源說》。文章主張，字母促進大眾廣為識字，使得西方社會得以富強，中國應該仿效。一八九八年，盧戇章將他的拼音文字方案送呈朝廷，供光緒皇帝變法改革參考。但還是未能贏得支持。事實上，官方的回應稱這個方案不完整，而且出奇地難懂。†[21]

盧戇章的拼音文字方案主要問題出在，雖然能夠人們學習廈門話，對於想說北京話、廣東話、上海話或其他任何地方方言的人卻幫不上忙。接下來幾年所開發的其他拼音字母，也都碰上同樣的問題。中國學者倪海曙已經確定從一八九二年至一九一〇年之間，一共出現二十九種不同的拼音文字方案，相互較勁。[22]美國語言學者石靜遠（Jing Tsu）則認為，恐怕不只二十九種，其他還有一些是由**華僑**所開發出來的。[23]其中一些方案使用中文方塊字為基礎，有如日文的「假名」。也有些方案採用羅馬字母，譬如越南文幾乎就在同一時期羅馬字化。但是它們都不能適用在每種地方方言。想要把發音標出來這件事，明顯凸顯出使用方塊字隱匿的狀況——各地方言差異非常大。

這段期間唯一產生重大影響的拼音文字方案，是由清廷「禮部」中一位人脈廣博的初階官員所提出。請大家認識我們的第一位王先生：王照。王照的曾祖父曾任總兵，在第一次鴉片戰爭中陣亡，但是王家人在權力圈子裡仍有許多有朋友。但是在王照公開支持一八九八年的改革後，沒有人能夠保護他。他只好跟當時許多人一樣，被迫流亡日本。但是他與大多數人不同，他跟維新

---

* 編注：倫敦宣道會麥嘉湖（John Macgowan），或譯馬約翰，或麥高文。其中著名事蹟為推廣反纏足運動達十五年之久。

† 編注：一八九八年盧戇章的提議因「百日維新」停止不了了之，而後盧戇章到北京向清朝政府學部呈繳《中國切音字母》，才被清廷回應駁回。

派人士不合，於是喬裝成和尚偷渡回到天津。他在天津以化名開設一所語言學校，並開始研究自己的拼音字母方法。他於一九〇一年出版《官話合聲字母》，幫助不識字的人以地方方言寫字。在這個時期，王照希望他的拼音法能達到的目標，似乎也就僅止於此。與盧戇章的音標不同，王照的標記是基於繁體漢字為基礎，只不過形式更為簡單。和盧戇章音標一樣的是，王照的漢字筆畫式拼音法有六十二個音標，但是有五十個音標代表字母，只有十二個音標是韻腳。

然後，王照的野心擴大。他搬到北京，又開設一所新學校。一九〇四年，他設法獲得朝廷正式赦免他早先參加維新變法運動的罪責，使他得以開復原銜。這就是典型的情況，王照一個朋友的朋友是袁世凱的兒子，而袁世凱當時是京畿要地所在的直隸省總督，日後袁世凱成為王照漢字筆畫式拼音法最重要的支持者。一九〇四年，袁世凱核准撥款，培訓教師，出版閱讀材料，並在軍隊中推廣使用。到了一九〇六年，王照的目標變得更大。王照重新出版他的書，改寫序言，偽稱他的拼音法是以十八世紀初期的發音指南為基礎，掩飾真正的起源是當地農民的方言。有些書籍和報紙開始用他的方法印行，一九〇七年推廣到了北京。

但是隨後，正如歷史學家白莎（Elisabeth Kaske）所發現，問題開始浮出。儘管這套拼音法可以在北京和直隸省會保定使用，但即使天津只在一百公里之外，卻無法適用，因為發音完全不同。王照曾經嘗試改編音標，要將使用範圍推廣到南京和其他城市，也沒有獲得具體成果。其他各省領導人沒有像袁世凱那樣熱中這套拼音法，他們似乎認識到要創造一套足以運用在全國發音的拼音法十分困難，而中央政府同樣顯得不感興趣。然而，這並沒有阻止有心改革者提出新建議。不過白莎指出，最初的努力是針對華南和東南省分的地方方言設計音標，在一九〇八年之後，只有針對「北京話」的音標設計被提出來討論。[24]

當時，反對拼音文字的反應逐漸獲得支持。起始於一九〇六年上海報紙《中外日報》上的文章，主張地方方言的拼音文字會傷害國家的統一。過後不久，梁啟超結束他對拼音文字的支持，於一九〇七年四月為《學報》寫了一篇文章。文章標題為《國文語原解》，認為傳統漢字的書寫「行之數千年，所以糅合種種異分子之國民而統一之者，最有力焉」。[25]我們在第五章已經看到，梁啟超遠比其他人的貢獻更大，想像出並使中華民族得以存在。他相信一個統一的民族需要統一的母語——正如德國理論家向上田萬年所指出，一個民族只有一個國家和一種語言。拼音文字的存在會破壞民族的使命，因為它們清楚地證明母語根本沒有統一。

反過來，民族主義者重新界定整個語言的問題。由於單一的中華民族和一個單一的中國國家，只能有一種單一的中國語言，因此，數百種形式的地區方言絕對都是由同一個先祖衍生出來的後裔。在這些民族主義者看來，各種各樣的「漢語」都只是方言。對於這些方言可能有不同起源，這種想法完全不在考慮之中。民族主義者斷言困難只出在發音不同，以避開有不同語言存在的問題。他們認為，衍生出來的後代方言需要重新整合。

＊＊＊＊＊

當時，西方關於語言的理論仍然處於嬰兒階段，受到十九世紀末期主導歐洲思想的民族主義、種族主義和帝國主義的強烈影響，而這些思想指引了中國的語言改革者。一八九八年，基進的章炳麟曾幫助他的朋友曾廣荃（大清名臣曾國藩的孫子，參見本書見第二章）翻譯了赫伯特・史賓塞一篇典型的社會達爾文主義論文，題為《論進境之理》（*Progress: Its Law and Cause*），刊登在《昌言報》。雖然他不會說英語，但章炳麟分辨了史賓塞關於語言演進的觀點與傳統中國文本分析概念之間的相似之處。史賓塞的目的是顯示隨著時間的推移，進化和適應的過程如何自然地將一個同質的群組，轉變為好幾個異質的分支。史賓塞以語言為例來說明自己的觀點：幾個世紀以來，從共同根源誕生出數百種衍生語言。章炳麟利用這種見解提出主張，認為「中國本部」（原先明朝的領域）內的方言模式只是從一個共同祖先發展多樣化的結果。

章炳麟把從歐洲借來的這些思想，運用在好幾個目的之上。首先用來主張語言模式證明了中華民族的存在。從一九〇七年十月至一九〇八年八月的《國粹學報》，長篇文章〈新方言〉分了好幾期登載。章炳麟試圖證明，方言中的字和表達形式，事實上可以從兩千年前的漢代詞典中找到的字詞衍生而來。章炳麟認為，既然這種古老的語言與當今的異質模式之間存在著持續的進化聯繫，多樣性就不應該引起人們的疑慮，這僅僅是進步的結果。[26]他解釋說，提出這一論點的目的明明白白就是要「團結人民」。[27]

然而，章炳麟對多樣性的辯護其實隱藏著對「北方」文化的攻擊。他的反滿書冊《訄書》一九〇四年再版，書中章炳麟主張，反對在全國將北京話發音定於一尊做為標準，因為在他看來，北方的說話方式在來自中亞的「韃虜」入侵多個世紀以來已經遭到污染。章炳麟引經據典、「東拼西湊」，使他辯稱最純淨的發音，實際上來自湖北省。他反轉北京話的階層等級，強調中國文化的真正中心是南方。因此，他要求以明朝首都南京附近地區（包括他的出生地杭州）的方言做為國語標準發音。

章炳麟對語言進化論的觀點，是以他對種族進化論更廣泛的觀點為基礎。章炳麟在《訄書》中擁護倫敦大學印中語言學教授艾伯特・泰里安・德・拉克佩里的理論。德・拉克佩里聲稱在古代美索不達米亞的文化與中國早期文化之間發現了足夠的相似之處，從而斷言黃帝實際上就是巴比倫國王庫杜爾―納克亨特（Kudur-Nakhunte），他於西元前二十三世紀向東遷移。這似乎解釋了一種單一的原始文化如何在幾千年前來到**中國**，並在隨後的幾個世紀中變得如此多樣化。對於章炳麟來說，這證實了自古以來中國就有一個單一民族存在。

即使德・拉克佩里的理論很快就被摒棄，但這種同質的中國文化只有一個起點的國史觀，卻保留了下來。實際上，它成為整個民族主義論述的核心。可能有多種文化來源，遷移到**中國**和沿海地區，以及可能在不同的時間、來自不同的來源，這種想法根本不為民族主義者所接受。他們反而競相主張單一民族文化的哪個來源是最真實的。並且，與當時的大多數革命同志一樣，章炳麟認為，單一文化透過傳統方塊字的書寫是最完美的表達方式。[28]

但並不是所有的革命黨人都認同這個觀點。某些人認為，中國的方塊字以及它所代表的一切，正是問題之所在。他們對於創造一套新漢字、或是引入字母以便更易於學習漢語沒有興趣。在章炳麟長發表長篇論文，探討中國方言的演變時，同一時期，僑居歐洲的一批中國無政府主義者主張廢除一切漢字，全都換成新發明的世界語（Esperanto）。他們認為傳統中國方塊字和古典語言，與儒家經典文籍、傳統思維方式，以及中國社會的大幅落後密不可分。他們希望改變整個社會，這意味著必須要擺脫掉整個中國語文。

章炳麟覺得有必要跳出來講話。他發表文章，堅決捍衛文化、語言和文字，不過他也承認有改善的空間。他建議採用「**反切**」這種傳統注音系統，以幫助學習者記住方塊字的聲音，我們以前面舉的「c」和「at」為例，以它們的聲音創建出一種本地化的方式表示出「cat」這個字。然後，章炳麟花了一些時間開發自己版本的**反切**系統。和其他一些語言改革建議一樣，章炳麟也需要兩個漢字：上字取聲、下字取韻，但與其他人不同的是，章炳麟的系統是以十世紀和十一世紀文本中的押韻為基礎。作為語言學者，章炳麟堅稱他的方法比其他任何對手來的真確。但主要的缺點在於，它們與二十世紀初實際的講話方式沒有多大關係。然而，經過一年論戰之後，章炳麟和無政府主義者宣布休戰。一九〇九年，無政府主義者承認，將世界語作為國語是不切實際的

（雖然直到一九三〇年代，仍有一些人堅持此一主張），而且漢字的發音必須在全國範圍內標準化。最重要的是，雙方一致認為北京話的發音令人作嘔，不應該成為國家標準。

＊＊＊＊＊

流亡海外的革命黨密謀造反起義時，北京的改革者已經開始按照西方模式改變全國教育體系。一九〇二年，清廷頒布第一部全國學堂章程，制訂新課程；一九〇四年頒布一套關於建立學校（僅限男生）的修訂版規定；一九〇五年十二月成立學部；一九〇七年，新法律允許建立收女生的學校。然而，這些新法律、新規章的實際執行情況非常不均衡，在具有改革意識的官員掌控，而且官員具有真正權力的省分比較能夠落實。而改革也有局限性：政府繼續堅持學生要學習儒家經書及背誦古文。在某些地方，尤其是女子學校，允許使用更現代的文學寫作形式，但總體而言，如何讀出書上方塊字的問題仍未解決。

然後，在一九〇九年四月，清廷同意計畫以九年時間籌備立憲，學部明確規定官員們應於次年開始編寫新的官話教科書。然而，次年下半年，新成立的資政院議員要求更動。在日本（因此也是德國）國語理論家的影響下，他們主張將「官話」改名為「國語」。他們意識到「國語」根本不是全國性的語言，他們也呼籲要針對文法和發音進行適當的研究，以及印製字典和教科書。

但是，等不及這些研究結論出爐，他們也呼籲在全國範圍內施行王照的拼音法，將發音標準化。「語音」和「語言」之間的差異已經被消除，關於地方方言的多樣性應該怎麼處理的問題，已經完全重新定義，現在的重點是放在「統一國語」。[29]

在一九一一年七月和八月的最後一幕中，大清國學部召開「中央教育會」，開始為語言問題尋找答案。在結論中，與會代表呼籲學部採取實際行動、成立一個「國語調查總會」，不要光是空口談論。他們也同意使用全國認可的發音來實現「國語的統一」。令南方代表大為惱火的是，儘管也對地區差異做出些少許讓步，但會議表決通過以北京方言做為「國音」基礎。諷刺的是，負責這一過程的人是來自直隸的高毓溥。他一口地方方言，幾乎所有與會代表都聽不懂，以至於報上出現一篇文章質疑是否有人「真正了解他講了兩個小時的話，究竟說了些什麼」。[30]然而，這並不重要，因為在會議結束後六個月，清朝就被推翻了。

但是問題並沒有消失，反而變成更加情緒激昂的爭辯。清朝時期，語言問題一直環繞著效率、學習和是否為國家強盛的最佳途徑。到了民國時期成為根本認同的問題。從梁啟超、孫逸仙再到章炳麟等各式各樣政治立場的民族主義者，已經喚醒一個民族的存在，他們認為民族既需要民族國家，也需要有國語。在這個時期，雖然不是全球所有的民族主義運動都這樣做，但已有許多人如此積極推動。譬如，印度至今仍然沒有一種「國語」，在印度各州有權選擇自己的官方語言，以至於國家憲法承認二十二種地區性語言以及英語。這可不是中國民族主義者設想中能接受的結果。經過數十年的內部衰落和帝國主義強奪領土，加上西藏和外蒙古宣布獨立，地方軍閥也脫離中央控制，對他們而言，壓倒性的重要需求是團結。他們認識到強烈的地區性甚至全國性的認同意識，與他們希望創建一個中國的渴望之間，存在著緊張關係。語言是推動國家只有一種認同意識的方法，就算這個國家甚至還沒意識到自己的存在。

中華民國宣布成立僅僅五個月，新政府教育部就召開了「臨時教育會議」。就某種程度而言，這是一年前上一次會議的延續，因為許多與會代表都是同一批人。然而，氣氛已經完全不同。儒家經書已經從學校課程中刪除，取而代之的是「務實、尚武和美學」教育的新精神。會議的結論之一是「採用注音字母案」，這實際上是要求教育部召開另一項會議以求一勞永逸解決讀音問題。這一來使得問題爆發激烈爭議。

召開讀音統一會議的構想來自吳稚暉，他是留學巴黎的無政府主義者之一，曾經主張廢除中文、改用世界語。吳稚暉痛恨儒學和傳統，被譽為「著名的惡魔」。在一九〇〇年代的各種文章中，他曾經稱滿族為「狗養的」、慈禧太后為「妓女」和「枯萎的老虔婆」，稱梁啟超的文章為「純放屁」和「爛狗屎」。[31]這就是教育部選擇帶領新共和，希望能達成語言共識的人。

吳稚暉有一個簡單的行動計畫，最初在一九〇九年的文章中透露梗要。首先，由一個專家委員會決定一個注音字母系統，反映漢字的真實發音。其次，專家們將決定成千上萬個漢字中的每一個字應該如何正確發音。其結果將是一份有系統的、經過民主表決的「國音」指南。當然，現實絕非如此簡單。一九一三年二月二十五日，「讀音統一會」在北京開幕。到五月二十二日結束時，見證了各地區角力鬥爭、與會代表各個自我本位的重大衝突，製造出來的語言爭執將持續數十年之久。

籌備會邀請八十位專家到北京貢獻卓見。最初的計畫是邀請每省派兩名代表出席以確保公平，但是最後大多數與會代表是由於他們的專家地位或政治關係而被選中。大約有一半是由教育部選出，其餘則由各省政府選派，不過並不是全部受邀人選都出席會議。第一天，四十七位中年男子穿著西式服裝、也有穿傳統長袍馬褂者，聚集在紫禁城西牆外的教育部大樓內。其中有些人是過去二十年來，最積極參與語言辯論的人，包括第一位「拼音文字改革家」盧戇章和人脈關係良好的漢字筆畫式拼音法作者王照。有些人想推廣自己的拼音系統，有些使用拉丁字母，有些使用日本「假名」標記，以及其他各種形式的標注方式。這是第一個問題。每個人都想留名歷史，成為徹底改變漢語教學和寫作的人物。

經過漫長而激烈的爭論，最後贏得整個會議支持的系統，很大程度上是以章炳麟的方案為基礎。主要是由於會議上有四分之一以上的代表，是來自華東沿海浙江和江蘇地方的基進分子，而章炳麟正是他們的同鄉。過去十年中，與大多數其他代表相比，他們與傳教士及其他外國思想的傳播者有更多的接觸，大多數也在日本流亡相當長一段時間，並且在革命運動中扮演更大的角色。他們帶來一套清晰的想法，特別支持章炳麟以民族主義的角度看待語言。他們不同意西式或日式的拼音文字，解決方案必須是「道地」的中國方式。他們說服會議選擇以一千年前的古字系統為基礎。

注音字母符號達成共識後，下一個任務是就每個字母代表的聲音達成共識。這時候相互角力的地區認同使得事情寸步難行。譬如說，要如何解決不同的方言說「魚」這個字，有著種種不同方式，這項爭議不可能有邏輯或中立的方式。這不是民族主義語言改革者們假裝是個「發音」的問題，而是關於選擇一個方言單字、捨棄另一個方言單字的問題。來自東部沿海江蘇和浙江的代表，包括會議籌辦人、議長吳稚暉在內，都認為北京方言太噁心——受到「韃虜」影響嚴重污染。吳稚暉以前的文章把它比擬為有如狗在吠叫。在這一點上，吳稚暉得到另一位江蘇代表，翻譯家和哲學家汪榮寶的支持。汪榮寶曾經先後在總理衙門同文館及日本學習。[32]一九〇六年，他就是起草回函、拒絕盧戇章拼音文字方案的清朝官員，他認為這套方法過於「離奇」。[33]而他當時負責潤飾民國新國歌的歌詞。吳稚暉和汪榮寶是江蘇代表團的領導者，力爭自己的華東方言成為共同使用的國音。

站在對立面的是王照，他先前被選為會議的副議長，實際上成為北京官話的發言人。王照雖然在選擇注音字母時輸了，但是在選擇發音方面卻處於強勢，尤其是因為他與原任直隸總督、現在已貴為民國大總統的袁世凱有私人交情，當年袁世凱曾經力推王照的漢字筆畫式拼音法。但是汪榮寶並沒有放棄戰鬥。隨著會議進展，江浙的吳語系統和北京的官話系統這兩大語言的交戰，演變成王照和汪榮寶兩人之間的個人爭鬥。

爭論持續了一個多月，得不到解決。情況變得十分惡劣，在一次煩人的會議上，議長吳稚暉突然大喊一聲：「我受不了了！」一怒辭職、拂袖而去。王照接任議長。這時，王照耍了一手骯髒的詭計。他排除江蘇和浙江代表，召集其他代表開會。他告訴他們，華東代表試圖將他們的方言變成國語，而北方代表和南方代表必須團結起來，才能防止他所謂的一場「國家災難」。組織起「防阻工事」之後，他召開了全體會議，會議同意更改表決辦法，不再是每個代表都有同等的投票權，而變成一省一票。一下子，江浙集團的力量立刻被削弱。結果引起軒然大波。[34]

首先，王照以他也要辭職為由，試圖對華東代表施壓，迫使他們保持沉默。然後他諷刺整個會議變成「江浙會議」，激怒他的對手。接下來，當事態似乎惡劣到無以復加時，卻又爆發爭執。正好就是方言的不同造成嚴重對抗，使得會議失去政治平衡。汪榮寶正在與另一位江蘇代表討論是否要召喚人力車。上海話把人力車叫做「**黃包車**」。聽在王照這個北方人耳裡，「**黃包車**」像是北京話罵人「**王八蛋**」。他氣壞了。王照捲起袖子，準備在議場上與汪榮寶打架，汪榮寶逃離會場，再也沒有回來。這時候，華東／上海話／**吳語**的阻擋力量就瓦解了。北方發音成為國語標準的路途，現在已經暢通無阻。

在接下來的幾個星期，讀音統一會選出六千五百個常用漢字，逐一表決，審定「國音」。在某些情況下，的確只就某個字的發音表決，但是在其他許多情況下，則是選擇一種方言、捨棄其他方言。由於表決辦法現在偏向北方代表，很大程度上已成定局。然而，結果並不是北京話全面獲得勝利。儘管大多數吳語方言單字和發音未獲採用，但是會議確實允許使用本地化的語音拼寫。無法在北京話中找到的額外音調，這些注音也被包括進來，這在某種程度上減輕了南京方言人士的不滿。另外其他一些更改，最後促成了折衷妥協，結果是一組類似老官話的發音，而不是明明白白的北京話方言。有人稱其為「藍綠色普通話」——既不藍、也不綠。[35]

在王照的領導下，讀音統一會向教育部提出若干要求，包括教育部應該立即頒布商定的注音字母，成立專職機構以確保人人都學會，並以此做為學校的標準教學方法。然而，一九一三年，中華民國政治陷入危機。讀音統一會會議期間，國民黨最有魅力的領導人之一宋教仁在三月份遭到暗殺。各方普遍認為是袁世凱總統下令殺人。然後，在七月份，似乎提醒著人們地區認同的意識依舊力量強大，南方七個省分（包括江蘇、浙江和廣東在內等革命黨勢力最強大的七個省分）起兵反對袁世凱。然而，他們的「二次革命」很快就被鎮壓，其後，袁世凱政府重新注重保守主義，更強調儒家思想，忽視國語政策。除少數語言活動家之外，讀音統一會議的決議被遺忘了。一九一六年六月，袁世凱去世，而在短短的十年多的時間裡，民國淪為軍閥割據、各霸一方的分裂局面。針對這些軍閥地區推行國語的機會很小。因此之故，地方方言繼續不受干擾、照說不誤。民族主義的語言改革者還需要等候多年時間，才能真正執行一九一三年會議的結論。

圖十六　一九二七年四月十八日慶祝國民政府在南京成立的典禮之合影。前排最左側是蔣介石。左起第四人是吳稚暉。他是一九一三年讀音統一會議長。身為無政府主義者，又有口出穢語的習慣，他並不是擔任這份敏感工作的最佳人選。右起第三人是胡漢民，革命報刊《民報》主編，也是孫逸仙意識形態顧問之一。

＊＊＊＊＊

一九一六年七月，教育部裡一位低階的教科書編纂員黎錦熙與其他幾位挫折感十足的官員一起成立了一個「中華民國國語研究會」，推動政府幾乎沒有能力執行的改革。[36]他們在報上發表文章，但是對政策的影響力很小。一九一七年二月，國語研究會對外公開召募會員，很快就吸收到先前參與國語討論的許多重要人物。梁啟超加入，前教育總長、後出任北京大學校長的蔡元培也入會擔任總幹事。就像讀音統一會一樣，國語研究會許多會員來自江蘇和浙江。實際上，會址就設在北京的江蘇子弟學校中。

一九一八年十一月，教育部實際上整併了國語研究會。國語研究會副會長張一麐被派負責主持「國語統一籌備會」，在一九一九年四月二十一日召開第一次會議，商定三個優先事項，包括推廣一九一三年讀音統一會議商定的注音字母，以**白話文**取代**文言文**，以及編訂一本全國詞典，收入從古至今的每個漢文單字。[37]籌備會正處於新思想浪潮的頂峰。五月四日，即第一次會議之後兩個星期，學生們聚集在紫禁城天安門外，抗議《凡爾賽和約》。他們從那兒向東遊行到交通銀行總理曹汝霖的住家，放火把它燒毀。接下來，「五四運動」席捲了整個文化圈，拋棄舊思想，引進新的寫作和製作藝術方式。許多主要人物都是出自新語言運動革命派、大家熟悉的面孔。

其中一位是華東人士胡適，他在十九歲時被選派前往美國學習農業。在康乃爾大學期間，他放棄農學，轉修哲學和文學，然後再到哥倫比亞大學繼續深造。一九一七年，他帶回關於語言和民族的新觀念，應聘在北京大學哲學系任教。他支持學生們發起的五四運動。在隨後的幾十年中，胡適成為倡導單一國語的主要人物。

他在抵達北京後不久，寫了一篇名為〈文學改良芻議〉的文章，列出現代寫作的八項主張。文章發表在胡適北大同事陳獨秀主編的《新青年》雜誌上。文章大部分主張以「口語方式」，也就是**白話形式**寫作。但是文章最後，他提到一些以口語形式寫作的故事，例如《水滸傳》和《西遊記》，隱含他支持以北方**白話**為基礎。在此之後，他於一九一八年四月又發表〈建設的文學革命論〉，標舉出他的宗旨只有十個大字：「國語的文學，文學的國語」。接下來，胡適在一九二二年創辦自己的雜誌《國語月刊》。一九二三年《國語月刊》出版〈漢字改革號〉專輯，他指出：「促進語言文字的革新，需要學者文人明白他們的職務是觀察小百姓的語言趨勢，選擇他們的改革案，給他們正式的承認。」

所有這些干預，都是為了實現胡適夢想中統一漢字的文字和語音，以便以西方民族國家的模式創造出真正的國語。但是多年後，胡適承認，他從一開始就存在偏見：他一直認為應以北方方言為「國語」。他在一九五八年的這段評論中歸結自己的論點：「如果我們從（中國）最東北的哈爾濱畫一條直線，一直到（中國西南部的）昆明，這條直線將超過四千哩長。沿著這四千哩路，沒有人會覺得需要改變他所說的話，因為他說的話是世界上最常用的語言。這是**國語**，這是祖先留給我們的資本。」[38] 胡適這條假想線實際上將北部和西部的「中國本部」與南部和東部分隔開。從語言上講，胡適這條線有兩個意義。首先，儘管沿著這條四千哩長的軸線，存在著許多差異，但是它聲稱只有一種「北方話」。其次，這個說法刻意排除了七個公認地方方言中的六個：**粵語**、**吳語**、**閩語**、**客家語**、**贛語**和**湘語**（更不用說藏語、蒙古語和其他「少數民族」語言）。胡適傳遞給他們的訊息，實際上就是：「如果你想成為這個民族的一部分，你就必須說北京話。」

儘管如此，語言改革者之間正在形成共識。到了一九二六年，「國語統一籌備會」對於主要問題已經得出答案。根據國語統一籌備會成員之一趙元任的說法，籌備會只是「認為我們最好採取北京聲調。因此，我們就去找出（北京人）是怎麼說的。」[39]之所以能夠有所突破，是因為江浙幫核心人物的想法發生變化。許多主要人物，包括胡適在內，似乎已經決定，硬要推行一種沒有人天生自然說的折衷語言，要比選擇一個已經接近一半以上人口在說的語言，還要困難得多了。這是一個合乎邏輯的決定，並且也呼應日本、德國和其他地方語言改革者的政策，它們把首都通行的話語轉變成為國語。北京的語言民族主義者試圖扭轉章炳麟（和史賓塞）所描述的過程，把多樣性再同質化、轉回成為單一的國語。地方方言可以做為替代語言也沒有問題。

一九二八年，隨著國民黨蔣介石的勝利，「軍閥時代」結束。國民黨第一次真正掌管政府，語言改革者終於有權力對國音發揮某些影響力。蔡元培以大學院院長的身分重返公職（大學院取代教育部），並在十二月恢復設立「國語統一籌備委員會」，重新注入活力。當民族主義者試圖建立他們在過去幾十年一直主張的單一民族時，國語問題再次引起關注。一九三二年教育部正式公布並出版《國音常用字彙》，以北平語音數千個字做為國語拼音和聲調的標準，稱之為「**新國音**」。新「**國語**」終於出現，被定義為北京方言的聲音，配上北方的語法和字彙。不過這項工作還是遠遠尚未完成。這個過程在一九四九年共產黨勝利後，必須再重新開始，而之後發生的事件與一九一二年以後情況密切呼應。就在這時候，新統治者將語言改革作為優先事項。新成立的「中國文字改革協會」首次會議在中華人民共和國宣布成立十天後舉行。[40]它列出一系列任務，與一九一三年舉行的讀音統一會任務非常相似：找到一種系統俾能以拼音方式寫下語言的聲音，簡化漢字，並以北方方言為基礎替中國訂出統一的語言。一九五五年十月，協會改組成為中央政府機構，更名為「中國文字改革委員會」，並提出建議，從而正式定義了新的國語。一九五六年二月六日，經過六年的討論，政府頒布了「普通話」的定義。幾乎與三十年前「國語統一籌備委員會」所做的決定完全相同：除了繼續以北京語音為標準音以外，新增加了「以北方方言為基礎方言，以典範的現代白話文著作為語法規範」這兩項內容。[41]這些原則是一個世代以前訂定的，行進的方向也一樣，也難免遇上同樣難以克服的抵抗。

一九五五年十月二十六日，即正式採用**普通話**的三個月前，中國共產黨官方報紙《人民日報》上的文章，指示人們了解地方方言與**普通話**之間的關係，上頭寫著：「**普通話**服務全國人民，方言服務一個地區的人民。推廣**普通話**並不代表要地消滅地方方言，而是逐步減少方言的使用範圍。」[42]我們並不清楚是誰寫下這些「社會進步的客觀法則」，但很可能啟發了一九八五年在上海頒布一部法律的作者，這道法令規定，今後本市所有教學都將完全以**普通話**進行。一九九二年，法規更進一步強化，鼓勵學生舉報說上海話的同學。政府也開展運動，以消除標誌和其他公共領域中的上海話。不過，上海話還是倖存下來。

但是，支持**普通話**運動的成功，再加上數以百萬計「外地人」從其他省分遷移到上海，促成「地方主義者」的反應。擔心地區文化衰退，促使一些地方人士呼籲要為保存地區文化努力。二〇一〇年，市府當局開始悄悄地鼓勵教上海話。二〇一三年，上海滑稽劇團藝術家錢程向中國人民政治協商會議上海委員會提議，呼籲向學齡前兒童教上海話。作為回應，市教委於二〇一四年開始了一個試點計畫，選擇二十所公立幼兒園和約一百所學校用上海話教課。[43]這個跡象顯示，過去十五年來**普通話**已經占了主導地位，以至必須以第二種語言、而不是一個世代之前的母語形式，重新教導地方方言。但是，「上海市非物質文化遺產項目」必須要小心。由於教育部規定只能以**普通話**教授學術科目，因此上海話的使用僅限於遊戲、問候語，和學校生活的其他社交面向。[44]

儘管中央政府似乎準備接受保存某些地方方言，但是容忍度也有限度。二〇一七年，著名的粵語推廣人、作家兼廣州電視節目主持人饒原生似乎跨越了紅線。他試圖介紹一本教科書，在廣州的五羊小學教廣東話。他的著作包括一種羅馬拼音，幫助孩子們閱讀和學習。根據當地媒體報導，饒原生表示，地方當局已經介入、禁止使用，他無法發表評論。[45]看起來，雖然現在可能獲准教兒童說地方方言，但是當書寫文字教導學童閱讀，仍在禁止之列。

上海和廣州這兩個城市，都是因為區域繁榮為國語政策帶來問題。兩者都因為經濟實力強大，因此能夠面對中央政府堅持一定程度的自主權。同時，它們都從國內其他地區吸引來大量移民，這些人卻不會說地方方言。中央政府敦促各城市透過推廣**普通話**融入新來者，從而使城市與國家同時融合。然而，在這兩個城市中，這卻引起本地人的強烈反彈，他們痛恨失去地區特色。這導致他們要求地方當局採取措施保護地區認同，造成市政府與國家指示相牴觸。

中國的國語政策似乎是同時既成功又失敗。雖然**普通話**是全國教學時使用的語言，而且能夠說**普通話**的人數日益增加，但是此一政策似乎也激起阻滯的行動作為，試圖捍衛地方方言。在中央政府難以控制的生活領域中，尤其是網路上，正反兩股力量出現交戰角力。網路上針對本地認同意識和移民帶來的問題，出現熱切地進行討論，與網路監控機關展開貓捉老鼠的遊戲。在二〇一〇年代的上海，講上海話方言的人將外地人稱為「硬盤」（英文YP，即hard disk）。因為上海本地最大的電腦硬碟製造公司「西方數據」公司英文名West Data，縮寫為「WD」，發音如同「外地」（*wai di*），所以就以「硬盤」影射外地人。[46]（即硬碟）針對這一類案例，主管通信事業的監理機構「國家新聞出版廣電總局」在二〇一四年正式下令，禁止網路使用雙關語和文字遊戲。但這個政策在網路上也被嘲笑，難以執行。[47]

講廣東話的人也成為躲避官方審查的專家。他們把廣東話指北方人的名詞「北佬」，利用它發音影射「北撈」——北方下來撈一票的人。如果他們想批評共產黨，可以使用「草泥馬」（*cao ni ma*），聽起來像廣東語的「操你媽」。由於黨經常被描述為人民的「母親」，因此「草泥馬」也暗示「操你共產黨」。如果他們想批評黨的宣傳，他們可能會諷刺性地使用愛國電視連續劇《厲害了，我的國》粵語發音，而這齣連續劇名稱則是源自共產黨組織在社交媒體上使用詞彙——「厲害了，我的哥。」

情勢看起來，方言的前景似乎取決於地方是否在經濟上占有重要地位。講上海話和廣東話的人很多，他們有足夠的財力和政治資源組織捍衛行動。然而，並非所有的地方方言都能如此輕易地抵抗**普通話**大軍壓陣。習近平

上台執政、提出民族團結的「中國夢」，代表著全國推行國語的動力將會繼續下去。中國「國家語委」認為它的工作與上級呼籲「中華民族的偉大復興」有著直接的聯繫。「國家語委」在〈國家中長期語言文字事業改革和發展規畫綱要（二〇一二─二〇二〇年）中強調，「全面建成小康社會，構建中華民族共有精神家園，提高國家文化軟實力，加快推進教育現代化，都對語言文字事業提出了新的要求。」[48]

涵括了過去一個多世紀以來，驅使改革者努力構建單一國語的雙重動力。一方面是盼望透過一種語言，提高人民識字率和各種社群之間的交流，從而使國家更有效率、人民更為強大；另一方面則是構建「公有精神家園」的民族主義願望。深深埋在語言工作底部的是一種恐懼感，深怕中國可能過於多樣化而無法團結在一起。這是根深柢固的恐懼，但是太過敏感，無法大聲說出來。我們只有在習近平和他的領導班子談到必須建立「文化和諧國家」、並且不斷呼籲要「團結」時，才能聽到這個弦外之音。不和諧和不團結是不能明講的憂慮。對於中華人民共和國的領導人而言，香港或台灣，或是廣州或上海可能擁有自身的認同意識，而且還比對中國的認同更加強大，這是打從根本無法接受的想法。

承認這種煽動性的思想，等於是打開知識界的大門，重新回到混亂的時代：回到一九一〇年

代和一九二〇年代的軍閥割據時期，或者甚至回到群雄並起的戰國時期。這可能離國家解體很遙遠，但是仍然必須不斷地與其對抗。一九九一年，中共中央領導認為廣東省省長葉選平的地方勢力太過強大。他們不顧他的個人意志，設法將他擢升到北京擔任儀式性的職位，藉此將他和其家族從地區權力結構中剷除。*二〇一二年，重慶市也發生類似情況，當時重慶市委書記薄熙來被剝奪職務，背後原因是中央擔心他的地方王國不受中央政府控制。擔心離心力量會分裂新的「大國」，這項憂慮一直揮之不去，因此中央不斷透過鼓吹單一文強調團結。

這股推動力可以追溯到十九世紀末期，從黃遵憲以降一系列的語言改革者，包括一九一三年準備打起來的王照和汪榮寶、「國語統一籌備會」的委員，以及共產黨當家後的「中國文字改革協會」，乃至今日中國的「國家語委」。他們後面都站著日本和德國的語言民族主義者，他們以「一個國家、一個民族、一種語言」的主張提出「**國語**」的概念。而且，正如香港抗議者已經嘗到的味道，在習近平的領導下，這個口號被賦予了新的活力。

---

* 譯注：葉選平是葉劍英長子。葉劍英在一九七六年十月結合華國鋒、汪東興等人捉拿江青、王洪文、張春橋、姚文元「四人幫」，後又在鄧小平復出上起了重大作用。一九七八年三月，葉劍英當選第五屆全國人大常委會委員長（廢除國家主席時期為國家元首）。葉選平擔任過廣州市長、廣東省長，於一九九一年四月第七屆全國政協被增選為副主席。

第七章

中國一點都不能少

領土／lingtu

二〇一八年五月十四日對於蓋璞（Gap）中國公司的經營主管來說，這個星期一就和平常日子一樣地開始，但是不到幾小時，這個快速發展的中國市場，在這個這個擴張中的衣服連鎖店的經營重心，竟然變成一片慌亂。等到大家都快下班時，公司主管被迫發表一份卑躬屈膝的道歉聲明。他們上床睡覺時熱切地希望，已經做到足以化解網路上爆炸的抗議風潮。一件七．九九美元，在一萬一千公里之外暢貨中心所銷售的T恤無端捲起千堆雪。這個星期一，這些經營主管被狠狠教訓一頓，體會到當代中國對領土的神經質非同小可。

幾個月前，Gap推出一系列恤衫，準備讓顧客展現以家鄉為傲的感情。這批T恤的正反面印上「中國」、「日本」、「舊金山」和「巴黎」等等字樣。絕大部分的設計圖樣還展現一幅相關國家的國旗。但是中國版卻不一樣，換成了一張地圖。一個眼睛尖銳的中國愛國分子到美、加邊界，加拿大那一邊的尼加拉大瀑布（Niagara Falls）遊玩，挑選了幾件折價出售的衣物，他注意到印著「中國」字樣的恤衫上面的地圖沒有完全納入中國所主張的版圖。這位老兄貼出另一張地圖做比對，Gap的地圖略掉南海各島礁、印度在喜馬拉雅山區占領的地區，以及最為嚴重的，竟然漏了台灣島。

如果不是著名的博客7sevenmana轉發，這位充滿民族主義精神的遊客在中國社群網站微博貼出的帖子，可能根本沒人注意。在此之前，大家只知道她是愛穿猛爆事業線上衣、評論電腦遊戲的博客。二〇一八年五月，她搖身一變，以愛國分子姿態出現。當她把恤衫照片放到粉絲專頁讓數千名關注者觀看時，她加上一段話給Gap：「如果你們賺中國人的錢，為什麼不能對中國的領土問題小心一點？」Gap很快就發現自己陷入麻煩。那個星期一，微博上風起雲湧出現抵制Gap商店的呼聲。中國政府的網路監管大軍無意制止他們。許多支持抵制的網民堅稱Gap一定是刻意選擇羞辱中國，在設計上捨國旗而選用地圖。他們甚至說，或許是因為這些T恤是在印度或台灣印製的。指控聲浪撲天蓋地而來。

對於一家在中國有一百三十六家門市，面積一千九百平方公尺的上海西南京路旗艦店開幕還不到一年，又有兩百家製造承包商遍布中國的公司而言[1]，其嚴重性不言可喻。商業現實逼著公司必須道歉。這一天還未結束，Gap中國主事者已經在公司的微博官網上大聲宣布「尊重中國的主權與領土完整」，這件T恤「錯了，沒有反映中國正確的地圖」，公司「真誠地為此一無心的錯誤致歉」。T恤立刻從中國各門市下架，也取消各地的網路訂購。抵制的威脅立刻消失。微博上的愛國網民們擊掌慶祝勝利。

這類事件愈來愈頻繁。Gap絕對不是因為沒有注意到中國領土主張而陷入麻煩的唯一的公司。二〇一八年一月，萬豪酒店連鎖事業（Marriott hotel chain）也必須道歉，因為顧客意見調查表把台灣和西藏列為國家。大約同一時期，好幾家外國航空公司因為把台灣列為另一個「國家」，被迫修改網頁。二〇一九年三月，雅詩蘭黛（Estée Lauder）旗下的化妝品品牌MAC，因為發給美國境內顧客的電子郵件沒有把台灣列入中國地圖，必須道歉。[2]

二〇一七年四月二十七日，中國的橡皮圖章國會收緊〈中華人民共和國測繪法地理調查和地圖法〉，以便「提升民眾對國家領土的意識」。全國人民代表大會常務委員會發言人何紹仁告訴記者，不正確繪製中國的疆界在「客觀上傷害了我們國家領土的完整性」。[3]二〇一九年二月，中國政府更就中國境內不論是書籍或雜誌上印製地圖、擬在國外市場銷售者，做出進一步明確規定。每一張地圖都必須取得省政府核准、而且不得在國內銷售。根據規定，中國公民看到出現不符中國領土聲索的地圖，會被視為危及國家安全，因此有勞出動「打擊色情和非法出版物國家工作小組」取締。[4]為了宣示法律出台，令出必行，二〇一九年三月，青島市當局銷毀兩萬九千張預備出口的英文地圖，因為地圖上的台灣被標示為國家。[5]

中國絕對不是唯一關心邊界的國家。然而，令人驚訝的是，中國對邊界焦慮的程度已經到了全國神經兮兮的地步。政府的聲明明白地把地圖測繪法和二〇一七年及二〇一九年的規定，連結到國家推動的「愛國教育」運動上。部分目的是要指導對學童教學，讓他們對國家有正確的認識。國家領導人的訊息偏執地提醒老百姓，要成為愛國者唯一的方法，是強烈尋求台灣「回歸」到由大陸控制，其他還包括堅持中國是南海每一個島礁的合法的所有者，要求日本歸還釣魚台／尖閣群島，並且堅持對喜馬拉雅山地區極端的主權主張等。官方媒體不斷地提醒老百姓有關國家的領土範圍，曉諭他們認同這些主張，並且培養人民對尚未解決的邊界爭議要有痛心和蒙羞的感受。對中國邊界的偏執，並非線上遊戲玩家或微博上愛國者的痴迷，而是國家本身的核心問題。

習近平的演講清楚表明，唯有中國聲索主張的一切領土都回到北京控制之下，他的民族復興願景才算完成。

但是為什麼某塊領土是中國人「合法」擁有、而其他領土卻不是，這可不是三言兩語講得清楚的故事。在二十世紀，原本被認為是中國「自然」疆界的一部分、如外蒙古，經中國承認獨立；而曾經放棄的領土、最顯著的就是台灣，卻又被北京一再堅持擁有主權。大清帝國一九一一年覆亡時，它大部分的邊界想像的成分大過真實的存在。除了少數地方因為俄羅斯、法國或英國帝國強迫清廷畫分清楚之外，大部分地方根本沒有正式界定清楚。辛亥革命之後數十年，北京的國家菁英首次必須「固定」國家領土。這個過程必須在現場進行，但是它也出現在國民的想像當中。國家必須畫出地圖，可是同等重要的是，這些地圖所表述的世界觀必須灌輸到人民腦子裡。打從一開始，政府就刻意製造這些邊界很羸弱的焦慮感。他們既擔心外國人侵略的威脅，其實也隱含本身對外擴張的夢想、以及政治上的盤算。發明出現代中國領土——以及對其領土的焦慮感——之故事，始於一個世紀之前，大約就在第一次世界大戰結束，以及西方地理學傳進中國之後。它終止於重新發現台灣，台灣與大陸重新連結，以及它獨立於中國之外。

＊＊＊＊＊

清廷正式割讓的最後一塊重要領土是在一八九五年四月十七日簽字同意的。李鴻章在日本下關市所簽訂的《馬關條約》，把台灣及澎湖列島「永久割讓給日本」。（見第二章）一個月之後，署理台灣巡撫唐景崧（大陸人）以及幾位官員和紳商拒絕接受日本統治，宣布台灣獨立，成立「台灣共和國」。他們希望爭取英國和法國的支持，但是歐洲列強看不出干預會有什麼好處，因此台灣共和國垮了，距它宣布獨立只有十一天。但是台灣紳民的反抗持續不斷。日軍花了五個月時間才占領全台城市，又花了五年才完全消滅掉叛黨的最後遺跡。[6]

整個長期作戰期間，清廷不肯提供任何支持給原本是它的一個省分的昔日臣民。事實上，朝廷在一八九五年五月頒發詔令，明文禁止提供物資支援給台灣共和國。[7]台灣的命運沒有重要到值得北京再冒與日本進一步衝突的危險。第一次鴉片戰爭過後半個世紀，清廷被迫接受國際條約有拘束力的性質。它已經簽字放棄這塊領土的權利，大局已定。然而，台灣的命運沒有成為吸引眾人注意的爭論議題。從大清國母體割讓掉台灣固然對朝廷聲望是一大打擊，民眾卻幾乎無動於衷。一八九五年，大陸與台灣的關係最多只能說是「半獨立」狀況。即使大清在一六八四年部分兼併了台灣，清廷一向視之為危險的邊區，因為原住民凶猛難馴、疫病又厲害。一直要到兩百年後的一八八五年，中法戰爭之後，朝廷才宣布台灣升格設省。台灣做為大清國的一個省分只有十年，在一紙《馬關條約》之下又割讓給了日本。[8]

《馬關條約》簽署之後，清朝官員幾乎完全不理睬台灣的發展。台灣島已經丟了，就和其他簽署條約之後丟掉的領土無殊。一八五八年，大清簽署《璦琿條約》（*Treaty of Aigun*），把阿穆爾河（Amur River）以北五十萬平方公里土地割讓給俄羅斯。[9] 然後他們又在其他「不平等條約」之下，被迫允許歐洲列強在沿海各地設置微型殖民地。台灣顯然也是在同樣狀況下丟掉；它沒有可行的辦法從日本人手中再奪回來。島上兩百萬左右大清臣民，大部分說福建和廣東方言，加上原住民，統統成為日本的殖民地臣民。

或許令人驚訝的是，革命運動同樣也不關心台灣的命運。孫逸仙和他的同志並沒有要求日本將台灣歸還清朝。就我們所知，即使問題持續悶燒，孫逸仙並沒有對台灣紳民反抗日本統治表態。在孫逸仙看來，日本控制的台灣可做為推翻清朝的基地，其重要性大過於成為民國未來的一部分。我們從他在一九〇〇年的行為看到這一點。這一年，孫逸仙離開日本，到東南亞各地奔走，尋求華僑支持他在廣東省起義。他很失望，維新派及各地僑社領袖都沒有重視他。可是當孫逸仙回到長崎時，卻成為日本密謀奪取廈門港的一員。在東京支持下，孫逸仙進駐台灣，命令他的革命部隊在他們的主要支持基地廣州附近集結。但是就和典型的倉促行事一樣，孫逸仙在最後一分鐘改變主意，把戰士調到廈門，他預備帶著一批日本武器到廈門和他們會合。可是日本人突然想到不好刺激俄國人，退出整個計畫。孫逸仙的部隊陷入孤立無援、武力不足，遭到摧毀。[10]

儘管在廈門被出賣，孫逸仙繼續把日本政府視為他的主要靠山，革命運動持續不理睬台灣議題。維新派對台灣也沒有太大興趣。台灣民主運動領導人林獻堂一九〇七年在日本與梁啟超會面，梁啟超勸他不要因反抗日本統治無謂犧牲性命，因為大陸沒有能力協助他。由於兩人都不會說對方的方言，梁啟超必須透過「筆談」與林獻堂溝通。這使得梁啟超的訊息令人更加感傷，他寫說：「我等原本同根生，而今分屬不同國家。」[11]清廷、革命黨和維新派全都抱持同樣觀點：台灣已經通過條約割讓，不再屬於中國。拿台灣的政治地位在今天引起激烈討論做對比，似乎相當不尋常，但是實質上在一九一一／一二年革命之前的十年裡，台灣從政治討論中消失。即使在辛亥革命之後，孫逸仙不再需要日本的支持，他和他的支持者仍然繼續漠視台灣的命運。

固然某些革命黨人準備放棄大清國的周邊領土，以便在中心地帶建立純「漢人」的國家，孫逸仙和梁啟超卻有共同的決心，要確保民國繼承昔日帝國的所有領土。「非漢人」的地區（滿洲、蒙古、西藏和新疆）面積超過全國領土之半，又有許多重要的天然資源。但是為了表達他們捍衛國家領土的願望，孫逸仙、梁啟超和他們的支持者必須創造新字詞來描述它們。

中文裡頭有好幾個字詞指涉「地方」，但是沒有一個字詞相等於territory這個英文字所含有的所有權和主權的意義。傳統的名詞是「**疆域**」（**jiangyu**），從字面解釋就是帝國**領域的疆界**。在帝制朝代時期，「域」可以延伸到皇帝權威所及之地，因此至少在理論上，它可以包括朝貢國和藩屬國。[12]它的意思含糊，肯定不代表有一個固定的邊界存在。

「領土」這個新字詞是由日文轉成中文，它是從日本人翻譯英國社會達爾文主義學者赫伯特・史賓塞的一本書而來。（見第三章）浜野定四郎一八八三年翻譯史賓塞的《政治體制》

（Political Institutions）時，選擇了兩個漢字「領土」（ryo-do）——從字義解讀就是「管治的土地」——做為英文territory的相等字詞。濱野定四郎是慶應大學校長，一位權威學者，他的翻譯很快就廣為各方採用。十五年之後，梁啟超把東海散士（Tokai Sanshi，本名柴四郎）的民族主義小說《佳人之奇遇》（*Strange Encounters with Beautiful Women*）從日文譯為中文，刊登在《清議報》時，他採用同樣的漢字。[13]在古典中文裡，它們的讀音為領土（ling-tu），但是意義完全相同——「管治的土地」。**領土**因此具有主權國家的明確意義，局限在固定的邊界之內。

從這兒，這個字詞被追隨孫逸仙的胡漢民採用。胡漢民在革命組織**同盟會**中負責的工作就是替孫逸仙的政策提供理論基礎。[14]胡漢民透過在革命黨報紙《民報》一九〇四至〇五年好幾期連載的一篇長文章〈排外與國際法〉**闡釋領土**的政治影響。他主張**領土主權**是國際法的基礎，因此從邏輯上來講，革命黨人必須反對列強所要求的「不平等條約」。胡漢民的思想——和他的新字詞——主要是依據日本法律學者高橋作衛在前一年所出版的一千頁鉅作《和平時期的國際法》（*International Law in Peace Time*）而來。而高橋作衛的大作又是集過去一、二十年西方好幾部著作之大成。[15]換句話說，革命運動新發現的領土熱情是十九世紀末期歐洲民族主義的直接後裔。

系出歐亞祖先的這個後裔十年之後於中華民國制訂憲法的辯論中出現。緊接在革命成功之後，由孫逸仙盟友制訂、並經新就任的（臨時大）總統袁世凱在一九一二年三月十一日通過的《臨時約法》，相當精確的羅列它認為中華民國應該擁有的領土。它實際上表明：新共和繼承革命爆發時大清國所擁有的領域。《臨時約法》第三條簡單表明：「中華民國領土為二十二行省、內外蒙古、西藏、青海。」[16]選擇「二十二個行省」的意義重大，因為台灣是大清的第二十三個行省。鑒於《臨時約法》條文仍然宣稱外蒙古是領土，事實上它在三個月前已經宣布獨立；《臨時約法》也宣稱西藏是領土，事實上當地還在叛亂中；而新疆此時實質上是獨立，卻也列為領土，這似乎明顯證明中華民國政府已經正式放棄對台灣的任何主權主張。

然而，一九一四年五月，逼迫孫逸仙放棄臨時政府大總統職位的袁世凱提出新的《中華民國約法》時，國家領土的定義卻變了。第三條條文變成：「中華民國之**領土**依從前帝國所有之**疆域**。」[17]儘管出現新名詞，一九一四年這部憲法對領土的定義只會使人對前帝國疆域的確切範圍又要爭辯半天。

一九一六年袁世凱去世之後，《中華民國約法》停用，早先的《臨時約法》恢復施行。因此，從一九一六年六月二十九日起，國家領土的定義又回到「二十二行省、內蒙古、外蒙古、西藏和青海。可是七年之後，共和政府又恢復避重就輕。一九二三年十月十日通過的《中華民國憲法》*將第三條的文字修訂為：「中華民國**國土**依其固有之**疆域**。國土及其區劃，非以法律不得變更之。」[18]這下子對於領土或疆域又沒有提出界定。再過八年，蔣介石領導的國民黨政府於一九三一年六月一日頒布一部新的《中華民國訓政時期約法》則做出一個折衷。第一條條文既含糊、又明確，它說：「中華民國**領土**為各省及蒙古、西藏。」[19]但是各省的數目略而不提。到了一九三一年，青海被強迫納入國家，並賦予它省的地位。蒙古和西藏在此時已經獨立於民國之外將近二十年，但是蔣介石依然視之為中國領土。值得注意的是，台灣仍然沒受到考慮。國共內戰爆發之前頒布的最新憲法則根本不界定領土。一九四六年十二月二十五日通過的《中華民國憲法》，第四條只說：「中華民國領土，依其固有之疆域，非經國民大會之決議，不得變更之。」[20]

憲法條文上來回反覆顯示在這整段期間、乃至更後來的時間，要決定國家的疆界線應該確切畫在哪裡有相當的困難。有些根本問題必須先回答，最主要的是：中華民國表面上在一九一二年所繼承來的大清國的疆界線在哪裡？國民黨的現代派認為，基於他們透過與列強和專家接觸而獲得的邊界之觀點，這個問題答案很簡單。其實，現實哪有這麼簡單。

實際上，大清國建立了一個多族裔的聯盟，把五個不同「文字區域」——漢、滿、蒙、回、藏——通過不同的結構和根據不同的規則分別統治。這個方法在中文裡叫做「**羈縻**」——鬆散的管治——雖然清朝的管治方法會因處理的對象不同而異。[21]然而，孫逸仙等革命黨的使命是建立一個統一的民族國家，透過一套單一的結構和規則，從中央統治。我們從第五章知道，袁世凱是通過老式的帝國制度躍升權力高位，他熟悉的是傳統的治理技術、而非受過西式教育的民族主義者之新觀念。他的保守主義本能導致他傾向對國家有比較「模糊」的定義，而現代派在國家議題

---

* 譯注：通稱《曹錕憲法》。

上追求清晰，導致他們尋求比較精確的東西。但是他們愈是要求強大的地方統治者歸服中央而統一，軍閥就更加遠離中央，造成他們力圖統一的國家更加分裂。

大清帝國只有在遭到列強強迫的地方才正式畫訂其邊界：譬如一六八九年的《尼布楚條約》，在東北與俄羅斯畫清國界；一八九四年與英國簽訂條約，把西南部與緬甸的部分邊界畫訂清楚。[22]其他地方情勢就非常不清楚：帝國**疆域**的邊界線可以延伸到多遠？一七九六年乾隆皇帝退位時，清廷接受外邦十三個統治者朝貢，他們的領域比起新疆省更西邊，西藏之南的廓爾喀（Ghurkha）統治者也遣使朝貢，而他們都不在大清國統治之下。[23]那麼，大清**疆域**應該包括它們嗎？再從另一方面看，即使在大清國領域之內，朝廷透過地方統治者對地處偏遠、人口稀疏的地方實施控制，這些地方統治者本身的控制和忠誠度也未必絕對。譬如，東藏的康區（Kham）長期以來由自主的頭目統治，只在名義上服從拉薩的統治者，而透過拉薩的統治者，他們對北京皇帝的忠誠度更是僅有名義上的意義了。[24]雖然清朝官員派駐在幾個戰略要地，廣大的地區並沒有人監督。一七四五至四六年清廷發動軍事行動，想對康區實現中央管治，所費不貲、卻失敗。因此又恢復「羈縻」統治。

因此，我們應該看待清廷十九世紀試圖控制中亞的行動，不太像是要保衛「他們的」領土不受外夷掠奪，而是三大帝國——來自東方的大清、來自北方的俄羅斯和來自南方印度的英國——之間持續競逐領土和勢力範圍的作為，所謂「大博奕」（Great Game）的一環。整個十九世紀，以及二十世紀初期，三大帝國全都努力爭取數十個地方統治者、軍閥和各式各樣宗教的或俗世的領導者之支持，或是試圖主宰他們。我們可以從中文字「邊疆」意義的轉變，看到競爭趨於激烈的效應。住在澳洲的歷史學者詹姆斯．賴博德（James Leibold）告訴我們，在十八世紀和十九世紀初期，它被用來指稱兩個國家之間的中間地帶。可是到了十九世紀末期，在某些地區它被用以指稱界定清楚的邊界線。[25]

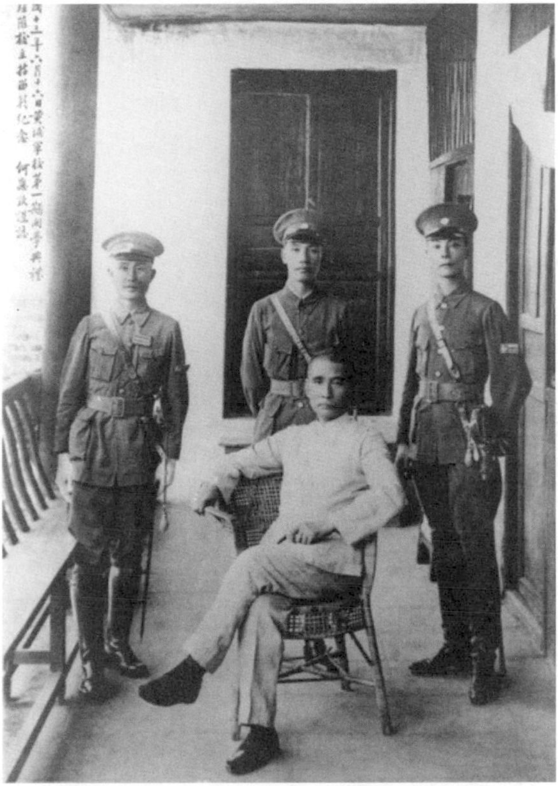

圖十七　孫逸仙（坐者）和剛被派為黃埔軍校校長的青年軍官蔣介石（站在孫背後）合影，時為一九二四年。

滿清朝廷是內陸亞洲統治傳統的繼承人，他們清楚怎麼玩這套遊戲。他們和內陸亞洲的其他民族有好幾個世代的關係。然而，新民國試圖依據西方主權和固定邊界的模式建立一個完全不同的政治秩序。它的領導人有必要找出

「邊疆問題」的解答。國家分崩離析之下，他們要怎麼「固定」國家領土？更重大的問題是，新國家如何使它的公民覺得彼此忠誠，以及有效忠心理？對於他們根本沒見過、幾乎肯定也絕對不會去，可是又被認定攸關國家存亡絕續的地方有效忠心理？這些任務被交付給新一代的代理人，也就是地理學者。

＊＊＊＊＊

被譽為中國現代地理學之父的竺可楨，出生在上海南方錢塘江口的紹興市郊區，是全家六個孩子中最小的一個。紹興是個以黃酒聞名的城市。錢塘江流域肥沃的土壤和富庶的市場照顧著竺可楨的家庭。竺家祖先世代務農、種植水稻，但是隨著沿海城市發達起來，都市人口大增，竺可楨的父親發覺賣米可比種稻更容易致富，遂改行經商。竺可楨是不到三歲，已是父母最疼愛的兒子。他的手足都被準備從事勞力工作，可是他卻被培養讀書上進。他被送到一百五十公里外的上海一所私立學校念書，後來更北上到天津，進入唐山礦業學院學習。[26]

竺可楨先是受惠於家鄉在地環境的自然優勢和沿海地區的經濟繁榮，後來又得到國際政治天外飛來的庇蔭。一九〇〇年義和團之亂敉平後，滿清政府被迫支付四億五千萬兩銀子賠款給出兵的各國。美國政府要求賠款二千五百萬兩，這個數字連它自己派駐北京的外交官也認為太多

——或許兩倍於美國公民和政府在動亂期間遭遇的實際損失。一九〇〇年代，狄奧多．羅斯福政府遭遇極大壓力，要求他採取行動緩和滿清政府沉重的債務負擔。到了一九〇九年，出現折衷方案：將超額賠款約一千一百萬兩銀子設立專款，做為培育中國學生的教育經費。當時的想法是，這樣做可以嘉惠中國學生和美國的大學，同時又把中國未來的菁英從赴日本留學、轉移到美國進修。[27]竺可楨是接受庚子賠款獎學金赴美留學的第一批、二十八名青年之一。

一九一〇年，竺可楨年方二十，抵達伊利諾大學唸農藝學系。但是他遠渡重洋到美國不是要成為更高明的農民。他希望成為科學家，因此在拿到學位後，進入哈佛大學攻讀氣象學博士。他在哈佛的指導教授羅伯．狄柯西．華德（Robert DeCourcy Ward）是美國第一位氣候學教授。然而，華德的觀點不限於氣候。一八九四年，他共同發起創立「移民限制同盟」（Immigration Restriction League），他的學術意見結合氣象學與優生學：他相信氣候決定文明。他聲稱，在地球溫帶地區的季節性中，「隱含著對居民的精力、野心、自力更生、勤奮、節儉的許許多多祕密——誰能說得出多少？」相形之下，在熱帶地區，氣候讓人容易疲倦，「沒有理由期待人們會向高等文明自願進展」。[28]按照華德的觀點，由溫帶地區的白種人開發全球熱帶地區——即使必要時借重奴隸的勞力——也是完全合理的。他對華人「苦力」勞工能在所有的情況下工作，印象特別深刻。竺可楨吸收了所有這些理論，取得博士學位，在一九一九年回到中國，成為武昌師範大學第一位地理學教授，次年再轉到南京東南師範大學任教。[29]

來到南京，他傾囊以授，把一身所學傳授給第二代的中國地理學者，這些人將投入一生事業協助打造新中國。套用歷史學者陳志紅（Zhihong Chen）對這一時期的研究來說，「華德的影響在竺可楨的著作中極為明顯」。[30]這位美國教授的環境決定論為當時盛行的漢人種族主義提供了新的「科學」基礎，並有助於對新興的地理學科訂定參數（parameters）。根據竺可楨的說法，中國的溫帶緯度庇佑了中國人，讓他們擁有中等膚色，以及不尋常的適應各種環境的能力。在他的推理中，

> 習慣熱帶氣候的人無法忍受溫帶地區的冬天……習慣溫帶氣候的人又不能忍受熱帶或冰天雪地的氣候……但是我們中國人最特別！不論多麼熱或多麼冷的環境，都有中國人的足跡……開鑿巴拿馬運河時，外國工人沒辦法幹活了，只有中國人還不眠不休的工作。這就是為什麼外國人說中國人是「黃禍」。這也是我們中國人未來的黎明曙光！

一九二〇年代竺可楨在南京的許多學生當中，有一位名作張其昀。在往後三十年間，張其昀成為追尋中國國家領土的代表人物。他將協助界定、宣傳、測量，並且建議政府如何保護領土，但最終卻不能不逃離。在學術和政治雙棲的過程，他將知識報效給國家爭取生存的鬥爭。在這個過程中，他把命運、以及政治主子的命運，押注在台灣上。[31]

一九二〇年，張其昀成為竺可楨破天荒開授地理學專業的學生。三年之後他畢業，立刻加入上海商務印書館工作。他有位同班同學的哥哥陳布雷已經是商務印書館知名的編輯。[32]陳布雷後來也在國民黨政治圈扮演重要角色。張其昀、陳布雷和竺可楨在學術、新聞和文宣圈結成一股勢力。三個人攜手把地理學帶進中國政治思維的核心，替國民黨的民族主義使命效勞。

接下來四年，張其昀專注精神撰寫出一九二〇年代末期及其後多年中國大多數學校所使用的地理學教科書。[33]從他的回憶錄看得出來，竺可楨對這本教科書內容發揮極大的影響。後來陳布雷出任全國發行量第三大的報紙《商報》編輯，他邀請張其昀就地理學議題撰寫評論文章。一九二七年，在竺可楨推薦下，張其昀獲南京中央大學聘為地理學講師。

接下來十年是所謂的「南京年代」，這段時期中華民國的政治和教育制度都出現重大變化。國民黨北伐軍在一九二七年三月占領南京和上海，十八個月之內，國民黨名義上控制了整個中國。蔣介石擔任主席的國民政府開始推動全國統一願景：這個願景有別於袁世凱的寬容差異，比較傾向孫逸仙追求同質的**中華民族**的思想。自從一九一二年以來，指導國家的「五族共和」意識型態被丟棄。一九二八年十二月二十九日，做為政策的表徵，民國誕生以來就採用、代表五族共和的五色旗國旗，正式更換為青天白日滿地紅的新旗幟。鮮紅的旗幟左上角是孫逸仙所鍾愛的**同盟會**會旗青天白日圖案。直到今天，它還是中華民國（台灣）的國旗。這股新的民族主義決定了國民政府看待邊境問題的方式，以及居住在邊境地區少數民族的境遇。

根據新政府的觀點，邊境必須「保留」以確保其居民成為民國的忠誠公民。雖然這應該是「民族自決」的時代——美國總統威爾遜在一九一八年提倡——國民黨毫無意願要讓西藏、新疆、蒙古和滿洲的居民有這種選擇。在他們眼裡，自決權保留給漢族對抗外國強敵，這可不僅是學術上的辯論，而是攸關生死存亡的鬥爭，因為其中一個強敵日本已經將「自決」論述用在帝國野心上。日本官員刻意突出昔日大清國內的族裔差異，主張這些群體有權自決，脫離漢人主導的民國。他們在一九三一年實質上兼併滿洲時，聲稱支持此一原則，而且還用來鼓勵蒙古和新疆脫離中國。

在這種情勢下，國民黨把研究歷史和地理當做武器。一九二八年，南京政府的宣傳部長戴季陶（他同時兼任廣州中山大學校長）主張在全國主要大學普設地理學系，認為它們可以在國防上扮演重要角色。第一所地理學系一九二九年在中央大學設立，張其昀早已經是該校教員。接下來八年，其他九所主要大學相繼設立地理學系。大部分教員都是竺可楨的學生。[34]這些系的畢業生都專心致志為國家及其邊界任務服務。中國歷史學者葛兆光形容這段時期的學術界是「**救亡壓倒啟蒙**」。許多在一九二〇年代研究各族裔差異和邊界糾紛史的專家，在一九三〇年代末期日本侵略囂張下，不是改變了他們的公開觀點，就是改為緘默不語。其中包括著名的地理學者、歷史學者和人類學者如柳詒徵、顧頡剛和費孝通等人。他們和其他學者選擇了「救亡」，捨棄「啟蒙」。[35]

直到一九二七年之前，學校教育是由地方菁英所控制，教學內容和品質參差不齊。即使在他們接管全國權力之前，國民黨領導人已經認識到教育將在建設新國家扮演重要角色。一九二八年一月，國民黨四中全會宣布，「教育的確是中國公民的生死大事」，必須在黨對「錯誤思想」（如共產主義）展開的作戰中扮演核心角色。*[36]幾個月之後的一九二八年五月，也就是國民黨的「國民政府」正式定都南京之後不久，國民黨召開「第一次全國教育會議」。大會決議要採取以孫逸仙三民主義為基礎的新課綱。不到幾個月，國民黨北伐軍開進北京，很快地就開始在全國各級學校推行新的全國「臨時課綱」。從一九二九年起，所有的學校都要灌輸學生強大的愛國精神，特別是透過歷史和地理的教學動員起來。[37]學生應該研究國內各不同地區，「以便培養國民精神」。

張其昀所寫的一系列教科書，就是對此愛國教育運動的主要貢獻。一九二八年，商務印書館出版一本《**本國地理**》，其中的主要訊息是儘管中國面積極大、十分多樣化，卻形成一個天然的單元。張其昀運用他的地理學訓練，根據環境和居民的生活方式把全國畫分為二十三個「天然」區域。然後，將它們做比較，他告訴學生們，譬如長江三角洲適合耕種、卻沒有礦產；山西

＊　譯注：二屆四中全會一九二八年二月二日至七日在南京舉行，通過《整理各地黨務案》，廢除聯俄容共政策，確立蔣介石為領導人、排除汪精衛系。

煤礦豐富，土質卻太乾、不適合農業；滿洲森林廣被、蒙古適合放牧等。他又告訴青年學子，這種多樣化正好證明國家需要統一，因為每個不同的部分都是一個完整整體當中，重要的其中一部分。[38]

可是，張其昀在教科書中所描繪的「整體」，卻是現實中不存在的領土。書中有許多地圖的背景空白，因此讀者看不到其餘的世界。簡單的黑線代表國家邊界線，可是邊界線圈圍起來的大片地區——譬如已經獨立的蒙古和西藏——實際上並不在政府控制之下。張其昀還是把它們描繪為民國天然的一部分。現實和地圖如何調和一致？這個問題則沒有解釋。有一點相當突出，以今天的政治局勢來看，張其昀畫出的地圖缺少很重要的一塊地區：這本教科書中的中國地圖沒有任何一張上面有台灣。這似乎透露在張其昀的觀念裡，中華民國的「天然」形狀就和大清帝國在一九一一年覆亡時一模一樣。蒙古包括在內，台灣不在其中。南海島礁也根本不見蹤影。

這些可不是無關緊要的想法，張其昀這本《**本國地理**》教科書有極大的影響。一九三〇年七月以前印了十版，一九三二年以後再印了七版，還榮獲當時三本全國最重要的教科書之一的美譽。[39]這絕不是唯一的例證。一九二〇年代和一九三〇年代期間，市面上有數十本地理教科書，全都忽略台灣，卻強調蒙古和西藏的重要性。張其昀本人在一九三三年與其他人共同撰寫的另一本教科書《**外國地理**》中，還把台灣人民描述成「被生母**中華民族**拋棄的孤兒，被後娘日本虐待。」[40]

張其昀和這些教科書的其他作者都是民族主義者，他們想要激勵年輕讀者對國家及其領土的效忠心理。他們面臨既是教育、也是深沉的政治的問題。譬如，他們要如何說服沿海省分大城市的小孩子，覺得與新疆的牧羊人有任何的關聯？或者甚至是，為什麼應該有關聯？人文地理學的目的主要是說明，不同的環境如何創造出不同文化的群體。然而，民族主義要求所有不同群體認同自己是同一個文化的成員，並且效忠同一個國家。民族主義的地理學家必須解決此一難題。他們發現有兩種主要方式可以解決難題。有一派教科書作者逕自認為，所有的中國公民都一樣：他們同是「黃種人」、屬於同一個民族，不需要進一步解釋。另一派作者承認不同群體的確存在，但卻因某個更大的事物團結起來。這一派人士有些採用「黃種人」的理論、有些人採用共同的華人文明理論，還有些人強調中國實體疆界是「天然」形成的。

這些教科書的作者認為，「邊境問題」的解決之道是「教化」其居民。

其中一位作者葛綏成受雇於同樣具有民族主義立場的商業競爭對手中華書局，他發現自己面臨和國民黨政府相同的兩難困局。兩者都需要強調所有族裔群體理論上的平等，但是同時又需要倡導他們要融入以「漢人」文化為基礎的單一的中華民族。[41]根據葛綏成的觀點，研究地理應該會使國家內不同的人喜愛他們的家鄉故里，同時也使他們情感上和廣大的國家領土聯繫起來。不過，由他編寫的教科書裡也說：「我們應該加緊促進蒙、回、藏人的融合，以免他們受帝國主義者誘惑，（我們也應該）將（漢人）移民實邊……」。[42]

一九二八年張其昀編寫的教科書也深具種族沙文主義的色彩。這本書發布給數以百萬計的年輕讀者一個訊息，那就是國家正從蠻夷向文明進展，因此少數民族所定居的荒野邊區亟需馴服與開發。書中有一張各族裔的表顯示他們如何向漢人「主體」融合。張其昀有一段話描述西南的苗族，寫道：「他們保持上古的風俗習慣，與漢人完全不相容。泯除他們的野蠻、改變他們的風俗習慣，是漢人的責任。」就張其昀而言，漢人提供「指標」，其他各族裔要依此衡量，以便判斷他們的文明水平，換言之，他們必須「漢化」。他跟竺可楨的看法相同，認為氣候是傳播文明的決定性因素。他在一九三三年的教科書裡提到，在西南的雲南省，土著住在又熱又濕的低地，而**漢人**住在涼爽的高原。反過來，在西北山區，漢人住在暖和的谷地，而本地人住在比較冷的高地。因此，很自然地，「住在溫帶地區」的**漢人**不受「退化」的環境影響，他們應該發揮對少數民族，也就是**土人**的影響。[43] 其他教科書也同樣強調孫逸仙的說法，由於漢人占全國人口的百分之九十，其他族裔融入漢人文化是很自然的一件事。[44]（見第五章）

這些論據可以追溯到二十多年前梁啟超提出的主張。（見第四章）梁啟超創造出持續性的故事：文明領域從搖籃黃河流域一直向外擴張。新一代地理學家嘗試寫出完結篇，論證一直擴散到民國的最偏遠邊陲。他們也向梁啟超借來某些河川與山脈構成中國的「天然」疆界的說法。這是葛綏成在他一九三三年編寫的教科書、以及另一位學者呂思勉（Lu Simian）（他在商務印書館和中華書局都工作過）所採用的主張。最詩情畫意的技術，就是把這個想像中的國家的形狀比擬為側面翻轉的秋海棠或桑葉的形狀。天津港成為這片樹葉的葉柄，有一條中央「血管」向西延伸，一直對稱地延伸到新疆的喀什市（Kashgar）*及其他地區。當然，只有將外蒙古和西藏納入、排除掉台灣，這種對稱才有意義。歷史學者高哲一（Robert Culp）和沙培德也找出其他地理教科書的許多例子，之間採用不同、有時候甚至相牴觸的論據和比喻，要說服學生接受中華民國假定的邊界之「天生自然」。[45]

這些教科書緊抓住一個主題：外國人的威脅蠶食鯨吞掉中國的邊陲。透過在課堂上講授上個世紀「失去」的國土，更加強化這個主題。老師們還可以使用一種特殊的中國式民族主義的繪圖——「國恥地圖」。商務印書館、中華書局和其他公司在一九一〇、二〇和三〇年代發行了數十種這類地圖，有時候收在教科書和地圖集裡，有時候則製成掛圖在教室和公共建築展示。它們一般都以鮮明的顏色標出在上個世紀「讓渡」給鄰國的土地。[46]製作這些地圖背後有明顯的政治目的，用來去除清朝的正當性——顯示無法「保衛國家」，因此賦予革命正當性，同時也刻意製造國家邊境羸弱的焦慮意識，以便促進人民對新民國的忠誠。這一招似乎對青年毛澤東產生作用。

---

* 譯注：喀什市（Kashgar）的漢語音譯為喀什噶爾，是中國最西端的城市，位於新疆維吾爾自治區西南部喀什地區、帕米爾高原和塔里木盆地交接處。是古代絲路北、中、南線的西端總交匯之處，歷來是中西交通樞紐和商品集散地，貿易非常發達。

他後來告訴美國記者艾德加・史諾（Edgar Snow），聽到國家屢次遭羞辱使他興起救國大志。[47]受到影響的並不僅只是毛澤東。這是對於國家領土神經兮兮的起源。

地理學家們採取民族主義者對「**領土**」的思想，並投射回到並沒有太多固定邊界的「**疆域**」時代。葛綏成一九三三年編寫的教科書中有一張國恥地圖，標示出中亞、西伯利亞和庫頁島（**Sakhalin**）一大片土地是被俄羅斯人搶走的「失土」。地圖或許把不同的地區標示為「領土」、「**朝貢國**」或「**藩屬**」，但是全都歸類為原本就是「中國的」。這些土地「失去」的時候，實際上可能已出現互爭狀態，並沒有對哪個帝國有清晰的效忠，但這種想法完全不被放進課本裡，而是只以「中國」被竊占的土地呈現出來。葛綏成呼籲閱讀教科書的青年學子，要盡全力收復所有這些失土。但這是否意味此一「失土」應該列入中國合法的疆域？國家在當時的形狀是否是天然成形？這些問題在教科書中隻字不提，當然更不會有答案。葛綏成等作者認為重要的是，必須鼓勵學生感受失去的意識，一種集體的「國恥」意識，因而發展出愛國精神。打從一開始，培養失土的焦慮感就是民族主義教育計畫的根本。

這種焦慮異常深刻，因為連地理學者在內，根本沒有人知道實際的邊界在哪裡。歷史學者戴安娜・拉里（Diana Lary）告訴我們，在西南部的廣西省，確切的邊界線幾乎與事實毫不相干。雖然一八九四年已經和法國在印度支那的殖民當局正式協議，但就中華民國官員而言，邊界就在山區裡某個地方：又高、又遠，不易到達。國家機關一般透過所謂的「**土司**」制度治理華南高地的少數民族，即由地方領導人對其族人的行動負全部責任。[48] 邊界云云，無關緊要。只要不給當局惹麻煩，一般來講，沒有人會特別去管涉。按照拉里的說法，「華人世界止步於邊區之前」。[49]（日後的情況卻有所改變，中、越士兵一九七九年在此一邊界地區兵戎相見，死傷枕藉。）

一九二八年，第一代地理學家竺可楨宣布，中國的繪圖技術落後歐洲同行約一個世紀。在這個時候，可以公開取得的地圖仍然是依據兩百年前、清朝初期的測量資料繪製。[50] 一九三〇年一月，政府頒布官方的《水陸地圖審查條例》，指示內政部、外交部、海軍、教育部和蒙藏委員會共同負責管理全國繪圖工作。然而，實際上毫無任何動靜。一直到一九三三年六月七日官方才召開「水陸地圖審查委員會」第一次會議（關於委員會詳情，見第八章）。[51]

鑒於政府遲遲沒有動作，少數學界及民間組織試圖填補這個真空。一九三〇年，影響力極大的上海《申報》資深員工討論組織一支探險隊到邊區考察，以慶祝創報六十週年社慶。他們邀請「中國全國地理測繪學會」兩位著名成員丁文江和翁文灝，以及一位繪圖師曾世英，領導這項任務。可是，在籌備會議上，大家發現沒有人知道真正的邊界在哪裡。丁文江在會議上發言：「如果我們想要組織一趟成功的中國邊界考察團，我們必須先有一份地圖……目前還沒有人畫出全國完整、又正確的地圖。在我們組織考察團之前，我們應該先著手繪製一份中國地圖。」週年慶計畫因此演變成為出版一份全國新地圖的計畫。其結果就是《申報》在一九三四年印製了《中華民國新地圖》。[52]

這份地圖印製精美，暢銷全國。由於政府並沒有相等的任何官定版地圖，一直到一九五〇年代，這份地圖成為全國的標準版本。[53]可是，所描繪的邊疆地區，在許多地方是虛構出來的。做為這時候中國標準地圖，西藏和外蒙古被畫成國家不可分割的一部分，台灣則不在中國版圖之內。圍繞著中華民國的整潔的黑色虛線，其實只是表達希望，並不是反映現實。一九二〇年代和一九三〇年代在這些邊區考察的美國學者歐文．拉鐵摩爾（Owen Lattimore）寫道：「在地圖上標示出來的線形邊界，到了現場一考察，經常證明是一塊區域、而不是一條直線。」[54]用另一位美國歷史學家米華健（James Millward）比較接近今天的說法來說，邊界是一個過程，並不是一個地方。[55]很大片地區還是有爭議或衝突。

一九二八年十二月，政府下令全國各省市要編修轄區新《方志》。方志是地方政府長久以來的工具，可以追溯到好幾個世紀以前，但是這種新版本是要根據現代地理學作法擬訂：在新近培訓的專家的幫助下、使用準確的地圖和統計數據製作而成，這次要特別專注政府控制力薄弱的「邊境」地區。[56]

注重方志契合張其昀的主張。他剛和友人共同創辦一份新的學術刊物《**地理雜誌**》，要在中等學校推動人文地理學。[57]一九二九年初，張其昀在《**地理雜誌**》上發表一篇文章，主張這種新世代的方志將有助於培養人們的「家鄉感情」。他認為這將是一種正面的發展，因為「家鄉感情乃是民族主義的基礎」。他在另一期《**地理雜誌**》呼籲中學地理課程要根據孫逸仙的民族主義為基礎。他變得愈來愈有影響力：他在一九二九年稍後發表的「中學地理課程芻議」經教育部採用，成為新課綱的基礎。這分芻議主要包含兩個部分：說明全國每個地方的天然環境和社會風俗，以便培養民族主義精神；以及說明國家所處的國際局勢。他認為，這會促成「愛國主義和救國心將會自動成長」。[58] 促進民族主義成為張其昀進行地理學活動的主要目的。

這些貢獻使得國民黨高層人士注意到張其昀的工作，一九三〇年十二月，國民黨中央執行委員會可能是在陳布雷的建議下，邀請他入黨。張其昀從前的主編陳布雷在一九二七年二月加入國民黨，很快就躍升為黨的主要文宣主管。[59] 張其昀婉謝邀請，但是一九三二年十一月一日，他成為國民政府新設立的「國防設計委員會」四十多名委員之一。[60] 政府鑒於日本在一九三一年九月侵略滿洲，而且新疆局勢日益不穩，乃成立此一機構，的主要目的是就軍事準備和經濟等戰略議題提供建言。張其昀在委員會中被賦予兩個任務，這也證明這個時期地理學者扮演雙重角色。起先他負責編纂國家的地理教科書，任務就是灌輸青年人對國家存亡的正確價值觀。在張其昀領導下，地理課程變得更清晰，強調保護中國領土完整的需求。[61] 然後，張其昀在一九三四年九月被派擔任地理學領導者，以兩年的時間考察陝西、甘肅、寧夏和青海四個西北邊省。[62]

這是具有戰略重要性的學術使命。西藏已經實質獨立，新疆又由軍閥統治，南京政府需要知道附近省分是否可能也想脫離中央。地理學家們亦肩負任務擬訂大西北經濟開發計畫，促使它與內地更密切結合。整件事理應低調進行，但是一九三四年十二月在甘肅考察時，張其昀展現出與其說是學者，更不如像是一位政治家。他發表演講闡述國防設計委員會的工作，強調大西北經濟開發對國家安全的重要性。他在演講中把自己的工作比擬為明朝大儒顧炎武；三百年前的顧炎武寫下《天下郡國利病書》，以協助保障西北邊省不受夷狄侵略。[63]這下子造成媒體大肆報導理應祕密進行的活動，使得張其昀本身陷入相當大的麻煩。

四個月之後，國防設計委員會改組為「全國資源委員會」，納入國民政府軍事委員會轄下，張其昀回到學界。不過，不久之後，國民黨的地理學界又幫助他復職。他的老朋友陳布雷此時已出任蔣介石的侍從室主任。[64]一九三六年四月，陳布雷說服蔣介石委派竺可楨擔任杭州浙江大學校長。竺可楨接任校長才一個星期，就聘請張其昀出任浙大史地學系系主任。[65]或許是為了表示知遇之恩，張其昀終於在一九三八年七月同意由陳布雷擔任介紹人，加入國民黨。接下來十年，他政學兩棲，一直保持在浙江大學的領導地位。[66]

同一時期，國家局勢愈來愈危急。日本已在一九三七年七月入侵「中國本部」，在這一年年底，日軍已經占領北平、上海和南京。隨著危機日增，蔣介石極力要求以史地做為工具，在全國青年群中散播國民黨的意識型態。一九三八年八月二十八日，蔣介石在漢口市中央訓練團第一期結業典禮發表講話（中央訓練團是個準軍事機關，旨在培訓文武官員。）他大意如此：

> 如果國人不知國家歷史光榮，怎能完全明白今天的恥辱？如果他們不熟悉國家地理，又

怎能有決心收復失土？從今天起，我們不能再走這條災難性的道路：我們必須絕對特別重視史地教育，激發公民的愛國精神以捍衛國家，啟動國人燦爛的新命運！

因此之故，大學、乃至中學的課程全都修訂，包括更多史地內容，「以刺激學生決心振興國民」。[67]

一九三九年十二月，日軍向華南及華東積極進軍，張其昀受邀和蔣介石見面，以討論浙江大學疏散到比較安全的地方。不過，兩人似乎並沒有真正碰面。直到一年多之後的一九四一年三月十五日，兩人才在重慶餐敘、陳布雷也在場。根據日記，他們討論了「史地教育……以及邊疆問題」。張其昀自此與委員長建立堅強的交情：兩人都是浙江人，而蔣介石在日記中形容張其昀「可愛」。就張其昀而言，會面的主要結果就是獲得五萬元補助，開辦一本新的學術刊物《思想與時代》。後來，張其昀成為蔣介石實際上的地緣政治顧問。一九四二年，他出版一本書討論「中國的國際發展」，以及另一本討論「東北問題」（指的是日本人占領滿洲）。一九四二年和一九四三年期間，他撰寫一系列「中國軍事史略」文章，闡釋地理環境對軍事勝利的重要性。[68]一九四三年六月，在竺可楨推薦下，張其昀以學術訪問團成員身分、接受美國國務院邀請、前往美國。他原本準備停留六個月，卻一直留到一九四五年秋天。他在美國發表的作品包括一篇「中國的氣候與人」，回溯到竺可楨數十年前原本的研究主題[69]，以及替紐約新成立的智

圖十八　國民黨領導人蔣介石一九五〇年代在台灣與地理學者張其昀合影。張其昀是第二代中國現代地理學者的要角之一。他在一九四九年說服蔣介石撤退到台灣。

庫「中國國際經濟研究中心」（Sino-International Economic Research Center）寫了一份小冊子，討論「中國的天然資源」。[70]他成為向美國官員說明中國地理的主要人物，同時也對國民黨政府未來政策提供建言。[71]

＊＊＊＊＊

日本人的侵略毫不意外迫使蔣介石更加注意地緣政治。一九三八年初期，日本開始占領北平和南京之間的地帶。三月二十五日，他們試圖搶占重要的交通樞紐台兒莊，它的地理位置差不多位於北平和南京之間的一半路。台兒莊戰役進行期間，正好是國民黨召開臨時全國代表大會期間。蔣介石召開臨時全代會，準備通過由他實際上軍事控制政府。四月一日，大會照案通過，並推舉他為黨的總裁。台兒莊戰火熾烈，漢口的臨時全代會也積極討論政府的對外政策和如何處理抗日戰爭。[72]從演講和決議文，我們看到蔣介石關於地緣政治的思想輪廓。蔣介石在「抗戰與本黨的未來」這一篇講話中主張，「我們必須使朝鮮和台灣恢復獨立和自由，使他們鞏固中華民國的國防，並且鞏固東亞的和平基地。」值得注意的是，他雖然提到台灣過去曾是中國領土的一部分，卻沒有主張將朝鮮或台灣再併入中國。[73]重要的是這兩個地區的戰略地位，以及未來可以做為中國邊疆的緩衝國家。

回顧起來，令人訝異的是，這個主張在當時水波不興、根本沒有發生爭議。中國共產黨更是長久以來就支持台灣獨立、而不是重新併入中國。一九二八年中共召開第六次全國代表大會時，承認台灣人是另一個國家的國民。一九三八年十一月，中共中央全會通過決議，「建立中國人民和朝鮮人、台灣人及其他人民的抗日統一戰線」，暗示在台灣人和中國人之間畫下區分。這個時候，在中國共產黨的觀念裡，台灣人是另一個民族。[74]這個觀點一直持續到一九四〇年代初期。周恩來一九四一年七月的文章，以及朱德發表在一九四一年十一月的文章，都形容未來解放後的台灣是另一個民族國家。即使共產黨在一九四一年十二月對日本宣戰，聲明還是把台灣人民和中國人分開列舉。[75]

台灣是另一個主體的這個觀點，至少直到一九四二年都是中國政壇的共識。有三件事似乎使得情況產生變化。第一、美國在一九四一年十二月參戰，擊敗日本開始有了可能。國民黨政府直到此時才正式對日本宣戰，並且片面廢除《馬關條約》。因此，蔣介石的思想才轉向戰後的地緣政治。第二、蔣介石開始透過促使日本控制地區（如台灣）發生動亂，設法轉移日本的作戰部署。[76] 第三、一小群逃避日本殖民統治、在大陸流亡的台灣人積極遊說國民黨把台灣當做中國的一部分。

一九二〇年代和一九三〇年代，數十個小型的台灣人流亡組織在中國大陸成立，但是要到抗戰開始之後才開始整合，以及取得政治影響力。這些抗日分子通曉日語，在情報和宣傳工作上發揮極大作用，也因而得以接近軍事領導人。他們當中有許多人在日本唸醫學院，學得最新的醫學方法，可以在大後方提供醫院服務。有位醫師翁俊明一九一二年還只是十九歲的學生，就已經加入孫逸仙領導的**同盟會**，在當時成為關鍵人物。一九四〇年九月，在翁俊明奔走遊說下，國民黨成立「台灣黨部籌備處」，由翁俊明主持。一九四一年二月，幾個小型台灣人團體組成同盟，創立「台灣革命同盟」，一九四二年六月得到國民黨的正式承認。[77]

這個時候，國民黨在討論台灣問題時出現激烈變化。一九四二年中期，開始使用「**光復**」這個深具民族主義色彩的字詞。「**光復**」這個字在唐朝（西元六一八年至九〇六年）用來描述重新取得早先被夷狄征服的地區之控制權。國民黨自比為唐朝，在抗日戰爭、以及國共兩黨敵意日深的黯淡時期，是一項很有用的宣傳工具。但是，有趣的是，國民黨覺得必須為**光復**辯護——這絕不是合乎邏輯的步驟。歷史學者史蒂夫·菲力浦（**Steve Phillips**）的研究顯示，他們採取了好幾種方法：訴諸種族團結（即台灣人具有漢人血統）、歷史先例（即台灣曾受清朝兩百年的統治）、《馬關條約》不具正當性，以及強調光復是台灣人所嚮往的。[78]

然而，從蔣介石的著作來看，他想要把台灣納入中華民國的想法，似乎主要受到地緣政治考慮所驅使。一九四二年十一月，他開始在若干文膽的協助下起草他的戰後宣言——有如一本書那麼長的篇幅——即《中國之命運》，這些文膽中最重要的一位就是陳布雷。[79]文章顯示出地理學家強大的影響。這時候，張其昀與蔣介石交好已經約兩年，也還沒出國。他要到一九四三年六月，這本書出版之後三個月才到美國。[80]《中國之命運》討論國家要形成「自給自足的單元」，「每個區域有自己特殊的土壤和天然資源」，「大致上依據實體狀況……分工」。明顯呼應張其昀早先編撰的教科書。這本書接著又討論國防問題。「如果一個地區遭到異族占領，整個民族、整個國家就失去自衛的天然屏障。因此，台灣、澎湖、東北四省、內外蒙古、新疆和西藏，都是保衛民族生存的據點。」[81]這裡頭顯示中國的沙文主義觀點：為了保衛「中國」，周圍的區域必須納入防衛範圍，並不問它們的族裔是什麼。

因此看來，台灣在一九四二年變得對蔣介石和國民黨都很重要，既是抵抗外國侵略的堡壘，也是證明堅決終結國恥的表徵。蔣介石也開始極力爭取其他地區「交還」給民國。他遊說印度民族主義者，想要爭取他們支持他對西藏的主權主張，也尋求英國提前交還香港的新界。[82]英國並不準備在這兩點上讓步，但是樂意見到日本歸還滿洲和台灣。蔣介石、邱吉爾和羅斯福三巨頭一九四三年十一月在開羅會議談妥妥協方案。台灣光復於此獲得安排。

接下來就到了一九四五年。九月九日，駐台日軍參謀長諫山春樹將軍飛往南京，正式投降。國民黨部隊旋即於十月二十五日抵達台灣。然而，台灣有許多人並不希望併入中國。有些人是因為日本人據台而受惠、有些人是反對國民黨的貪污腐敗、也有些人就是討厭外省人。使得問題更加複雜的是，蔣介石派任的台灣行政長官陳儀處理台灣民情不當，民間不滿的情緒日益上升。抗議行動終於在一九四七年二月二十八日爆發，政府出動武力鎮壓。到了三月底，至少五千名台灣人（另有一說是兩萬人）被陳儀指揮的外省人軍隊殺害。所有這一切破壞了支持台灣光復呼聲的民族主義統一宣示。

縱使如此，二二八事變之後不到兩年，台灣成為攸關國民黨存亡絕續的重大關鍵。共產黨在國共內戰中取得上風，蔣介石的思想轉到如何圖謀生存的問題。他的政府應該撤退到哪裡最好？他偏向選擇戰時首都重慶那一帶的大西南地區，或是海南島。一九四八年底，他請教他的地緣政治顧問張其昀有何看法。張其昀對中國區域地理的了解此時派上用場，他列出國民黨退守、徐圖反攻的基地之條件：需要一個易守難攻，又方便隨時進擊大陸的地方；要有肥沃土地供農業發展、而且大到足以供給數百萬軍民之需；又有建設良好的基本設施和工業基礎，而且又沒有支持中共的勢力。按照這位地理學家的意見，台灣是上上之選。[83]

張其昀的判斷對了。重慶和海南島相繼失守，但是台灣頂住了。台灣為什麼沒有落到中華人民共和國手中、維持住不同的政府，以及現在為什麼島內主張正式宣布獨立的聲音愈來愈大，竟是種因於此時浙江大學一位地理學教授的建議。張其昀本人在一九四九年五月，共產黨部隊即將攻打上海市之前，終於離開上海、前往台灣。他的老師竺可楨與國民黨不合，決定留在上海，生活在共產黨統治下。兩人此後再也不曾見面。在台灣，張其昀成為蔣介石改造過的中國國民黨重要人物。起先他負責行政管理與後勤支援任務，[84]後來先後擔任第一屆國民大會代表、國民黨中央委員會秘書長，以及教育部長。他最後在台北成立中國文化學院*，致力於使這個島嶼更加中國化——一種學術上的**光復**。

* * * * *

二〇一九年三月二十六日、星期二，對倫敦政經學院院長和同仁來講，是個值得驕傲的日子。譚納獎（Turner Prize）†得主、藝術家馬克．瓦林格（Mark Wallinger）的新雕像就在新近落成的學生中心前方揭幕。瓦林格這項作品取名「世界顛倒了」（The World Turned Upside Down），平鋪直敘描繪此一作品。這座雕塑是個約四公尺高的地球，北極在最底下，南極洲最

---

* 譯注：建校於一九六二年，至一九八〇年奉教育部核准，改制升格為中國文化大學。

† 譯注：這是英國每年一度頒發給視覺藝術傑出作品的一項大獎。

靠近天空。標題指的是英格蘭十七世紀的內戰，以及舊秩序整個翻轉過來。套用瓦林格的話，「這是一個我們從不同角度看到的世界。既熟悉、又陌生，而且在改變中。」瓦林格的作品經常觸及到民族主義。他在二〇〇一年威尼斯雙年展（Oxymoron）的作品，把英國國旗上的紅、白、藍三色換成愛爾蘭三色旗上的綠、白和橙色。倫敦政經學院院長米娜琪・夏妃可（Minouche Shafik）對採訪這座地球雕塑揭幕式的新聞記者說，這個作品反映學術界的使命，學術研究和教學「經常需要從不同、不熟悉的觀點看世界。」

但是，有一群學生並不預備從不同觀點看世界。雕像揭幕不到幾小時，幾個來自中華人民共和國的學生注意到，台灣的顏色是粉紅色，而中華人民共和國顏色為黃色，而且台北的標誌是代表一國首都的小紅方塊、不是代表一省省會的黑點。他們向院長提出抗議，要求修改作品。在他們的想法裡，藝術家的本意無關宏旨：台灣應該和大陸一樣都畫成黃色。倫敦政經學院碰上和Gap一樣的情境。來自中國的學生占倫敦政經學院整體學生的百分之十三[85]，因此中國學生若是集體抵制、後果不堪設想。與此同時，學校裡的台灣學生和他們的支持者也集合起來。他們指出台灣總統蔡英文是倫敦政經學院畢業生，當她當選時，校方曾經大肆宣揚這個事實。兩天之後，這件藝術品添了一個小牌子，它說：「倫敦政經學院致力於……確保我們社區中的每個人都得到平等的尊嚴和尊重。」[86]

校方為此召開一項危機處理會議，由夏妃可親自主持，出席者包括學校董事會、內部溝通室和信仰中心（Internal Communication Office and Faith Centre）的代表，以及兩名中國學生、一名台灣學生，還有對作品有關中東的描繪不滿意的一位以色列學生及一位巴勒斯坦學生。中國學生想要擴大討論範圍，聲稱他們對中、印邊界的描繪也不滿意。根據與會的台灣學生的說法，夏妃可這時候「掏出她的筆記本」。[87]瓦林格本人迴避在媒體上表示意見，只接受倫敦政經學院學生刊物《海狸》（*The Beaver*）的訪問。他在訪問中表示：「世界上有許多有爭議的地區，那是事實。」爭論持續了好幾個月，直到二〇一九年七月，倫敦政經學院和瓦林格做了小小讓步。他們在作品上「中華民國（台灣）」的名字邊上添加一個星號，並且在作品底下的標示注明：「有許多邊界存在爭議，作者已用星號標示出幾個地方存在爭議。」[88]但是台灣仍然保持和中國大陸不同的顏色：倫敦政經學院和藝術家都守住立場。他們沒有追隨Gap的先例道歉，雕塑繼續呈現政治現實狀況，而不是中國愛國分子在網路上或網路下所想像的「大中國」景象。

邊界和正式界定的領土是歐洲現代的發明，花了一個世紀的武力衝突才強加在亞洲菁英身上，迫使他們接受。新中國的民族主義源自於大清帝國的廢墟上，宣示盼望成為一個「正常國家」，和其他工業大國有平等的地位，都是國際制度中的一員。民族主義者在不自覺之下做出了選擇。透過選擇堅持中國對廣大的多族群領域具有主權，這個決定以新的漢人沙文主義為前提，人民共和國要把它的勢力延伸到最遠、最邊緣的地帶。這種作法實質上就是新的殖民主義：把「漢人」的統治擴張到它以前從未達到的地區。地理學者的地圖和測繪工作打前鋒，他們編寫的教科書和國恥地圖在核心地帶建構起支撐基礎。地理學者和國民黨合作，把想像的疆界打造為真實的界線，進而在現場、也在老百姓思想中創造出國家領土。他們藉由製造害怕失去、害怕受辱的心理做到這一點，而且這種心理直到今天仍然影響著中國政策。

中華民國一直要到一九四六年依據《中蘇友好條約》，蒙古人名義上行使自決權、舉行公民投票之後，才正式承認外蒙古獨立。中國和俄羅斯之間的邊界表面上是在一六八九年依據《尼布楚條約》就已經議定，但是一直要到二〇〇八年十月十四日，就阿穆爾河中一座小島的地位達成協議才正式畫定清楚。廣西省和越南之間的邊界雖然在一八九四年議定，一直要到二〇〇九年才正式明朗。西藏在一九五〇年被強迫併入中華人民共和國，使得中國第一次與印度實際接壤、面面相覷。在尼加拉大瀑布買T恤衫的中國遊客都曉得，在喜馬拉雅山區遲遲未能取得協議，很有可能引爆這兩個核武國家爆發全面戰爭。台灣未能統一，是個進行中的危機。此外，還有海域疆界的問題，那是下一章的主題。

第八章

爭奪南中國海的海權

ansha／暗沙

二〇一九年五月下旬，〈沙普拉—艾斯培蘭札號〉（Sapura Esperanza）鑽井船正在南中國海南部作業。鑽井船漂浮的水面底下約一百公尺的海床區域，經馬來西亞當局正式定界為SK320探勘區。海床下方三千公尺就是佩加加天然氣田（Pegaga gas field）。一旦這口編號F14的井開鑿並準備妥當，天然氣將以每天五億立方英尺的數量通過一條三十八英寸的輸送管，送到大約二百五十公里之外的民都魯市（Bintulu），它將發電供給砂撈越州（Sarawak）的人民和企業使用。

船隻飄浮在南海之中，還要管好三公里長的一條鑽探管是很危險的作業；工程師最不希望碰上的就是會讓人分心的事。但是五月這一天的大清早來了一個不速之客：中國海警船CCG 35111號。這艘船不是路經此處、要到一個友好的港口，CCG 35111號是來亂闖和騷擾。它以高速度圍繞著鑽井船，明顯的違反國際海事規定，阻礙支援船隻的通過。自從鑽井船開始鑽探以來約一個月，馬來西亞皇家海軍就預期會發生這種狀況。因此，巡邏船〈吉蘭丹號〉（KD Kelantan）已經駐守現場。當中國海警船被偵測到時，〈吉蘭丹號〉已經位於瓊台礁（Luconia Breakers）這個礁岩的東邊。瓊台礁是英文合稱為路康尼亞暗沙（Luconia Shoals）的一群礁岩的一部分，名字來自一八〇三年標出其地理位置的一艘英國船隻的名字。[1]馬來西亞則稱之為Beting Hempasan Bantin。〈吉蘭丹號〉小心翼翼駛過這片危險的淺灘地帶，把自己布置在中國海警船和鑽井船之間。中國海警船知趣，掉頭就走了。但是次日它又回來，第三天也再來。一連三天，雙方繞著珊瑚礁玩貓捉老鼠遊戲，然後中國海警船再退到一個安全距離。即使這樣，它並沒有完全退走，只是守在遠方注視鑽探作業。三天之後，中國海警船走了，換來另一艘中國海巡更大的船隻。

自從二〇一三年中期以來，路康尼亞暗沙附近一定至少有一艘中國海警船駐守。表面上，一般人一定大惑不解為什麼要派海警船駐守此地：這是地球表面非常不宜人居的一個地點。有時候，砂礫堆積，在其中一個礁岩上形成小砂丘，但是往往一場風雨，就把它沖得一乾二淨。歐洲領航員在他們的地圖上把這片海域標注為「危險地區」，儘量避免靠近。但是各國覬覦這片海域不是沒有道理：礁岩四周的魚隻豐饒，底下更是富藏天然氣和石油。這也是為什麼一九八二年幾乎全世界每一個國家都同意訂定規則，瓜分全世界的海底資源。《聯合國海洋法公約》（*The United Nations Convention on the Law of the Sea, UNCLOS*）分配給每個沿海國家一個「專屬經濟區」（Exclusive Economic Zone），從海岸往外推可遠達二百海里（大約四百公里）。《聯合國海洋法公約》的用意是要防止發生在路康尼亞暗沙的類似爭議。可是，中國海警船隻還是挺進到此地，離最接近本地、又沒有爭議的中國領土海南島足足有一千五百公里之遠。

中國主張路康尼亞暗沙是其國家領土的一部分，即使這個地區除了時有時無的沙洲之外，實際上並沒有領土可言。中國對於更往西南方一百二十公里處的曾母暗沙（James Shoal）的主權聲索更是超乎現實——它是以砂撈越的「白人土王」（White Rajahs）詹姆斯・布洛克（Sir James Brooke）的名字命名。這兒根本沒有土地，只有一片淺海，大約二十二公尺深。可是，曾母暗沙是中國官方宣布的最南端的領土。即使在今天，中國學校裡地理課還有一項典型的作業題目，要測量中國領土最遠的兩端——北起中、俄邊界，南迄距離婆羅洲（Borneo）海岸只有一百公里的海域——有多長的距離。老師沒有向學童解釋為什麼這片看不到土地的地區應該是屬於中國的領土。在中國，幾乎也沒人知道為什麼。針對這個問題最典型的回答是，它「自古以來」就是中國的領土。然而，真實的故事是，因為中國官員在一九三〇年代一連串的錯誤，它才成為中國對南中國海的領土聲索之一部分。在一九四六年以前，沒有一個中國政府想到對曾母暗沙和路康尼亞暗沙提出主權主張。

不僅是馬來西亞發現自己遭到不受歡迎的注意。中國也阻撓在其他海面下地貌鑽探石油和天然氣的作業。在越南東南海岸之外有一片淺海地帶，名為萬安灘（Vanguard Bank），這個名字源自一八四六年發現它的一艘雙桅帆船。[2]它也是石油和天然氣豐富的蘊藏區，而且自從一九九〇年代初期以來，越南和中國曾經多次在此地爆發海事衝突。菲律賓發現自己在海馬灘（Sea Horse Shoal）（此地得名是因為一七七六年由同名的船隻發現）附近一處地貌也碰上相同狀況。菲律賓在二〇一六年贏得國際仲裁法庭的裁定，清楚裁定它是這片地區所有海洋資源的合法主人。中國拒絕接受這項裁定。而且根據菲律賓總統羅德里戈・杜特蒂（Rodrigo Duterte）的說法，中國國家主席習近平威脅他，倘若菲律賓試圖開發附近已經探勘確定的天然氣，中國不惜發動戰爭。

中國從來沒有講清楚它對如此靠近其他國家海岸的海洋資源提出聲索主張，是依據什麼法律基礎。我們只知道這涉及到一九四八年首度出現在中國地圖上的一條線。最早，這條環繞南海大部分海域的「U型線」共有十一段。一九五三年，可能是因為與越南共產黨政府達成協議，東京灣（Gulf of Tonkin）的兩段線取消了，因此今天報紙標題都只知「九段線」。近年來，中國把九段線的地位抬高到近乎宗教的高度，把它印到護照上，而且還立法規定，在中國印製的所有地圖都必須印上它。北京領導人誓言保護南海每一吋領土，任何國家若試圖侵犯它，必定以武力對付。但是，這條線究竟是怎麼畫出來的？為什麼會畫成這個形狀？南海爭端最可悲的部分是，全世界可能目睹超級大國在此地區發生衝突，而原因竟然是二十世紀中期糟糕的翻譯和拙劣的繪圖所鑄下的後果。

＊＊＊＊＊

一九〇七年六月十一日[3]，劉師復匆匆忙忙在組裝炸彈。他在昨天夜裡忙著寫遺書給女朋友和一些女性親屬，睡晚了，因此今天早晨睡過了頭。現在，劉師復彎著腰坐在廣州一棟房屋三樓一張桌子前，調製會爆炸的水銀，將它倒入金屬筒中。這戶房子屬於一所小型私立學校所有，經由一位本地教員出面租借來供劉師復使用，它就在本地最高階官員兩廣總督的衙門旁。[4]然而，劉師復的目標不是總督，而是總督的訪客。

這位訪客被鎖定為暗殺目標，是因為在這一刻由他指揮的部隊，正在兩廣總督衙門以東約一百二十公里的惠州市外，即將撲滅一場起義。李準將軍成為革命黨恨之入骨的目標。上個月，李準的部隊才在黃崗敉平另一場起義。套用歷史學家路康樂（Edward Rhoads）的話來說，李準將軍「很快就成為（廣東）舉足輕重的軍事人物」。[5]他在每個月陰曆初一和十五都會到衙門向總督匯報。革命黨人掌握到這一訊息，準備下手幹掉他。

但是，在計畫能夠付諸行動之前，劉師復在三樓房裡匆匆調理的水銀卻爆炸了。安排租屋的教員，張孤山此時擔任警戒員，聞聲衝上三樓。他發現劉師復渾身是血、躺在床上，左手已經炸掉。劉師復還有意識，指示張孤山小心地把剩餘的炸彈藏到房裡的夜壺中，也把遺書藏好。等到當局趕到時，當天上午炸彈客活動的真正目的已經隱藏妥當。縱使如此，劉師復還是被逮捕，等到他的手腕截肢之後，就被送去坐牢。另一方面，李準將軍毫髮無損。又一場革命活動失敗，似乎失敗已經成了習慣。

但是，這一切在廣州展開之同時，一齣大戲也在西南方四百五十公里處悄悄揭開布幕。東沙島（Pratas）像一顆珍珠，座落在香港與台灣之間像一串項鍊的環形礁石上。它是一個近乎完美的無人島：最高點只高出海面幾公尺，沙灘上有少許棕櫚樹，潟湖隨著潮水漲退或滿或空；在淺水部份可以抓到烏龜和魚。然而，海流很危險，珊瑚很銳利。有時候，勇敢的漁民會來這兒休息、修補他們的魚網，但是島上並沒有沃土，也只有少許淡水。英國自然科學家卡斯伯特・柯林伍德（Cuthbert Collingwood）在一八六七年搭乘皇家海軍軍艦〈巨蟒號〉（HMS Serpent）來到這兒，他報導說：「中國漁民偶爾會來這兒」，也在島上發現一座破舊的小小木廟。[6]其他的訪客就是海鳥、數百萬隻的海鳥。這些鳥吸引了一位日本創業家注意到東沙島。

日本的工業勞動力需要廉價的米，而稻農需要肥料，東沙島被滿滿的肥料覆蓋住。島上覆蓋著好幾公尺厚的鳥糞，富含氮、磷酸鹽和鉀的石化鳥糞。一九一〇年，德國化學家費里茨・哈伯（Fritz Haber）*和卡爾・博許（Carl Bosch）完善其生產氨的催化技術之前，鳥糞是工業化世界中維持農地生長的主要成分。鳥糞買賣已經為太平洋各地數十個島嶼帶來了短暫的財富、卻造成永久性的環境破壞。而日本商人願意冒大險求取財富。因此一九〇七年中期，大阪商人西澤吉次（Nishizawa Yoshiji）來到東沙想發一筆洋財。他帶來一百多名工人，在島上建立起棚舍、辦公室和鐵軌，以便把鳥糞從鳥群撒放的地點運送到海邊。

隨著鳥糞運回到大阪，有關東沙島的故事很快就傳播開來。從一九〇七年九月初開始，西方報紙開始出現報導，擔心日本人正在島上興建海軍基地。美國人特別關心，因為東沙地理位置十分靠近他們才征服不久的殖民地菲律賓。因此當美國戰爭部長威廉・塔虎特（William H. Taft）在一九〇七年十二月經過上海時（他出席菲律賓第一屆國會就職典禮後，取道上海、要回

＊譯注：哈伯和博許製作化學肥料的方法使他榮獲一九一八年諾貝爾化學獎，人類從此擺脫只能靠天然肥料耕作，加速農業發展，糧食產量因此大幅增加。

美國），接到華府緊急電報，指示他向滿清政府探詢是否知道這件事。根據記載，清廷官員完全不知道這一回事，但是顯然堅稱東沙島「毫無爭議」、屬於大清帝國。[7]

可是，外國商人侵門踏戶盜取帝國鳥糞資源的事被擱置一年多，沒有處理。報章報導逐漸消失，當局的注意力也轉到其他更有急迫性的海上問題。在塔虎特部長訪問上海之前不久，香港英國當局決定對於在其殖民地附近海域日益猖獗的海盜問題要採取行動。隨著廣東全境秩序逐步崩潰，有時候很難分辨哪一批人是革命黨、哪一批人是盜匪，甚至也搞不清誰和官方有關係。殖民當局不敢相信廣東省政府，而香港商人要求當局要有所行動。因此，英國人偕同其他歐洲列強宣布，他們將派遣砲艦巡邏通往廣州的西江。

這一來又刺激老百姓產生激烈反應。一九〇七年十一月二十二日，一群學生組成「恢復國權社」，反對英方行動。「粵商自治會」聲援他們，兩廣總督也默示支持。危機在一九〇八年一月才獲得緩解，總督指派李準將軍為廣東水師提督，負起追剿海盜的責任。接下來，英國人決定撤走砲艦，民族主義者視之為重大勝利。李準當下成為英雄。次月，他領導的行動查獲日本貨船「辰丸」（Tatsu Maru）載了一批武器要運交給革命黨，他的聲望更高了。

然而，日本政府要求官方為扣押「辰丸」正式道歉，加上還要付賠款及懲處相關官員。這一來，在粵商自治會組織下，兩萬人在三月十八日走上廣州街頭抗議。儘管如此，清廷當局同意道歉，象徵性地對日本國旗敬禮，並釋放「辰丸」。但是他們拒絕交出被扣的軍火彈藥。他們付給日本政府兩萬一千四百日圓做為賠償。[8]兩天後，自治會把釋放「辰丸」那一天定為「國恥紀念日」。[9]它也宣布抵制日貨，不過，中央政府在日本外交官施壓下，禁止抵制日貨行動。危機逐漸消退，但是憤恨之情依然存在。

李準是這齣戲的主角，日本人希望他受到懲處。可是，清廷總督因為他是個幹練的指揮官，相當器重他，而英國人也看重他緝拿海盜甚力，因此李準安然在位。他在一九〇八年忙著在廣東和廣西鎮壓動亂，因此在香港和廣州都愈來愈有名氣。他很高興接受英文報紙的採訪，顯然也享受名氣遠播的滋味。〈辰丸〉事件過後不久，記者問到他對來自東沙島的報導有什麼看法。《新加坡自由新聞報》（*Singapore Free Press and Mercantile Advertiser*）報導：「被問到日本已經占領香港南方東沙島的消息是否屬實時，（李準）將軍答說，他正在調查。他對這個問題」並不想多談。」[10]事實上，幾乎時隔一年，他才發表意見。

一九〇〇年代，滿清政府勉強維持一支海軍。「自強運動」政策原本是要建立造船廠、培訓技術人員、建立現代海軍（這個政策還無心插柳，達成翻譯西方社會和政治理論、介紹給中國讀者的效果，見第三章），但是二十年下來的成果卻在一八九四至九五年的中日甲午戰爭中，船隻被擊沉或抓走。剩下的船艦噸位太小，只能在內河或沿海近岸巡邏。唯一一個還有能力讓船隻駛得更遠的機關是海關總稅務司署，雖然名義上是滿清政府的機關，卻是個混合的組織，主要由外國人經管。（我們在第一章已經讀到，這個機關也引進許多西方思想到中國社會。）

在沒有真正的海軍之下，海關總稅務司署挑起調查東沙島狀況的任務。清廷啟動調查可能是因為漁民抱怨被西澤吉次的工人驅趕、不得靠近東沙島。海關一艘快艇載著年輕的英國官員漢彌爾頓・富特—凱瑞（Hamilton Foote-Carey）於一九〇九年三月一日抵達東沙島。[11]短暫談話之後，快艇折返港口。但是兩個星期後，它又回來了，這次李準坐鎮其中一艘中國砲艇一道前來。他們大吃一驚，發現有一百多名工人在「太陽旗」下開採鳥糞。然而，西澤吉次不肯退讓。他堅稱是他發現這兒的鳥糞，既然沒有人占住小島，他聲稱這是他的財產。

這個消息在廣東傳開時，原本就高漲的反日情緒更加上升，群眾湧上街頭抗議。香港主要報紙《南華早報》冷冷地指出，「本地華人群情激昂」，「華南的中國人嚴肅看待這個問題」。三月十九日，《南華早報》報導，兩廣總督「認為基於和平為重，禁止中文新聞界進一步提及此一具有煽動性質的主題，是合宜的。」自治會及其他團體不顧官方禁令，又發動抵制日貨。鑒於出口受到壓力，日本政府同意協商東沙島的命運。如果清廷能夠證明他們擁有它，東京當局會承認清廷的主張。

這一來觸發了直到今天的翻箱倒櫃大蒐查：尋找證據證明南中國海各島礁屬於中國所有，成為民族主義煽動家和官員熱切的工作。有人採訪漁民，尋找航行的細節，但是李準則努力翻找檔案文獻。根據他在多年之後出版的自述，他說，這件事很不容易：「我們搜尋中國舊地圖、書籍和廣東省地方志，都找不到『東沙』這個名字。按察使王秉恩博覽群籍，他告訴我：『在乾隆時期（一七三五年至一七九六年），高涼鎮總兵陳倫炯寫了一本書，書名《海國聞見錄》，書中提到這個島的名字。』我們採用這本書和日本人談判交還東沙島。」換句話說，清廷能夠拿出來的唯一證據，是一本至少有一百年之久的書。然而，日方願意接受它，只要西澤吉次放棄作業能得到賠償就行。

接下來雙方花了五個月時間談判賠償金額。十月間，兩廣總督同意支付十六萬銀元給西澤吉次，換取他放棄開採鳥糞作業，以及日本承認滿清的主權。西澤吉次同意支付兩萬元賠償他毀掉的漁民在島上所蓋之寺廟。這一來，大家的面子都顧到了。兩廣總督希望接管開採鳥糞作業，收回成本，再把獲利交給公庫。可是，經濟開發的實務作業，其困難程度遠超過他的想像。幾乎一年之後的一九一〇年八月，廣東省當局試圖在東沙重啟開採鳥糞作業。可是他們缺乏必要的知識，竟然洽請西澤吉次的公司代為經營作業！[12]

當上述種種事態發展中，李準又聽到他以前不知道的另一塊海上地區——位於香港西南方、往印度支那方向的西沙群島（Paracel Islands）的故事。根據李準日後的敘述，他是接到資深海軍軍官林國祥的報告，才知道它們的存在。李準遊說總督撥經費准許派人赴西沙群島，以防止任何日本鳥糞工人進入當地。然而，李準的水師船艦沒有能力走得那麼遠，於是海關總稅務司署又被要求提供支援。一九〇九年三月底，海關船隻〈開辦號〉（Kaiban）運送三名總督衙門官員先到西沙群島探訪。當它在四月十五日回到香港時，據法國領事的說法，「它從這些無人島帶回二十多隻巨型大烏龜，引來本地人好奇圍觀」。[13] 對於這些罕見的動物興趣盎然，以及普遍的驚訝氣氛，證明中國官員和一般民眾在一九〇九年以前對南中國海的島礁實在所知不多。除了少數漁民，直到日本人出現之前，幾乎沒有人在意它們的存在。現在情況可就大大改變了。

這一次迷你成功之後，李準說服總督撥款第二次派人前往西沙群島。此行有兩大目的：這次要正式宣示對這些島礁具有主權，然後升旗激起民眾支持官員挺起骨脊、對抗外國人。這次出航將出動「廣東三艘小砲艇」（法國領事如此形容〈伏波艦〉、〈琛航艦〉和〈廣金艦〉（Kwongkum），載運一百零六人，包括李準本人、道台、省府財政官員，以及省府鹽務官員；總而言之，這是一個高階代表團。船上還有一位德國無線電工程師布勞恩（Herr Brauns），他的任務是把船隊進展詳情傳遞回到香港的媒體；另外還有一位記者，他是孫逸仙所屬興中會親革命黨的香港《中國日報》的記者。李準希望這次出航能夠搶登新聞頭版。報導沒有提的是，這次出航實際上還有第二個德國人在背後指導。他是香港禮和洋行（Carlowitz & Co）的副首長。歐洲人一般來講比本地官員更熟悉西沙群島，因為他們從本國來、或回國去，所乘船隻經常必須經過它們。他們重視的是這些島嶼對航行構成的威脅，倒不管它們是民族主義者爭議的重點。

由三艘船組成的船隊於一九〇九年五月十四日從廣州出發，在香港逗留到五月二十一日。然後它儘量貼近海岸開往海南島，在海口、薩瑪灣（Sama Bay）和榆林港小停，因為颱風又耽誤了時間。這時候，〈廣金艦〉必須折回海口。另兩艘船急駛前往西沙群島，在當地花了三天時間勘察。李準以西方列強熟悉的方式宣示中國對它們擁有主權：鳴砲、升旗、賦予島礁中文新名字。依據船名，有一個島取名伏波島，一個取名琛航島（Duncan Island）。還有一個島因島上有一口井，命名甘泉島（Roberts Island）。其他的就以高級官員之名命名。這種作法和幾乎一百年前英國人的作法一模一樣：當時英國人把西沙群島某些島礁以他們的船名取名（包括羚羊礁〔Antelope Reef〕和華光礁〔Discovery Reef〕）；還有些島礁則以東印度公司經理人的名氏取名，如晉卿島（Drummond Island）、琛航島（Duncan Island）、金銀島（Money Island）、珊瑚島（Pattle Island）和甘泉島（Roberts Island）等。

船隊在六月九日回到香港，這原本是讓李準和廣東當局大肆宣揚他們愛國表現的大好機會。不料，《南華早報》報導，參加這次遠航的官員「非常緘默」，不太想和記者談論此行經過。[14]他們似乎被所見到的情景嚇愣了。西沙群島並非他們想像的機會樂土，竟然又小又荒涼。到了六月底，對前景實在沒有太多展望，《南華早報》報導，廣東當局提議「把西沙群島可住人的部分做為流放犯人的地方，讓服刑人犯在趙述島（Tree Island）從事農務耕作和伐木。」[15]即使這個勉強提出來的構想也沒能引起人興趣。不久，總督*注被調到其他地方任職，於是人人忘掉這一回事。

* 譯注：兩廣總督張人駿在一九〇九年調任兩江總督兼南洋大臣。他的堂叔張佩綸也是清末名人，與李鴻藻、張之洞、陳寶琛等同為「清流」。張佩綸一八八四年主管福建海疆事務，輕忽軍情，在中法戰爭馬尾海戰中福建水師全軍覆沒，被朝廷罷官、充軍東北。他的第三任太太是李鴻章長女，著名作家張愛玲是他孫女。

然而，宣示西沙群島為中國領土的動作卻起了作用。它有助於提振廣東搖搖欲墜的政府，至少有好幾個星期可以提振老百姓反抗洋人的精神。為期三天的公關表演直到今天仍是中國對南中國海聲索領土主權的基礎。但是往後幾乎二十年，再也沒有任何一位中國官員踏上西沙群島。他們有許多更重要的事有待處理。同時，日本其他鳥糞商人又來到西沙群島，完全不理睬主權這件事。在一九一〇年代和一九二〇年代，「興南工業會社」）和其他商社挖走大量的肥料，大陸方面沒有任何人採取制止行動。

同時，李準將軍又回到他鎮壓叛亂的例行工作。根據愛德華．羅德斯的說法，到了一九一一年，「在革命黨人圈中，李準成為廣東最可恨的官員。他的部隊涉及到鎮壓一九〇七年以來每一次的起義。」他即將再次成為他們暗殺的目標。一九〇九年底，也就是李準前往西沙群島回來後不到幾個月，當年行刺未遂的凶手劉師復出獄了。劉師復的親戚是官員，運用關係把他弄回本籍省分坐監服刑；而今在服刑兩年之後獲釋。坐牢並沒有改造了他，劉師復的思想反而轉向無政府主義。出獄不久，他回到香港，參與組成一個新組織「支那暗殺團」。然而，在這個團體能夠發動第一次行動之前，一名孤鳥革命黨員*趁李準在廣州參觀飛機展演時，試圖狙殺他。由於槍手沒瞄準，一槍誤殺另一名官員——滿人廣州將軍孚琦。這一來，保安措施更加緊縮，使得劉師復等人更難接近李準。

但是，一九一一年八月十三日，劉師復等人總算能夠欺近李準的坐轎、投擲炸彈。幾名衛士被炸死，李準倖免，只斷了兩根肋骨。[16]他的傷勢已足以使他好幾個月無法工作。有一項報導說，他利用休養期間練習書法，寫字送給來探訪的親友，並且參加他兄弟的婚禮。[17]大革命爆發時，他仍在休假養病。武昌新軍在十月十日兵變，風潮散布到周圍地區，各省陸續宣布脫離大清帝國獨立。儘管政治局勢惡化，新任兩廣總督張鳴岐數次徵召他出面協助平亂、保衛政權，李準都不予理會。這是私人恩怨作祟。張鳴岐早先曾經罷掉李準指揮廣東省預備部隊的官職，現在李準不願出來協助他。另一個說法是，李準此時已經變成比較同情漢人民族主義，因此決定不再支持滿清政府。[18]

兩週之後，北京派人來遞補被殺的孚琦，這位將軍†才剛到廣州沒幾分鐘，就被無政府主義者劉師復指導製作的炸彈炸死。[19]廣州市開始陷入慌亂。深怕遭到亂黨攻擊、漢人種族主義者可能屠殺滿洲人、以及搶劫掠奪，店家紛紛關門，人們出城逃難。李準的反應是和過去四年試圖殺掉他的革命黨人談判投降事宜。他聯繫香港兩位著名華人領袖，他們和革命黨人有溝通管道。不到幾天，他就和孫逸仙的主要助手胡漢民通信，胡漢民剛從西貢回到香港。十一月七日，李準和胡漢民見面，達成協議：李準將安排廣州向革命黨投降，交換一家人之性命安全。十一月九日，

＊　譯注：同盟會會員溫生才。
†　譯注：荊州將軍鳳山奉調南下。

總督逃到安全的英屬香港。李準成為僅只一天的代理總督。他參加了移交給革命黨人的儀式，然後也躲到香港去。他過去花了近十年功夫鎮壓革命，而今卻奉上大戰績給革命黨。

這並不是李準事業的終結。他深諳生存之道，很快就設法讓自己對新政權能有所貢獻。諷刺的是，新的革命政府在一九一三年八月派他為廣東宣慰使。[20]一九一四年七月，他被派為福建省都督。次月，第一次世界大戰爆發，他成為他依舊擔任軍職要務。[21]然而，東沙島的鳥糞工人就沒有這麼幸運。一九〇九年正式取得東沙島主權後，廣東當局試圖重新開啟島上作業。可是，辛亥革命一爆發，島上的工人全被忘了。大陸當局沒有提供補給，他們全都活活餓死。[22]

* * * * *

印度支那的法國殖民當局困惑地觀察李準在西沙群島的聲索動作。當時，他們對西沙群島的興趣不大，但是這個態度即將轉變。越南朝廷在十八、十九世紀發放特許證給漁民，准許他們打撈在這些島礁沉船所遺留的大砲和值錢物品。但是在法國占領（首先是西貢在一八五九年遭法國占領，到一八八七年已經進逼到大清邊界）之後，這些打撈行為似乎已經告停。一直要到富有冒險精神的海洋生物學家阿曼德．柯仁普（Armand Krempf）想要增添自己乏善可陳的科學聲譽，展開研究珊瑚的形成，法國當局才變得有興趣。柯仁普和印度支那海洋研究所（Oceanographic

Institute of Indochina）其他研究人員在一九二五年首次前往西沙群島。過後不久，生意人聞到鳥糞的味道，少數工業家開始向法國殖民政府陳情，申請准予開發西沙群島。[23]一九二八年十二月，印度支那總督皮耶・巴斯克（Pierre Pasquier）致函巴黎的法國殖民地事務部長，建議兼併西沙群島。[24]巴黎卻不願意這麼做，深怕可能引起反彈，不利法國在中國的利益。

然而，柯仁普一九三一年前往西沙群島時帶了一名礦業工程師一起去。此君估計即使日本企業已經開挖，光是在甘泉島還剩的鳥糞就足以支應印度支那二十年所需。[25]大約就在同一時期，法國與英國政府都愈來愈關切日本對此一群島的軍事興趣，以及可能威脅到他們在東南亞的殖民地。這兩個動機顯然已足以讓巴黎當局克服它的保留態度，因此它在一九三二年十二月四日正式宣布對西沙群島擁有主權。中國政府足足拖了快八個月才有反應。一九三三年七月二十七日，中國駐巴黎大使館接奉訓令，正式駁斥法國的主張。他們的駁覆強調西沙群島是中國最南端的領土。

接下來，在一九三三年七月十四日的法國國慶日，法國政府宣布兼併南沙群島（Spratly Islands）六個島礁。這是在西沙群島更南方七百五十公里的另一組完全不同的島礁。中國方面出現抗議之聲，但是也相當混亂。從當時的報章報導和政府文件顯示，很顯然中國政府官員和一般民眾都搞不清南沙群島究竟在哪裡。一般都以為它們是同一個地貌——法國和中國業已有爭端的西沙群島。一九三三年七月十七日，中國外交部拍發到駐馬尼拉中國領事館的正式電報，內含一個問題：「這些島礁確切位置在哪裡？它們就是西沙群島嗎？」外交部也給海軍相同的電報，以今天中國堅稱「自古以來」就治理這些島嶼來看，海軍的反應就很令人驚訝。海軍部長陳紹寬告訴外交部說：「菲律賓和越南之間北緯十度、東經一百五十度位置，並沒有『九個島』。菲律賓和越南之間的九個島位於更北方。這些島是西沙，很接近瓊州島（Qiongzhou，即海南島）。」[26]有些人又提到另一組島嶼，七洲列島（Taya Islands），產生更大的混淆，它們實際位置在海南島東北邊，是在西沙群島之北三百公里。

美國的紀錄顯示，中國駐馬尼拉領事鄺光林在七月二十六日拜會當地的美國海岸及大地測量處（US Coast and Geodetic Survey office），大吃一驚發現南沙和西沙是不同的群島。這個消息立刻報回到國內，此時中國政府還陷於混亂、不知要如何處理。政府官員猶在研議之中，報上已經充滿抗議信、示威消息和不滿國民黨政府領導的官員之批評。中國新聞媒體和外國新聞媒體對這個問題的報導，兩者之間的差異極大。中國官員和新聞記者顯得一團混亂，《南華早報》和其他國際報紙則相當熟悉南中國海的地理。有好幾篇文章指出，西沙和南沙是不同的兩組群島，這種清晰度在中國的討論中則付之闕如。

大約這個時候，已經退休的李準又亮相，接受新聞記者專訪，他留下的混亂一直延續到今天。八月十五日，也就是法國宣告兼併的新聞傳出之後一個月，上海《申報》刊出一篇長文，提到李準一九〇九年前往東沙和西沙群島的經過。一星期之後的八月二十一日，《國聞週報》報導，李準「親自來到我們報社，向記者親述經過」。這篇報導提到所謂的李準最初之報告，大談他在西沙群島「發現十一個珊瑚島」。到了八月底，幾乎每一家中文報紙都刊登李準的說法。因此之故，幾乎每個中文報紙讀者都被告知，法國剛兼併的島嶼是西沙群島。

這時候，國民政府外交部已經收到馬尼拉和巴黎外館報回來的訊息，知道西沙和南沙是兩組不同的群島。很重要的一點是，它決定中國沒有根據主張對南沙擁有主權，因此不會反對法國的兼併行動。它只要求堅守西沙群島。這使得政府和廣大民眾的輿論扞格；由於李準和其他人士的攪局，民眾已經相信，中國在一九〇九年就兼併了南沙群島。中國現在對南海主權有兩套主張：政府的主張只及於西沙群島；以及憤怒的民眾雖然並不完全了解全貌，所持的主張已經到達南沙群島。這種混亂狀況一直到二十一世紀還有深刻的影響。

為了釐清此一混亂局面，政府命令一個早先已經冬眠的機構進行調查。「水陸地圖審查委員會」在一九三〇年已經成立，以便規範全國的繪圖和界定國家的邊界（見第七章），但是直到一九三三年六月，也就是法國宣布兼併南沙群島之前不久，都沒有真正召開會議。危機逐漸消退之後，委員會接奉指示要負責以後不再發生類似的誤解。

然而，委員會沒有能力自己進行勘察。因此它只做桌上演練：分析別人所製作的地圖，對於名稱和地理位置形成共識。根據委員會自己的紀錄，它檢查了六百三十份中國地圖和一百二十本國史書籍，以及數目不詳的外國地圖。談到南中國海時，委員會的結論很清楚，英國人的資料是最重要的參考，這一點有非常深遠的影響。一九三四年十二月二十一日，審查委員會召開第二十五次會議，同意了南海一百三十二個地貌的中文名字。它們全都是從英國地圖上的名字意譯或音譯。譬如，西沙群島的Antelope Reef就直譯為**羚羊礁**（Lingyang jiao），Money Island也直譯成為**金銀島**（Jinyin dao）。李準在一九〇九年為西沙群島取的名字未獲採用。南沙群島方面，North Danger Reef成為**北險礁**，又是從英文直譯。Spratly Island從英國船長理查・斯巴拉特里（Richard Spratly）得名，就音譯為**斯巴拉島**，另外Luconia Shoals也音譯為**路康尼亞暗沙**。

我們確實知道委員會這份島礁名單來自何處，因為它的幾個錯誤且出現在另一份文件中：英國水文局（UK Hydrographic Office）在一九〇六年出版的《中國海航行南指》（*China Sea Directory*）。英國這份清單是今天中國所使用的所有島礁名稱的原始出處。清單上有些名字其實源自中國，譬如南沙群島的渚碧礁（Subi Reef），也有些名字源自馬來文，譬如西沙群島的巴蘇奇島（**Passu Keah**，中文名盤石嶼），不過九成以上名字是由英國航海員擬定的。翻譯這些名字產生某些困難，留下的遺害直到今天還困擾著這一地區。

很明顯，委員會諸位委員搞不懂英文字「bank」和「shoal」的區別。這兩個字都指一塊淺海地區：前者是海床升起的部分，後者是來自古代英文的海洋名詞，意即「淺」（shallow）。可是，委員會決定把兩者都翻譯為中文「灘」，這個字可以含糊地譯為英文「sandbank」（沙洲），這種地貌可以在水面上、也可以在水面下。菲律賓外海的Sea Horse Shoal被取名為**海馬灘**；離婆羅洲海岸只有一百公里的James Shoal被取名為**曾母灘**，越南東南海岸外的Vanguard Bank被取名為**前衛灘**。**曾母**是英文「James」的譯音，seahorse的中文就是**海馬**，**前衛**是「vanguard」的翻譯，而「**灘**」是「bank」和「shoal」的錯誤翻譯。由於這些官僚作業錯誤的結果，這些水面下的地貌、還有其他一些地貌，在中國人的想像裡就變成島嶼。最後，這些錯誤成為八十五年之後，「沙普拉—艾斯培蘭札號」鑽油平台在曾母暗沙附近鑽探天然氣、卻遭到騷擾的原因。中國預備要為一個翻譯錯誤開戰。

一九三五年四月，審查委員會最後的大動作就是印製一份南海地圖，把所有的「新」名字列入。這份地圖的名字取得含含糊糊，《中國南海各島嶼圖》可以翻譯為「中國在南海的各島嶼之地圖」，也可以翻譯為「南中國海各島嶼之地圖」。並沒有證據顯示，即使在這個時點，委員會真正主張對南沙群島提出主權主張。地圖上並沒有標出國界線，也沒有標誌顯示委員會認為哪個地貌是中國的、哪個又不是中國的。委員們選擇用「**南沙**」這個名字指**Macclesfield Bank**，一個在大海中央、淹沒在水面下的地貌。官員們這麼做，顯然是這時候中國方面主張它是最南方的地貌。它成為**東沙**（Dongsha / East Sand / Pratas）、**西沙**（Xisha / West Sand / Paracels），和此時的**南沙**（Nansha / South Sand / Macclesfield Bank）這個三角形的第三點。至於**Spratlys**，此時委員會給它取的中文名字是**團沙**。這個名字可以含糊翻譯成為「沙洲地區」（area of sand）。在一九三五年，委員會或中國政府都沒有預備主張對今天命名為南沙群島（Spratlys）的地區享有主權。

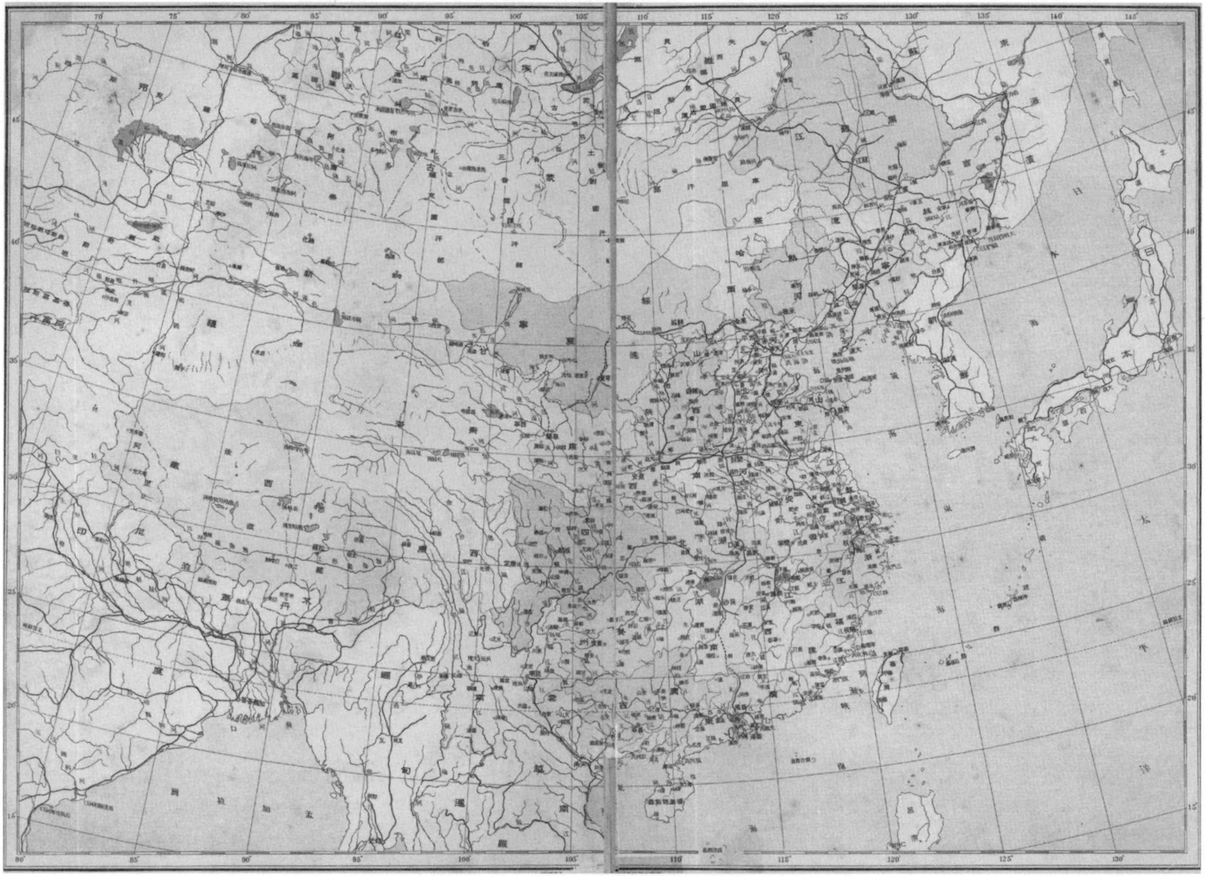

圖十九　一九三四年《申報》出版一本中國地圖集，教導全民認識中國。這本地圖集把外蒙古和西藏畫入國土疆界，根本不理它們此時已經宣布獨立；不過它並沒有把已經割讓給日本的台灣畫為中國領土。

＊＊＊＊＊

造成中國對距離其海岸數百公里之外、並不存在的島嶼提出主權主張的，是一個可能一輩子都沒出過海的滿洲人。白眉初一八七六年出生在今天河北省一個相當貧苦的家庭，此地大約在紫禁城東邊兩百公里。他在盧龍縣長大，早期生活一定充滿了動亂：先是一八七六至七九年的大飢荒，它最先激起李提摩太的基進基進良知；後來又是一八九四至九五年的中日甲午戰爭和一八九九至一九〇一年的義和團拳亂。白眉初屬於被培養要當傳統士大夫官僚的最後一個世代：他的家庭積攢了足夠的錢，讓他進私塾念書，十五歲那年他考上了秀才，這是舊式科舉考試的第一道關卡。可是在他能青雲再上之前，大清國已經日薄崦嵫，撤掉了傳統晉升的階梯。白眉初這一代士子陷入極端不確定的時代。借用安東尼奧・葛蘭姆西（Antonio Gramsci）的話，舊世界在他周圍一一凋零，但是新世界還未誕生。

白眉初被送到一所新成立的「現代」學堂——河北省永平府（現名盧龍縣）的敬勝書院，學校中、英文課程都教。他是最早經歷古籍中地理學傳統概念，和透過傳教士及條約口岸帶進來的新思想相互衝突的人之一。他在晚年的時候自述曾經鑽研《山海經》、《禹貢》和《尚書》，但是這些兩千年前的古籍無法指導白眉初應付發生在他四周的變化。他曾經預期要研讀它們，以便通過科舉考試任官，可是一九〇五年九月，朝廷廢止了科舉考試制度。同年，已經二十九歲的白

圖二十　白眉初是自學成功的地理學教授，他胡亂畫畫地圖卻造成今天中國對南海諸島提出主權聲索。白眉初所教的學生日後服務於中華民國政府，在第二次世界大戰之後建議應該對哪些領土提出主權主張。一九三六年白眉初出版的《中華建設新圖》地圖集出於民族主義的想像多過地理學上的事實。

眉初進入北洋師範學堂念書，這所學校旨在替新的、改造的教育制度培訓師資。

他在一九〇九年畢業，得到視同舉人的榮銜，這是舊科考制度的遺跡。他先到學校教書，然後執教天津女子師範學校，成為老師的老師。這所學校有個學生鄧穎超，是日後中國共產黨高級幹部，也是周恩來的太太。同時，他成為新科目地理學的先鋒。它還不是日後竺可楨和張其昀世代所界定的地理學（見第七章），只是舊思想和新民族主義的混合。一九〇九年，白眉初成為中國地學會的發起人之一。根據歷史學者韓子奇（Tze-ki Hon）的研究，地學會的會員們沒有任何人受過這個科目的專業訓練。他們從舊知識分子召募會員。這些人和白眉初一樣，都是原本期望參加科考、以便任官的人，但是現在卻掙扎著力求適應新環境。其中許多人委身找到較次的工作，於中學或女子學校擔任教員。[27]

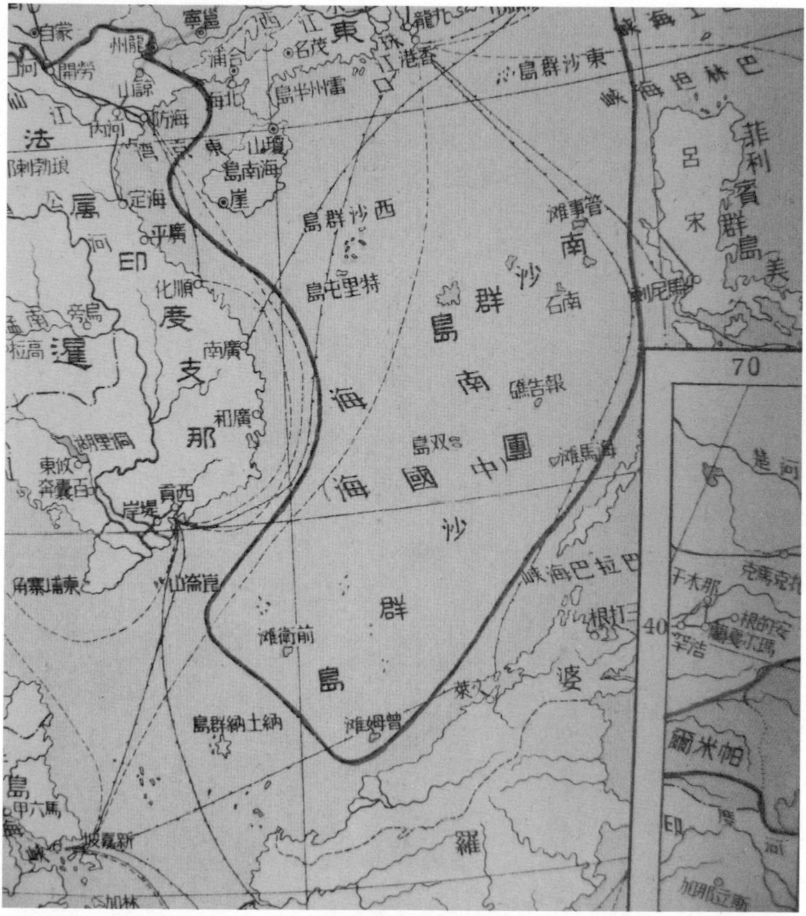

圖二十一　白眉初一九三六年出版的《中華建設新圖》地圖集中的一張地圖。靠近婆羅洲的曾母灘、靠近越南的前衛灘和靠近菲律賓的海馬灘都被他畫為海島，實際上它們是水面下的地貌。白眉初畫在南海中部和南部的島嶼，幾乎沒有一個實際存在，可是這張地圖以及白眉初所畫的粗紅線仍然是今天中國提出領土聲索的依據。

中國地學會的會員深受社會達爾文主義的影響。他們在會刊《地學雜誌》創刊號集體宣布，「（國家實力起伏）的原因在於每個群體的地理知識水平所致。因此，地理知識的水平直接影響到一個國家，並且可能對種族造成破壞。這的確是物競天擇自然法則的體現」。換句話說，任何一個群體的領土大小都會隨著其相對文明的發展而起落。根據地學會成員的觀點，中國過去相當先進，但是在西方進逼之下後退了。重獲實力的唯一方法是精熟地理學。白眉初本人在一九一三年說：「愛國是學習地理的最高優先，同時，強國是學習地理的目的。」[28]一九一七年八月，當局承認他的愛國精神可嘉，聘他到北京師範大學任教。

這些地理學者在辛亥革命之前和之後，都致力於為國家效命。他們也因此獲得相當大的財務支持。白眉初本人向新政府提出改革地方政府縣界和首都應設在哪裡的建議（他個人偏向以北京為首都、而不是以南京為首都）。白眉初和當時的許多知識分子一樣，碰上了一個大轉折點，那就是一九一九年凡爾賽和會的結果出爐。和會決定把德國先前在山東的租界移交給日本，激怒了中國學生和地學會。地學會會刊登出許多篇文章，譴責和會此一決定，也敦促政府制止日本在山東半島擴大勢力。白眉初的學生們還記得他熱烈主張維護國家權益。據說他的授課對天津女子師範學校學生產生極大影響。

大約在這個時候，白眉初提攜了年輕的李大釗，李大釗也是敬勝書院學生，後來在一九二一年成為中國共產黨創黨同志之一。一九一九年元旦，李大釗介紹白眉初認識另一個基進青年毛澤東，三個人花了很長時間討論國家領土的問題。雖然乍看之下應該不可能，可是老派學者白眉初和新派共產主義革命黨人李大釗卻維持堅定友情，直到李大釗於一九二七年被殺害。很有可能，白眉初對地理學和國家領土某些強勁的觀點，直接傳遞給了共產主義運動。[29]

一九二三年，地學會同樣強烈要求政府，在俄國人租借旅順和大連港的約期屆滿時，應該收回它們。白眉初終其一生都致力於收復國土的工作。從一九二八年至一九三〇年，他發表一篇長文，分期連載，討論與英國的片馬邊界爭議。位於雲南和緬甸邊境的這片土地雖然面積不大，白眉初卻認為極具象徵意義。他促請政府動用武力收復，才不會「向全世界曝露我國民意志之荏弱」。白眉初變得愈來愈好勇鬥狠。他不再認為領土安排是反映文明的起落，反而是掠奪國家向弱國侵奪陰謀的結果。保衛偏遠邊境變成極其重要，特別是民眾愈來愈知道這些偏遠地區礦物資源豐富。在他看來，中國人民必須起而捍衛國土。

但是，白眉初的風格愈來愈跟不上時代，特別是在新的、受過專業訓練的地理學者，如竺可楨、張其昀等人出現之後（見第七章）。這些新秀組成自己的學會，和老派的中國地學會不相干。一九二五年九月，白眉初發表一本四百萬字的巨作，討的區域地理，但是遭到新派地理學者批評為使用方法不科學。白眉初似乎仍然深受他早年在校所唸古籍的影響。他在一九二九年失去北京師範大學教職，轉到北京女子師範大學執教。一九三五年，他完全退出教學工作。在偶然的機會下，他看到孫逸仙賦閒時間所寫、而於一九二〇年出版的《建國方略》一書（見第五章）。

根據白眉初的自述，這本書啟發了他，讓他終其一生追求完成孫逸仙的使命：運用地理學知識促成國家重建。

一九三六年，白眉初給了全世界他永垂歷史的遺產：在南中國海畫出一條線。這條線出現在白眉初為了學校授課之用，所出版的新地圖集《中華建設新圖》之中。他把政府的地圖審查委員會協議出來的地名和邊界之某些新資訊納入；這些資訊是在前一年發布的。但是這本地圖集就和當時的地圖一個模樣，在許多地方是純屬虛構。環繞著中國是一道鮮紅色的國境線，把中國和鄰國清清楚楚分開來。這道國境線裡有蒙古、西藏和滿洲，以及幾個沒有在中華民國政府實際控制之下的其他一些地區。可是，在南中國海這一部分，虛構的成分達到高峰。

很明顯，白眉初非常不熟悉南中國海的地理，自己也沒有進行過勘察工作。他只是複製其他地圖，又添上數十個自己犯的錯誤——這些錯誤直到今天還在繼續造成麻煩。就和地圖審查委員會一樣，他完全搞不清英國及其他外國地圖對淺水地區的描繪。他從審查委員會一九三四年的地名表得到靈感，環繞著這些地貌畫了一道實線，把它們納進來，在他的地圖上視覺上它們是島嶼、而實際上它們在水面底下。他臆測在這片海域的中心有一整個島群存在，把它們標示為「南沙群島」。再往南，與菲律賓海岸平行的地方，他在地圖上畫了虛線，標示為「**東沙群島**」。然而，最極端的是，他把以下三個島用黑線圈起來、用粉紅色印出來：**海馬灘**、**曾母灘**和**前衛灘**。

因此，在白眉初的想像裡，以及地圖上的實際標示，水面下的「暗沙」和「灘」變成浮出水面的「沙洲」。然後他又加上自己的創新：他在蒙古、西藏和其他「中國」領土四周畫出的國境線，又環繞在南中國海，東邊直抵海馬灘、南端遠至曾母灘、最西南到達前衛灘。白眉初的意思很清楚：鮮紅色國界線標示出他對中國正當主權主張的「科學」了解。這是中國地圖上第一次出現這樣一道國界線。白眉初對中國在南中國海主權主張的觀點不是根據審查委員會對情勢的看法，也不是根據外交部的觀點。這是李準在一九三三年介入南沙群島危機所造成的混亂，加上一個沒有受過正式學術訓練、過氣的地理學老師充滿民族主義的想像，所產生的結果。這就是白眉初對孫逸仙建國使命的貢獻。

不過，白眉初的地圖並不是國家文件；它只是民間個人的作品——但的確相當有影響力。政府一直到第二次世界大戰期間還持續認為西沙群島是中國最南端的領土。一九四三年，中華民國國際宣傳處出版《戰時中華志》（*China Handbook 1937–43*），這是對全國地理、歷史、政治和經濟很完整的指南。首頁就說：「中華民國的領土北起薩彥嶺……南至西沙群島的土來塘島（戰後改名中建島）。」但是中國對海上領土的這個觀點在未來三年就起了巨大的變化。而這個改變是由白眉初過去的兩個學生所策畫。

一九二七年，白眉初擔任北京師範大學史地系系主任時，傅角今和鄭資約是他的學生。傅角今畢業後到德國萊比錫大學（University of Leipzig）繼續深造，一九三八年回國，被聘為上海復旦大學教授。另一方面，鄭資約前往日本筑波大學深造，然後出任西安的西北大學地理系主任。

一九三〇年代德國和日本學校裡教的地理學，充滿了堅實的意識，認為國家必須擴張領土。傅角今和鄭資約兩人在一九四六年雙雙從學界被延攬進入中華民國內政部方域司任職時，似乎就是擁護這種意識。傅角今擔任方域司司長，鄭資約為「地理科科長」。他們的任務是決定中國在二戰之後應該對哪些領土提出領土主張。[30]

鄭教授的第一項工作就是畫出一份《南海諸島位置圖》草圖，供政府各部會代表一九四六年九月二十五日開會之用。這項會議召開的目的就是決定中國應對哪些島嶼提出領土主張，但是鄭資約所畫的地圖可說是已經替他們的問題或多或少找到答案。他的「草圖」複製白眉初早先所畫出來的國界線：最東到海馬灘、最南到曾母灘、最西到前衛灘等想像中存在的島嶼。唯一的重大不同是，鄭資約畫的線不是實線，而是八段虛線。幾乎南中國海所有的島礁無不包括在內。鑒於這一發展，某些地名必須更動。「**南沙**」位於南中國海的中央位置，不再有道理，因此這個名字往南移，**斯巴拉島**的中文名字。中央部位更名為「**中沙**」——其實，這個位置根本沒有任何島嶼存在！這也是為什麼直到今天，中國政府還說南中國海有四組群島，其實真正只有三個群島實際存在。鄭資約所繪地圖的重要意義性在於這是中國政府製作的第一份文件，出現U型線環繞南海各島。之所以如此，是因為依據十年前白眉初所畫的地圖繪製。

這次會議之後幾個月，鄭資約陪同中華民國第一個海軍代表團前往南海各島。代表團能夠成行是因為美國和英國最近送給中國幾艘軍艦和提供訓練。新艦艇本意是協助國民政府和共產黨打內戰，卻被用來參加升旗活動以增強政府民族主義的正當性。一九四六年十二月十二日，鄭資約是有史以來第一個中國官方團體踏上太平島（Itu Aba）的成員之一；太平島是南沙群島中面積最大的一個島。官方以把他們載運到島上的軍艦〈太平艦〉之名，替它正式定了中文名字。而〈太平艦〉的前身是美國海軍軍艦〈德克號〉（USS Decker），除役後轉送給中華民國海軍。

但是，問題還未定案。前往南沙群島的海軍特遣艦隊指揮官林遵中校，於一九四七年二月將報告送到海軍總司令部。報告中，他對南沙群島屬於中國的主張提出異議。他指出，它們離海南島超過五百海里，離菲律賓只有兩百海浬，因此應該再仔細研究「收復」它們的可能性。政府內部的討論又進行了兩個月，直到內政部於四月十四日開會才拍板定案。它決定中華民國最南端的領土是曾母暗沙，而且中華民國應該對西沙群島和南沙群島都宣示擁有主權。但是這個決定來遲了，一九四七年版的《中國手冊》已經付梓。它宣稱：「最南端……國界仍有待解決……環沙群島（請注意，此處仍用舊名）的主權誰屬，中國、菲律賓和印度支那仍有爭議。」

事實上，政府內部的爭論還沒停止，林遵中校繼續主張南沙群島應該由中國和剛獨立的菲律賓瓜分。六月十日，政府又召開一次會議。根據台灣學者陳鴻瑜的說法：「內政部傅角今司長……表示，抗戰之前中國機關和學校關於南中國海諸島主權的出版物，應該作為收復領土問題的指南。」換句話說，政府將以一九三〇年代報紙上的假定主張為指南。這次會議一致認為，應當宣示整個南沙群島擁有主權，但是鑒於只有太平島已實質占領，因此主權聲索應該等到其他島嶼都實際訪視之後再提出。可是，政府一直都沒有訪視其他島嶼。不過，中國還是堅持其主權聲索。

為了提出主權聲索，有一項重要工作要做，就是要讓南海這些地貌的名字像中國名字。一九四七年十月，中華民國內政部發布島名新明細。一九三五年意譯或音譯得出的大部分名字，現在更換為聽起來更宏偉的新名字。譬如，**Spratly Island**的中文名字由**斯巴拉島**改為南威島，而**Scarborough Shoal**從音譯的**斯卡伯勒淺灘**（Si-ka-ba-luo）改為**民主礁***。**Vanguard Bank**的中文名字由**前衛灘**改為**萬安灘**。**Luconia Shoals**的名字由路康尼亞暗沙縮短為**南康暗沙**。這個作法遍及到整個島群，大大遮掩住大部分島名源自外文的痕跡。不過也有少數島名留了下來，譬如西沙群島的**Money Island**中文名字仍是**金銀島**，**Antelope Reef**還是叫做**羚羊礁**。直到今天，這兩個島礁的英文名字還是留下一位東印度公司經理和一艘船的名稱。

這個時候內政部似乎才意識到早先對「shoal」和「bank」翻譯所發生的問題。過去它用中文字「**灘**」來代表兩者，卻無意間製造出地緣政治的後果。一九四七年，它創造一個新名詞「**暗沙**」來替代。這個新名詞加到幾個水底地貌身上，包括曾母灘（James Shoal）改名為**曾母暗沙**。

一九四七年十二月，國防部測繪局印了官方正版的《南海諸島位置圖》，和鄭資約在一年半前所畫的「草圖」幾乎一模一樣。它包括十一段「U型線」，環繞起遠至曾母暗沙地區的許多島礁。一九四八年二月，這份地圖印在《中華民國行政區劃圖集》之內，U型線成為官方立場——

暗示線內每一地貌都是中國領土。

因此，一直要到一九四八年，中國政府機關才正式把它在南中國海的領土主張延伸到南沙群島，而最南端就是曾母暗沙。很顯然，從一九三三年七月到一九四七年四月這段期間，出現某些變化。在一九三三年，中華民國政府還不曉得有南沙群島的存在。到了一九四七年，它卻可以再次「重申」中國最南端的領土是曾母暗沙。這段期間發生的狀況似乎是，在一九三〇年代和第二次世界大戰的混亂中，官員們腦子裡對於一九三〇年代實際發生的事形成新的記憶。官員和地理學家們似乎把一九三二年真正發生的，中華民國政府抗議法國在西沙群島的活動這件事，和一九三三年並未發生的抗議法國在南沙群島的活動這另一件事，混為一談。李準將軍跳出來講話，堅稱法國在一九三三年兼併的島礁毫無疑問屬於中國所有，也增添了混亂。危機中對不同群島搞不清楚而引起的想像之主權主張，竟然變成了真正的領土主權聲索。

＊＊＊＊＊

東沙島現在是個生態保護區，原本開挖鳥糞的喧鬧情景已經變成一片平靜。島上已經重新植

＊ 譯注：後來中華人民共和國又在一九八三年將它改名為黃岩島。

樹，也正在進行準備工作，預備迎接觀光客來「東沙島國家公園」遊玩。和一個世紀以前交通不便大不相同，現在已有定期船班可以到達東沙島。雖然觀光客必須取得准許才能買船票，也必須切結不會透露島上防衛設施消息，但是在南台灣的高雄港每星期四有一班船開到東沙島。東沙島上的生活可能很平靜，但還是大國對峙的前線。東沙島現在由台灣掌控，但是在北京領導人看來，仍是有朝一日必須由中華人民共和國控制的另一塊中國領土。台灣領導人大力宣傳他們對東沙的「文明化」成果，這裡不再由海軍陸戰隊派兵駐守，而是由海巡署負責防務。不過這是一支特種海巡部隊，配備臼砲和機關槍抵禦可能的入侵者。

若是搭飛機飛越這個巨大島礁上空，乘客可以看到底下有幾艘小船：盜捕魚的漁民經常和海巡人員玩貓捉老鼠遊戲。或許他們曾經聽過過去的傳聞：「想要發財，就到東沙。」今天，對台灣海巡人員而言，這是很微妙的遊戲。他們是要嚴格執行保育規定、冒著起衝突的風險，還是睜一隻眼、閉一隻眼呢？一九〇九年，東沙島是中國新升起的領土野心之前線，是南海糾紛真正開始的地方。堅決控制住這個區域，是在列強予取予求半個多世紀之後，中國第一次成功的把列強反擊回去。今天，這裡又成為前線。

東沙島的西側形狀像一隻鱷魚頭部。飛機跑道幾乎占了整個「上顎」，把一個淺潟湖半圍攏起來，裡頭有許多烏龜和海鳥棲息。「頭骨」的部位是個可避颱風的村落。塗上迷彩漆的塔樓從樹林中冒出來，另外散布著海巡部隊和遊客的住宿區。有個新成立的研究中心在此接待來自世界各地的海洋生物學家，最近還新設一個郵局，藉以展示國家機關確實有行政管轄行為。遊客可以從一隻笑咪咪的塑膠鯊魚所保護的郵筒把明信片寄回家。不遠之處有一個新的科學展示亭，說明珊瑚礁的天然史和它豐富的海洋生命。俯瞰著操場有一尊金黃色的蔣介石雕像，在他背後有一個像是小孩子的沙堡放大的小型陳列館。

實際上，這個陳列館握有解決南海爭端的鑰匙。它雖宣示中國對這些島礁擁有主權，實際上它卻展現民族主義的繪圖和實際行政管轄的差異。白眉初雖然在一九三六年繞著幾個不存在的島礁畫了一道紅線，宣稱它們是中國的領土，但是從來沒有中國官員來到這些地方。陳列館牆上的地圖和文獻訴說著中華民國海軍特遣隊一九四六年十二月到達太平島的故事，以及它在一九五六年與一些菲律賓冒險家的對抗，但是沒有任何其他證據，陳列館顯示出中國從來沒有占領或控制所有的島礁。在西沙群島，它曾經占領過一個或少數幾個島礁，然後在一九七四年，中華人民共和國部隊入侵，趕走越南守軍。在南沙群島，中華民國只占領了一、兩個島礁。中華人民共和國在一九八八年掌控了六個島礁，一九九四年再奪下另一個島礁。

同時，南海周邊其他國家，包括越南、菲律賓和馬來西亞也占領其他地貌。實際在這些群島上生活的真實歷史，顯示出任何一個國家的主權主張其實都只有部分有根據。目前一團混亂競相占領，除了少許例外，其實就是一直以來由他們占有。了解這一點，就有可能打開解決南海糾紛的途徑。檢查占領的歷史證據之後，各個敵對的聲索國應該可以了解，他們沒有理由主張對所有

圖二十二　中華民國海軍代表團於一九四六年十月二十三日在南京登上前身是美國海軍軍艦〈德克號〉的中華民國軍艦〈太平艦〉，預備出發前往南沙群島。一九四六年十二月十四日，中華民國海軍在太平島升起國旗並合影。前排左四為內政部代表鄭資約，左五為支隊指揮官林遵。鄭資約是內政部顧問，將白眉初有關中國應對南海提出主權聲索的主意，首度帶進政府。

的島礁擁有主權。他們應該承認，其他國家對某些地貌也有堅實的權利主張，因此應該同意大家協商妥協。法律界有一句話說：「當你擁有，你可能就繼續擁有。」何苦這樣糾纏不已呢？到頭來，這是因為這些領土聲索一直在散發情感力量。而這些情緒是一九〇九年首度在廣州掀起。

圖二十三　蔣介石這尊雕像屹立在東沙島上。東沙島是大清國對南海諸島第一個提出主權主張的小島。蔣介石雕像背後的建築物握有可以解決南海領土爭議的線索。(編注：此銅像已在2020年由駐紮於此的台灣海巡署撤除。)

結論

中華民族偉大復興中國夢

Zhongguo Meng／中國夢

對於一個要什麼有什麼、什麼都不缺的共產黨總書記，要送什麼禮物給他呢？這就是德國總理梅克爾（Angela Merkel）二〇一四年三月下旬在柏林接待習近平時遇到的問題。為了解決這個問題，她的幕僚挑選擇了一件不尋常的禮物：一七五〇年在德國印製的一張地圖。這份地圖是法國繪圖師讓・巴蒂斯提・布爾吉尼翁・丹維爾（Jean-Baptiste Bourguignon d'Anville）為一七三五年在巴黎出版的一本地圖集所繪製的一張地圖之副本。地圖集本身是一七一八年為清朝康熙皇帝準備的地圖集的副本。而康熙皇帝這本地圖集絕對是原創正品，它是清朝官員在法國國王派來的耶穌會傳教士科學家指導下，經歷十年不尋常的勘測工作後才得到的成果——這也是為什麼地圖集會在十七年後於巴黎製作副本的緣由。布爾吉尼翁・丹維爾地圖的原始副本在國際拍賣行中以高價出售：每張數千美元。一七五〇年的德國翻版價值較低。梅克爾辦公室大概花了五百美元左右買了一張，再出錢裝框裱幀。[1]至於康熙皇帝的原始地圖則是無價之寶。

康熙皇帝這份地圖集取名《皇輿廣覽圖》。清廷認為沒有必要確切說明畫的是哪一個國家，因為這個國家沒有名字：講它是「皇輿」就夠了。只有法文翻譯才需要繪圖師加注國名。《皇輿廣覽圖》地圖集包括大清帝國每一個省的詳細地圖，以及另一張總覽圖，顯示整個疆域及其周圍地區：西起裏海（Caspian Sea）、東抵庫頁島（Sakhalin）。不過，梅克爾幕僚挑選送給習近平的地圖並不是這張總覽圖。他們送給客人的是另一張地圖，以拉丁文*Regni Sinae*（中國王國）標記。

總理辦公室贈禮照片顯示，興高采烈的梅克爾指指點點地圖的一些細節，而表情嚴肅的習近平則站得遠遠地看著它。他不太可能因為德方選擇比較便宜的德國複製版地圖，或是地圖描繪的內容，感到不高興。他很有可能是對地圖上沒有顯示出來的內容惱火。因為這張「中國帝國」地圖的副標題為「中國本部」，僅包括明朝的各個省分。因此排除了清朝取得的其他大部分領土：滿洲、蒙古、西藏和新疆。更糟的是，台灣用另外一個顏色標示。

中國代表團不知道該如何反應。禮儀上他們必須適當的表示謝意，但是這份禮物在國內並不能慶祝。這只是德國政府無知的善意姿態，還是故意的冒犯？中國官方媒體的編輯進退維谷，然後以一黨專制國家的傳統方式解決這個問題：他們乾脆就偽造新聞。他們報導德方贈送地圖，然後狸貓換太子，用一張完全不同的地圖之照片替換了梅克爾真正送給習近平的地圖之照片，報導中出現的地圖顯示中國有更大片的領土。這張地圖實際上是在一個多世紀後的一八四四年由英國地圖繪製師約翰．道爾（John Dower）繪製的，把清朝在十八世紀征服的西藏和新疆納入帝國的疆域。[2]實際上，這張地圖顯示的疆域比起中華人民共和國目前的疆域還大了許多。對於中國媒體來說，這種不準確根本不是問題。甚至著名的中國人民大學國際事務研究所所長王義桅教授也照樣接受。他在耶魯網站上寫了一篇文章，闡述梅克爾對德俄關係的重視，並且送給習近平一張顯示俄羅斯領土仍在中國境內的地圖。[3]

表面上看起來，這似乎只是一個有趣的故事，但是也展現出潛伏在當代中國政治表面之下的焦慮和偏執。如果習近平送給梅克爾一張十八世紀的普魯士地圖，排除掉今天德國西部大部分地區，這件禮物會被視為一個有趣的古董。可是，中華人民共和國的自我意識非常脆弱，無法承認國家的形狀在三百年前可能與今不同。不允許就領土完整此一國家「核心利益」進行辯論，結果就是荒謬地否認了支持不同敘事的任何歷史證據。唯一可以接受的歷史版本，是合乎共產黨現任領導人需要所製造出來的版本。

共產黨依賴這些發明出來的敘事。當它在二十世紀末期從毛澤東思想的必須共產主義撤退時，尋求新方法來培養公民的忠誠。中國共產黨統治權利的一個重要基礎，變成「績效表現的合法性」：必須向國內大多數人民提供更高的生活水平。然而，無產階級也罷、資產階級也罷，都不能只靠麵包為生，黨也要尋求一種新的指導思想來充實他們的靈魂，領導他們朝正確的方向前進。人民的新鴉片就是民族主義——不是鼓勵暴民走上街頭的那種民族主義，而是由上級領導定義的官方版民族主義，強調同質性和服從。

英國社會學家安東尼·史密斯（Anthony D.Smith）很久以前說過，民族認同建立在歷史神話的基礎上。神話具有社會目的：它們將信者與不信者區來分開。神話有多麼荒謬並不重要，相信它會使某人成為圈內人，並賦予他們一種有別於圈外人的認同意識。很可能遙遠的過去發生了某種基因突變，使得人類的大腦能夠相信荒謬的神話，從而無意間賦予他們進化上的優勢。能夠增強群體認同意識和凝聚力的基因突變，可能會給此一群體的成員提供比在曠野孤零零的異議者更大的生存機會。[4]正如史賓塞肯定會承認的那樣，天演選擇應該使得相信神話的突變比起異議者的DNA更容易遺傳給後代。

對於一個尋求十多億人口的政治服從，將之視為最高優先的列寧主義國家來說，官方版的民族主義已經證明是一個非常有用的工具。中國共產黨重新利用由梁啟超、孫逸仙等人於一八九〇年代展開的民族主義計畫。當時一群為數不多的人，主要是在一個不確定的新世界中漂泊的年輕人，花了數十年的時間發展新的民族神話，對往後好幾個世代產生激勵作用。這些神話界定了什麼人列入中華民族，什麼人則排除。像世界各地的民族主義者一樣，梁啟超、孫逸仙和本書中的其他人物都堅持在新國家內部「縮小」差異，以便強調與外界人群的差異。

一九三〇年代，國民黨透過報紙、學校教室和掌控公眾辯論，能夠對新共和的公民灌輸一套新的集體記憶。總的來說，這些並不完全是發明出來的東西。我們在本書已經看到，他們透過動員許多先前存在的信仰，讓它們為民族主義事業服務，使它們產生情感力量。有關種族、歷史、民族、語言和領土的新觀念以更新、修訂舊事實使其更加「科學」的形式呈現。這些想法為國家提供了集體進步的機會，也為團體成員提供了個人更新的機會：誰不想加入？

因此，當中國共產黨在一九八九年天安門廣場的抗議活動，以及隨後的大屠殺之後遭逢一場近乎災難性的合法性危機時，轉向民族主義以使中國社會重新擁護其領導人，也就不足為奇。「愛國主義教育運動」是在一九九一年八月、即天安門事件兩年後首次提出的。三年後發布的

《愛國主義教育實施綱要》宣布：「開展愛國主義教育的目的是要振奮民族精神、增強民族凝聚力、樹立民族自尊心和自豪感、鞏固和發展最廣泛的愛國統一戰線，把人民群眾的愛國熱情引導和凝聚到建設有中國特色的社會主義偉大事業上來。」[5]套用分析該運動的學者汪錚的話來說，這「代表了北京的身分認同政治的重大轉變」，主要是將中國呈現為常年的受害者，而西方則是常年的侵略者。[6]新課程淡化中國內戰的歷史以及共產黨與國民黨在二十世紀的衝突（藉此發出跨越政治鴻溝、強調民族團結的新訊息），轉而強調其他分歧，特別是凸出「中國」與西方列強之間早年的衝突。

愛國主義教育運動的指導者抄襲早期民族主義者的一些技巧，灌輸新的集體記憶，並且運用一黨專制國家的力量來強化它們。他們利用報紙、教科書和公共話語來設定對於過去可以說和不能說的內容之範圍。他們還動員電視、電影和網路媒體來推動，並且利用黨紀和法律力量來確保人民遵守規定。有一個例子最為明顯。二〇〇六年，共產主義青年團的週刊雜誌《冰點》刊登一篇批評官方歷史新變化的文章，被停刊兩個月。退休的哲學教授袁偉時在這篇文章中把在全國學校中教授的新版本歷史比擬為「吃狼奶」。他說：「如果天真純潔的孩子吞食的竟是變味、乃至有意無意假造的丹丸，只能讓偏見伴隨終生，甚至因而誤入歧途。」黨不同意他的見解，在雜誌刊登一篇長文駁斥袁偉時的觀點之後，才獲准復刊。

在習近平領導下，黨的敘事倍增。二〇一二年十一月二十九日，習近平被選為中共中央總書記後不久，在天安門廣場的中國國家博物館發表講話，揭示他的偉大構想「中國夢」。他宣稱，「實現中華民族偉大復興，就是中華民族近代以來最偉大的夢想。」習近平所謂的「民族復興」究竟是什麼意思，各方有許多的解釋，但是最權威的解釋之一來自北京清華大學國際問題研究所所長閻學通，他說，「中國夢」的目標是「恢復中國的國際歷史地位」。[7]

正如我們在本書中已經看到的，短短這幾個字就包含了許多想法。閻學通所謂的「恢復」、「中國」與「地位」，究竟代表什麼意思？他指的歷史是哪個時期？在同次專訪中，他輕鬆地提到了兩千年前的漢朝、一千年前的唐朝和三百年前的清朝初期。這需要民族主義的想像力，才能將這三個截然不同的國家都視為代表一個基本的、永恆的「中國」。這展示出每個選擇將自己視為一個民族的群體，如何圍繞著自身建構神話；以及如果成功，又如何圍繞著這些神話重新建構國家。早期東亞國家「朝代」的作法，是尋求將自己呈現為被自己推翻的前朝之合法繼承者。中國共產黨跟他們之前的民族主義者一樣，沒有什麼不同。

所有這些「製造」要把中國帶到哪裡去？中國給自己設定的形象是：它是一個受到壓迫、但有道德的文明，是亞洲國家階層體制的自然中心，但這種思想已經使它採取行動壓迫自己的人民，令鄰國擔憂，又破壞區域和平與安全。中華人民共和國現在是一個民族獨大的國家，是一個以種族界定的國家，仍然深受十九世紀末和二十世紀初建立的民族主義神話的影響。在習近平領導下，中國共產黨對「中國性」的合法表達方式，施加愈來愈嚴格的限制。

習近平和他的領導班子愈來愈重視「四個認同」，現在又增加第五個。他們堅持認為，所有中國公民必須對「偉大祖國、中華民族、中華文化、中國特色社會主義」認同，以及現在再加上中國共產黨認同。無需多說，共產黨對包括藏族或維吾爾族可能寧願生活在另一個政府之下，蒙古族可能不願意接受民族同質化，說地方方言的人可能寧願不講普通話、或者他們之中的任何一個群體可能拒絕接受共產黨的領導，凡此種種，黨都視之為叛國。本書執筆期間，我們從香港看到，習近平的問題是，共產黨愈是擔心民族分裂，就愈加試圖強迫民族團結，反而因此產生了更多的反作用。最後，唯一辦法似乎就是以實質力量和大規模監視脅迫恫嚇老百姓，因此二〇一九年出現上百萬維吾爾族人被強迫關進「再教育中心」。

自從十九世紀末期出現以來，強迫推動單一文化主義已經成為中國民族主義計畫的重要內涵。但是數十年來，如何定義「中華民族」的問題一直困擾著思想家和政治人物。長期以來，在蘇聯的影響下，共產黨已經準備容忍差異，把創建一個單一同質性民族的工作，推遲到遙遠的將來。然而，在蘇聯和南斯拉夫解體後，中國某些理論家大聲疾呼主張採取新的思路，一種基於單一「中華民族」團結利益的「熔爐論」，可以將族裔差異在大熔爐中根除。習近平似乎已經聽進他們的話。

天安門事件之後，隨著正統共產主義意識形態的退潮，共產黨的說法愈來愈將「民族」這個字詞，與比較傳統的「人民」這個字詞一併使用。「人民」只包括社會主義者，而「民族」可以包括所有階級背景的人，只要他們遵循北京對「民族」的定義即可。自從習近平於二〇一二年底上台以來，黨在民族統一方面已經加強要求力道。中華人民共和國愈是強調自己的歷史觀，另類版本的空間就愈小。有一項結果就是，少數民族或是持有任何不同意見的人，生活變得愈來愈困難。他們被視為是對國家敘事的威脅，也被視為阻礙現代化，因此遭到國家強硬對付。

我們應該怎麼稱呼這種新的政治意識形態？一個具有單一的「核心」領導人，堅定要求民族同質性，不容忍差異，以黨治國而不是依法治國，社團主義式的經濟政策，注重紀律以及基於種族例外主義的意識型態——凡此種種都以國家機關施行大規模監視為後盾。中國共產黨長期以來一直高唱建立「具有中國特色的社會主義」的論調。習近平現在似乎對建立「具有中國特色的『民族』社會主義」更感興趣。

二十一世紀出現在我們面前的中國，比西方更像是西方，毋寧更像是西方普遍認識的中國。它並不是「亞洲價值」的旗手，實際上它是一個套上西方模子的國家，充滿著認同、主權、民族主義和壯大領土的使命感。當我們看到它是如何出現時，就不會覺得奇怪：本質上是外國人打造出來的，透過兩個至關重要的管道。第一階段由大清國境內的外國人如傳教士、軍人和外交使節主導；第二個階段更為重要，是由流亡在大清國境外的人士和華僑（無論是在日本、美國或是東南亞）所主導。他們帶著在國外獲得的感想回望祖國。他們就是將外國對「China」這個地方的想法，轉譯為「中國」意涵的人。當我們看著今天的中國時，我們會看到西方對於國家觀點的具像化，這些觀點經由現代化菁英的採用和解釋，然後再由他們呈現出一個全新定義、稱為「中國人」（the Chinese）的民族。

歐洲國家度過一個血腥的世紀（一八四八年至一九四五年），經歷過民族、國家和民族國家的種種問題。他們想讓國家遷就民族，導致兩次世界大戰；他們想讓民族遷就國家，又經常導致種族滅絕。最後，歐洲各國政府同意削減他們對民族主義的衝動，組建合作的、超越國家的結構，以避免將來的大破壞。他們將權力「去集中化」，建立聯邦制度，給予少數民族更大的空間。其結果是數十年的和平、自由和繁榮。中華人民共和國似乎尚未準備好從此經驗學習。今天世界面臨的問題是，它是否正在朝著相反的方向前進：走向一條黑暗而又熟悉的法西斯主義道路。

中國鄰國面臨的問題，源自於中國過去兩種相互矛盾的觀點。根據第一種觀點，中國以帝國自居，自認為是東亞的自然中心，對於帝國而言，邊界並不重要。根據第二種觀點，中國以西發利亞體制（Westphalian terms）的眼光看待自己，決心將每一片領土、每一塊島礁都納入祖國「神聖」的國境之內。鄰國寧願選擇相反的方式：對大國能堅持西發利亞體制，希望大國留在自己國境之內；對領土爭端不希望採用基本教義的態度，因此要為和平而妥協。

中國的經濟和軍事實力使得鄰國感到緊張，由於北京對周邊國家的帝國姿態，使得焦慮變得更加嚴重。二〇一〇年七月，東協區域論壇（ASEAN Regional Forum）在河內開會，中國外交部長楊潔篪瞪著新加坡外交部長楊榮文，提醒他：「中國是個大國，其他國家是小國，這是一個事實。」中國社會各個階層中，明顯有許多人相信中國不只是與其他國家表面上平等，實則高出一等，以過去的特殊眼光展現新帝國主義的姿態。面對外國人展現漢人沙文主義，又把這些國家中的「海外華人」視為「種族盟友」和國家政策工具，使得情況更加惡化。

了解中國對領土為什麼堅持基本教義立場，對於區域的和平至關重要。對於小塊島礁和淹沒在海平面底下的珊瑚礁堅決聲張主權，把台灣地位問題升高到攸關國家存亡絕續的問題，以及在喜馬拉雅山區頻繁挑釁，種種都可以追溯到梁啟超和孫逸仙決心繼承清朝疆界的決心。然而，仔細過濾證據卻顯示，這些「神聖的」國界在很大程度上，其實是民族主義想像力所夢想出來的二十世紀「製造」。

這是中國當代形勢的諷刺之一。儘管中國拒絕外國干涉其事務，但是對主權的痴迷和對領土堅持基本教義的態度，卻顯然源自外國。以「民族復興」為名義，習近平的中國採取帝國主義列強的態度和行為，可是，帝國主義列強的遺緒不是應該由他來消除嗎？中國因為追求偏差的歷史觀所產生的目標，破壞了國家當前的利益。中國的未來發展，需要與東方和南方的鄰國維持和平關係，但是這些鄰國不會相信一個意圖改變領土現狀的國家。儘管北京領導人堅稱這些領土「自古以來」就屬於中國所有，但是費心讀到這裡的讀者將會理解，這種對邊界和絕對主權的觀點，明顯是現代的發明。

二十世紀初期，中國的城市居民深受怎麼樣才叫做中國人這個問題困擾。他們以前從來不曾用這個名字稱呼自己，不清楚這個定義中包含誰。歐洲和日本的帝國主義列強給了他們答案，因為列強侵犯了民族主義者聲稱是人民合法家園的領土。關於國土淪喪的敘述暗示必須收復失土：未來會有行動把「被切割掉的」領土收回祖國懷抱，並且集體救贖這個國家。做為一個真正的中國人，屬於這個民族的一員，意味著必須對這片土地遭到奪占感到憤怒，要將這視為侵犯了群體中每一個人的尊嚴。民族主義者對領土提出權利主張成為歸屬的標誌。證據只是扮演從屬於情感的角色，我們至今仍然生活在這些情感主張的影響之下。

亞洲和世界應該如何回應這些歷史神話？它們是中國行為的驅動力，必須嚴肅看待，但是不能將此當做歷史事實的表述，更不應該把它們視為正確的社會秩序或區域關係的指南。已經有太多人上鉤：有很多外國評論家樂於鸚鵡學舌，高唱「五千年優異文明」或「漢族的團結」，而對這些概念的來歷卻一無所知。結果，他們給了中國民族主義一張免費通行證。一個國家相信自己擁有優越的文明，將人民與其他地區的人類發展分開來，而且在帝國秩序的最頂端占有特殊的地位，這樣的國家一定會被鄰國和整個世界視為威脅。中國的民族主義也要接受批評，就和德國、土耳其或英國等任何其他形式的民族主義一樣。我希望這本書中的故事可以有助於增強讀者的分辯能力。套用毛澤東的話，他們必須「實事求是」。當中華人民共和國官員談論領土、民族、種族和歷史的問題時，最有效的回應或許是置之一笑和嘲笑它。

而習近平的「中國夢」，為世界帶來了什麼？它愈來愈像是來自一九三〇年代的大夢，是一帖懷舊的破壞性祕方。建立在一個世紀前，在非常特殊的情況下形塑而成的歷史觀，受到今日歐洲已然拋棄的概念所影響。中國盼望在國內打造同質性、在國外獲得尊重，卻造成國內的高壓統治以及對國外的威脅恫嚇。習近平的中國不是一方幸福樂土。它是教條式的、強制性的、焦慮的和不確定的，擔心統一隨時可能解體。神話將使其支撐一段時間，但是**中華民族**的斷裂線從一開始就存在。

致謝

謝謝／Xiexie

本書始於我在Omni New Haven Hotel的酒吧，與東康乃狄克州立大學的Bradley Camp Davis的一番對談。在幾瓶新堡棕色愛爾啤酒（Newcastle Brown Ale）下肚的過程中，我們討論了越南邊境地區糾纏不清的歷史。我對十九世紀中、越邊界的情況提出天真的問題，Bradley用一句話回答我：「這要看你所講的中國是什麼意思而定。」這是一個令人暈眩的時刻。經過好幾年的思考、猶豫、研究和寫作，這本書是這次對話的結果。希望你會像我一樣，在理解「中國是什麼意思」的過程中感到津津有味。

本書種種內容若非倫敦東方暨非洲研究學院（School of Oriental and African Studies）圖書館的資料支援，是不可能寫得出來的：對我來講，它是踏進新知識的入口。我要感謝在哪兒工作的每一個人。當我踏出第一步進入這個學術世界時，我從Kreddha二〇一六年九月在加州大學戴維斯分校籌辦的一場會議，當時和許多與會人士的討論得到相當的鼓勵。我在這場會議結識Michael van Walt van Praag、Miek Boltjes、已故的奧勒岡大學教授阿里夫．德里克（Arif Dirlik），以及溫哥華卑詩大學教授卜正民（Timothy Brook），他們都非常支持我的企圖。

還有許許多多學界先進回覆我天真的問題。我要特別感謝以下諸位的鼎力協助：倫敦大學東方暨非洲研究學院的Tim Barrett；阿拉巴馬大學的Chad Berry；香港城市大學的程美寶（May Bo Ching）；多倫多大學的Chris P.C. Chung；達特茅斯學院（Dartmouth College）的柯嬌燕（Pamela Kyle Crossley）；香港大學的Stephen Davies；香港大學的馮客（Frank Dikötter）；約克大學的Josh Fogel；復旦大學的葛兆光；威廉暨瑪麗學院（College of William and Mary）的Michael Gibbs Hill；香港城市大學的韓子奇（Tze-ki Hon）；倫敦政經學院的Chris Hughes；莫納許大學（Monash University）的Bruce Jacobs；威爾斯三一聖大衛大學（University of Wales Trinity Saint David）的Thomas Jansen；萊比錫大學的Elisabeth Kaske；馬來西亞國立大學的Cheng-Chwee Kuik；保皇會學術論壇（Baohuanghui Scholarship forum）的Jane Leung Larson；樂卓博大學（La Trobe University）的雷國俊（James Leibold）；賓州大學（University of Pennsylvania）的梅維恆（Victor Mair）；劍橋大學的Melissa Mouat；耶魯大學的濮德培（Peter Perdue）；德州大學奧斯汀分校的路康樂（Edward Rhoads）；科克大學學院（University College Cork）的Julia Schneider；萊斯大學（Rice University）的司馬富（Rich Smith）；西北大學的Rachel Wallner；加州大學爾灣分校的Jeff Wasserstrom；以及康乃狄克大學的沙培德（Peter Zarrow）。

史沃斯摩爾學院（Swarthmore College）的George Yin是我在翻譯和字詞淵源上遇到問題時最大的奧援。Geoff Wade導正我對明史的了解。Evan Fowler和Trey Menefee就香港部分指導我；Erik Slavin帶我踏遍橫濱，Jeremiah Jenne在北京提供極大幫助。卑詩大學的Paul Evans, Brian Job和Yves Tiberghien在溫哥華接待我、協助我。李提摩太（Timothy Richard）的曾孫女Jennifer Peles和他的傳記作者、已故的Eunice Johnson協助我研究這位傳教士、教育家的生平和工作。

我要感謝耶魯大學出版社的每一個人，尤其是Heather McCallum願意冒風險出這本書；Marika Lysandrou在寫作過程一直指引我；Clarissa Sutherland和Percie Edgeler負責製作過程；而Charlotte Chapman認真地改稿、潤飾文字。還有三位不具名的審稿專家對原稿提供非常有益的評論，感謝你們。

我在英國廣播公司（ＢＢＣ）的同事容忍我半夜還在研究資料，而我的家人允許我出遠門做研究。妻子Pamela Cox是個歷史學者，也教我如何學習。我愛她。我們的子女Tess和Patrick，提供鼓勵和幸福。感謝你們，你們現在可以收復餐桌了。

二〇二〇年三月，科切斯特鎮（Colchester）

附錄

主要人物

白眉初（一八七六至一九四〇），中國地學會創辦人之一。地理學教授，南海U型線創始鼻祖。

蔣介石（一八八七至一九七五），民族主義政治人物、革命家、軍事領袖，自從一九二八年起、至一九七五年逝世止一直是中華民國最高領導人。

慈禧太后（一八三五至一九〇八），從一八六一年至一九〇九年是中國「垂簾聽政」真正掌握大權的人物。滿洲人，入宮為咸豐皇帝嬪妃，兒子即位為同治皇帝。同治皇帝去世後，她領養侄子、扶立為光緒皇帝，甚至將他幽禁、獨掌大權。

光緒皇帝（一八七一至一九〇八），他在一八九八年啟動「百日維新」，後遭慈禧太后褫奪大權。他在幽禁期間身亡，有可能是慈禧下令施毒。

黃遵憲（一八四八至一九〇五），清朝外交官，曾經派駐東京、舊金山、倫敦和新加坡。「華僑」這個名詞就是他首創。論著《日本國志》。和梁啟超、譚嗣同共同創辦維新派刊物《強學報》。客家人。

胡漢民（一八七九至一九三六），革命派刊物《民報》編輯，是孫中山思想顧問之一。

康有為（一八五六至一九二八），基進學者、維新派，梁啟超的導師。保皇會共同創辦人，著有《大同書》。

梁啟超（一八七三至一九二九），民族主義的維新派、新聞記者，一生主編過許多維新派刊物。保皇會共同創辦人。

李鴻章（一八二三至一九〇一），晚清政治家。直隸總督、北洋通商大臣。一八九〇年代主持涉外危機談判，於一八九五年與日本簽訂《馬關條約》。

劉師培（一八八四至一九一九），他在二十歲時出了一本反滿冊子《攘書》。他自稱是無政府主義者，不過後來投入清廷官僚體系任官。

李準。一九〇七年在廣東省擔任准將，敉平革命運動。一九〇八年被派為水師提督，於一九〇八年率隊遠航至東沙群島與西沙群島。一九一一年轉身支持革命。

乾隆皇帝（一七一一至一七九九），清朝第四任皇帝，在他主政期間，一般公認是是大清國國勢鼎盛治世。

孫逸仙（孫中山）（一八六六至一九二五），一八九四年糾合同志創立革命團體「興中會」。一九〇五年，興中會與其他團體合併、組成「中國同盟會」。一九一二年，他被推舉為中華民國第一任總統，不過六個星期之後就被袁世凱逼迫下台。

汪精衛（一八八三至一九四四），一九〇四年、十九歲，經廣東省政府選派赴日本法政大學進修。他加入同盟會，成為孫逸仙思想顧問之一。

汪榮寶（一八七八至一九三三），出身華東江蘇省的語言改革家，先後在同文館和日本學習。

王照（一八五九至一九三三），出身華北直隸省的語言改革家。「官話合聲字母」制定者，於一九〇一年出版。

習近平（一九五三生），中國共產黨總書記。

嚴復（一八五四至一九二一年），翻譯家，將史賓塞和赫胥黎作品引進中國。

袁世凱（一八五九至一九一六），北洋軍事指揮官，一九一二至一六年擔任中華民國總統。

曾國藩（一八一一至一八七二），清朝資深官員和軍事領導人，是敉平太平天國之亂的重要領導人。早早就意識到「自強」的重要性、是李鴻章的導師。

章炳麟（一八六九至一九三六），在一九〇一年改名章太炎，追念效忠明朝的先賢、並且凸顯自己反對滿清統治的信念。他撰寫一本反滿冊子《訄書》。一九〇三年，他在報紙上發表文章抨擊皇帝，於上海入獄坐牢三年。出獄後，他成為革命運動更加基進的主要發言人。一九〇六年被委任為革命組織同盟會機關報《民報》主編。

張德彝（一八四七至一九一八），一八六二年，他成為同文館第一批外國語文學生之一。一八六六至七一年，他成為清廷派遣出訪歐洲及美國考察團團員之一。

張其昀（一九〇一至一九八五），中國第二代地理學家的主要人物之一。他成為蔣介石非正式的地緣政治顧問。

竺可楨（一八九〇至一九七四），「中國現代地理學之父」。他在一九一〇至一九年期間留學美國，一九二〇年代及一九三〇年代在中國培育第二代地理學教授。

鄒容（一八八五至一九〇五），反滿革命派，十八歲在日本留學時寫出一本強烈民族主義的小冊子《革命軍》。

注釋

導論　中國即將成為什麼樣的國家？

1. 習近平，Report at the 19th National Congress of the Communist Party of China, *China Daily*, 18 October 2017, Xinhua, 原網頁404 Not Found，請改至http://www.xinhuanet.com/english/special/2017-11/03/c_136725942.htm
2. Geremie R. Barmé, *The Forbidden City*, Cambridge, MA: Harvard University Press, 2011.
3. Timothy Brook, *Great State: China and the World*, London: Profile Books, 2019.

第一章　製造中國

1. 習近平，Toast at the Welcoming Banquet of The Second Belt and Road Forum for International Cooperation, Beijing, 26 April 2019, 原網頁404 Not Found，請改至http://www.beltandroadforum.org/english/n100/2019/0429/c22-1400.html
2. Matthias Mertens, 'Did Richthofen really coin "The Silk Road"?', *The Silk Road*, vol. 17 (2019); Tamara Chin, 'The Invention of the Silk Road, 1877', *Critical Inquiry*, 40/1 (2013), pp. 194–219, doi:10.1086/673232.
3. C. R. Boxer (ed.), *South China in the Sixteenth Century: Being the Narratives of Galeote Pereira, Fr. Gaspar de Cruz, O.P., Fr. Martin de Rada, O.E.S.A.*, London: The Hakluyt Society, second series, 106, 1953.

4. Matteo Ricci, *China in the Sixteenth Century: The Journals of Matthew Ricci, 1583–1610*, compiled by Nicholas Trigault, translated from the Latin by Louis Gallagher, New York: Random House, 1953, pp. 6–7.
5. Richard J. Smith, *Mapping China and Managing the World: Culture, Cartography and Cosmology in Late Imperial Times*, New York: Routledge, 2013.
6. Peter K. Bol, 'Middle-period Discourse on the Zhong Guo: The Central Country', in *Hanxue Yanjiu (Chinese Studies)*, Taipei: Center for Chinese Studies, 2009, pp. 61–106.
7. Denis Twitchett, John King Fairbank and Michael Loewe, *The Cambridge History of China: Volume 1, The Ch'in and Han Empires, 221 bc–ad 220*, Cambridge: Cambridge University Press, 1987, p. 31.
8. Constance A. Cook and John S. Major, *Defining Chu: Image and Reality in Ancient China*, Honolulu: University of Hawaii Press, 1999, p. 4.
9. Pamela Kyle Crossley, 'The Rulerships of China: A Review Article', *American Historical Review*, 97/5 (1992), pp. 1471–2.
10. Junsei Watanabe, 'Manchu Manuscripts in the Toyo Bunko', in Luís Saraiva (ed.), *Europe and China: Science and Arts in the 17th and 18th Centuries*, Singapore; Hackensack, NJ: World Scientific, 2013, p. 187.
11. Cristina Costa Gomes and Isabel Murta Pina, 'Making Clocks and Musical Instruments: Tomás Pereira as an Artisan at the Court of Kangxi (1673–1708)', *Revisita de Cultura* (International Edition), 51 (2016).
12. Ibid., p. 9.
13. Joseph Sebes, 'The Jesuits and the Sino-Russian Treaty of Nerchinsk (1689) The Diary of Thomas Pereira, S. J.', *Bibliotheca Instituti Historici*, vol. XVIII (1962), pp. 114 and 207.
14. Arif Dirlik, 'Born in Translation: "China" in the Making of "Zhongguo"', *Boundary* (2015).
15. Lydia Liu, *The Clash of Empires: The Invention of China in Modern World Making*, Cambridge, MA: Harvard University Press, 2004, p. 76.
16. Hans van de Ven, *Breaking with the Past: The Maritime Customs Service and the Global Origins of Modernity in China*, New

York: Columbia University Press, 2014.

17. Zhang Deyi (trans. Simon Johnstone), *Diary of a Chinese Diplomat*, Beijing: Chinese Literature Press, 1992, p. 11.
18. 張德彝，《隨使法國記》，湖南：人民出版社，一九八二，頁一八二。Liu, *Clash of Empires*, p. 80.
19. Luke S. K. Kwong, 'What's In A Name: Zhongguo (Or "Middle Kingdom") Reconsidered', *Historical Journal*, 58/3 (2015), p. 799; Elisabeth Kaske, *The Politics of Language in Chinese Education: 1895–1919*, Leiden: Brill, 2008, p. 80.
20. Nicolas Tackett, *The Origins of the Chinese Nation: Song China and the Forging of an East Asian World Order*, Cambridge: Cambridge University Press, 2017, p. 3; Liu, *Clash of Empires*, p. 76, quoting Zhang, *Riben Guo Zhi*.
21. Julia C. Schneider, *Nation and Ethnicity: Chinese Discourses on History, Historiography, and Nationalism (1900s–1920s)*, Leiden: Brill, 2017, pp. 69–70.
22. John Fitzgerald, *Awakening China: Politics, Culture, and Class in the Nationalist Revolution*, Stanford, CA: Stanford University Press,1996, p. 117.
23. Viren Murthy, *The Political Philosophy of Zhang Taiyan: The Resistance of Consciousness*, Leiden: Brill, 2011, p. 67.
24. Ibid., p. 76.
25. Schneider, *Nation and Ethnicity*, p. 145.
26. Ibid., chapter 3.
27. Yunzhi Geng, *An Introductory Study on China's Cultural Transformation in Recent Times*, Berlin: Springer, 2015, p. 146.
28. Frank Dikötter (ed.), *The Construction of Racial Identities in China and Japan*, Hong Kong: Hong Kong University Press, 1997, p. 45.
29. Schneider, *Nation and Ethnicity*, pp. 222–3.
30. Harold Schiffrin, *Sun Yat-Sen and the Origins of the Chinese Revolution*, Berkeley, CA: University of California Press, 1968, chapter 2.
31. 興中會反滿州的誓詞，經稍微調整變成「驅除韃虜，恢復中華」。

32. Tze-ki Hon, *Revolution as Restoration: Guocui Xuebao and China's Path to Modernity, 1905– 1911*, Leiden: Brill, 2013, p. 3.
33. Kenji Shimada, *Pioneer of the Chinese Revolution: Zhang Binglin and Confucianism*, Stanford, CA: Stanford University Press, 1990, p. 20; Murthy, *Political Philosophy of Zhang Taiyan*, p. 110.
34. Liu, *Clash of Empires*, p. 77.
35. Schneider, *Nation and Ethnicity*, p. 54. 36. Ibid., p. 158.
37. Arif Dirlik, 'Born in Translation: "China" in the Making of "Zhongguo" ', paper presented at Institute for Social Sciences of the University of California Davis, co-hosted by Kreddha, 22–24 September 2016.

第二章　主權，重新創造天下

1. John Vidal and Jonathan Watts, 'Agreement Finally Reached: Copenhagen 9.30 a.m., Saturday 19 December 2009', *The Observer*, 20 December 2009.
2. John M. Broder and Elisabeth Rosenthal, 'Obama Has Goal to Wrest a Deal in Climate Talks', *New York Times*, 17 December 2009.
3. Mark Lynas, 'How do I know China wrecked the Copenhagen deal? I was in the room', *The Guardian*, 22 December 2009.
4. Robert Falkner, 'The Paris Agreement and the New Logic of International Climate Politics',*International Affairs*, 92/5, pp. 1107–25 (2016).
5. François Godement, *Expanded Ambitions, Shrinking Achievements: How China Sees the Global Order*, London: European Council on Foreign Relations, 2017, p. 10.
6. 中國共產黨第十九次全國代表大會, http://live.china.org.cn/2017/ 10/17/opening-ceremony-of-the-19th-cpc-national-congress/
7. Jonathan Spence, *The Search for Modern China*, New York: W. W. Norton & Co., 2001, p. 122.
8. George R. Loehr, 'A. E. van Braam Houckgeest: The First American at the Court of China',*Princeton University Library Chronicle*, 15/4 (Summer 1954), pp. 179–93.

9. André Everard Van Braam Houckgeest, *An Authentic Account of the Embassy of the Dutch East-India Company, to the Court of the Emperor of China, in the Years 1794 and 1795* (Vol. 1), Cambridge: Cambridge University Press, 2011, p. 250. https://books.google.co. uk/books?id=KGxCAAAAcAAJ&dq
10. J. K. Fairbank, 'Tributary Trade and China's Relations with the West', *Far Eastern Quarterly*, 1/2 (February 1942), p. 135.
11. Zhiguang Yin, 'Heavenly Principles? The Translation of International Law in 19th-century China and the Constitution of Universality', *European Journal of International Law*, 27/4 (1 November 2016), pp. 1005–23.
12. Alejandra Irigoin, 'A Trojan Horse in Daoguang China? Explaining the Flows of Silver In and Out of China', LSE Working Paper No. 173/13, London School of Economics, 2013.
13. Jonathan Spence, *Chinese Roundabout: Essays in History and Culture*, New York: W. W. Norton, 1992, pp. 233–5.
14. Takeshi Hamashita, 'Tribute and Treaties: East Asian Treaty Ports Networks in the Era of Negotiation, 1834–1894', *European Journal of East Asian Studies*, 1/1 (2001), p. 61.
15. James M. Polachek, *The Inner Opium War*, Cambridge, MA: Harvard University Press, 1992, p. 2.
16. Alicia E. Neve Little, *Li Hung-Chang: His Life and Times* [1903], Cambridge: Cambridge University Press, 2010, p. 1.
17. Pär Kristoffer Cassel, *Grounds of Judgment: Extraterritoriality and Imperial Power in Nineteenth- Century China and Japan*, Oxford; New York: Oxford University Press, 2012.
18. Tobie Meyer-Fong, 'Urban Space and Civil War: Hefei, 1853–1854', *Frontiers of History in China*, 8/4 (2013), pp. 469–92.
19. Dong Wang, *China's Unequal Treaties: Narrating National History*, Lanham, MD: Lexington Books, 2005, p. 17.
20. S.C.M. Paine, *The Sino-Japanese War of 1894–1895: Perceptions, Power, and Primacy*, Cambridge: Cambridge University Press, 2005, pp. 70–71.
21. Ssu-yü Teng and John King Fairbank, *China's Response to the West: A Documentary Survey, 1839–1923*, Cambridge, MA: Harvard University Press, 1979, p. 47.
22. Richard J. Smith, *Robert Hart and China's Early Modernization: His Journals, 1863–1866*, Cambridge, MA: Harvard

University Press, 1991, p. 99.

23. Pamela Kyle Crossley, *Orphan Warriors: Three Manchu Generations and the End of the Qing World*, Princeton, NJ: Princeton University Press, 1990, p. 143.
24. Smith, *Robert Hart and China's Early Modernization*, p. 100.
25. Kwang-ching Liu, 'The Confucian as Patriot and Pragmatist: Li Hung-chang's Formative Years, 1823–1866', *Harvard Journal of Asiatic Studies*, vol. 30 (1970), pp. 5–45.
26. Teng and Fairbank, *China's Response to the West*, p. 53.
27. Liu, 'The Confucian as Patriot and Pragmatist', p. 18.
28. Ibid., p. 30.
29. William Charles Wooldridge, 'Building and State Building in Nanjing after the Taiping Rebellion', *Late Imperial China*, 30/2 (2009), pp. 84–126.
30. Melissa Mouat, 'The Establishment of the Tongwen Guan and the Fragile Sino-British Peace of the 1860s', *Journal of World History*, 26/4 (2015), p. 741.
31. Ibid.
32. Smith, *Robert Hart and China's Early Modernization*, p. 283.
33. Yin, 'Heavenly Principles?', p. 1013.
34. Lydia Liu, *The Clash of Empires: The Invention of China in Modern World Making*, Cambridge, MA: Harvard University Press, 2004, p. 116.
35. Ibid., p. 128.
36. William A. Callahan, *Contingent States: Greater China and Transnational Relations*, Minneapolis; London: University of Minnesota Press, 2004, pp. 76–7.
37. Liu, *Clash of Empires*, p. 123.

38. Teng and Fairbank, *China's Response to the West*, p. 98.
39. Rune Svarverud, *International Law as World Order in Late Imperial China: Translation, Reception and Discourse 1847–1911*, Leiden: Brill, 2007, p. 91.
40. http://www.dartmouth.edu/~qing/WEB/WO-JEN.html
41. David Pong, *Shen Pao-chen and China's Modernization in the Nineteenth Century*, Cambridge: Cambridge University Press, 2009, p. 146.
42. Knight Biggerstaff, 'The Secret Correspondence of 1867–1868: Views of Leading Chinese Statesmen Regarding the Further Opening of China to Western Influence', *Journal of Modern History*, 22/2 (June 1950), pp. 122–36.
43. J. L. Cranmer-Byng, 'The Chinese Perception of World Order', *International Journal*, 24/1 (Winter 1968–9), pp. 166–71.
44. Chris Feige and Jeffrey A. Miron, 'The Opium Wars, Opium Legalization and Opium Consumption in China', *Applied Economics Letters*, 15/12 (2008), pp. 911–13.
45. Jennifer Rudolph, *Negotiated Power in Late Imperial China: The Zongli Yamen and the Politics of Reform*, Ithaca, NY: Cornell University East Asia Program, 2008, p. 222.
46. 'American Who Advised Li-Hung-Chang is Dead', *New York Times*, 21 December 1901.
47. 'Li Hung-Chang's American Secretary For 25 Years: A Power Behind The Throne In China', *St Louis Post-Dispatch*, 5 August 1900.
48. Michael H. Hunt, *The Making of a Special Relationship: The United States and China to 1914*, New York: Columbia University Press, 1983, p. 118; Chad Michael Berry, 'Looking for a Friend: Sino-U.S. Relations and Ulysses S. Grant's Mediation in the Ryukyu/Liuqiu 琉球 Dispute of 1879', thesis, University of Ohio, 2014, https://etd.ohiolink.edu/!etd. send_file?accession=osu1397610312&disposition=inline
49. Richard J. Smith, 'Li Hung-chang's Use of Foreign Military Talent: The Formative Period, 1862–1874', in Chu, Samuel C. and Kwang-ching Liu (eds), *Li Hung-chang and China's Early Modernization*, London: M.E. Sharpe, 1994, p. 137.
50. J. K. Fairbank and Merle Goldman, *China: A New History*, Cambridge, MA: Harvard University Press, 2006, p. 196.

51. J. L. Cranmer-Byng, 'The Chinese View of Their Place in the World: An Historical Perspective', *China Quarterly*, 53 (January–March 1973), pp. 67–79.

52. Jennifer Wayne Cushman, *Fields From the Sea: Chinese Junk Trade with Siam During the Late Eighteenth and Early Nineteenth Centuries*, Ithaca, NY: Cornell University Press, 1993, pp. 137–41.

53. Takeshi Hamashita 'The Tribute Trade System and Modern Asia', chapter 6 in Kenneth Pomeranz (ed.), *The Pacific in the Age of Early Industrialization*, Farnham: Ashgate, 2009.

54. Hyman Kublin, 'The Attitude of China during the Liu-ch'iu Controversy, 1871–1881', *Pacific Historical Review*, 18/2 (May 1949), pp. 213–31.

55. Liu, *Clash of Empires*, p. 106; Svarverud, *International Law as World Order*, p. 93.

56. 李鴻章，「覆何子峨」，一八七八年五月三十日，李文忠公全集：譯署函稿，卷五，台北：文海出版社，一九六二，八／四，頁一九一。

57. The Sino-Japanese Friendship, Commerce and Navigation Treaty, 13 September 1871, http://www.fas.nus.edu.sg/hist/eia/documents_archive/tientsin-treaty.php

58. Letter from Ulysses S. Grant to Adolph E. Borie, 6 June 1879, *The Papers of Ulysses S. Grant*: October 1, 1878–September 30, 1880, p. 146, https://books.google.co.uk/books?id= 3zBLjHeAGB0C&l

59. Hunt, *Making of a Special Relationship*, p. 121.

60. Charles Oscar Paullin, 'The Opening of Korea by Commodore Shufeldt', *Political Science Quarterly*, 25/3 (September 1910), pp. 470–99.

61. *The Directory and Chronicle for China, Japan, Corea, Indo-China, Straits Settlements, Malay States, Sian, Netherlands India, Borneo, the Philippines, &c*, Hongkong Daily Press Office, 1882, p. 319; U.S. Government Printing Office, 1876 House Documents, Volume 15; Volume 284, p. 263.

62. Oscar Chapuis, *The Last Emperors of Vietnam: From Tu Duc to Bao Dai*, Westport, CT: Greenwood Press, 2000, p. 61.

63. Bradley Camp Davis, *Imperial Bandits: Outlaws and Rebels in the China-Vietnam Borderlands*, Seattle: University of Washington Press, 2016.
64. 'Peking Dispatch no. 230 (confidential)', 8 August 1883, quoted in Robert Hopkins Miller, *The United States and Vietnam 1787–1941*, Forest Grove, OR: University Press of the Pacific, 2005, pp. 95–6.
65. K. W. Taylor, *A History of the Vietnamese*, Cambridge: Cambridge University Press, 2013, p. 475.
66. *The Directory and Chronicle for China, Japan, Corea, Indo-China, Straits Settlements, Malay States, Sian, Netherlands India, Borneo, the Philippines &c*, Hongkong Daily Press Office, 1888.
67. J.J.G. Syatauw, *Some Newly Established Asian States and the Development of International Law*, The Hague: Martinus Nijhoff, 1961, p. 123; Frank Trager, 'Burma and China', *Journal of Southeast Asian History*, 5/1 (1964), p. 39.
68. Paine, *Sino-Japanese War of 1894–1895*, p.191.
69. Ibid., p. 121.
70. Niki Alsford, *Transitions to Modernity in Taiwan: The Spirit of 1895 and the Cession of Formosa to Japan*, London: Routledge, 2017.
71. Yi Wang, 'Wang Huning: Xi Jinping's Reluctant Propagandist', www.limesonline.com, 4 April 2019, http://www.limesonline.com/en/wang-huning-xi-jinpings-reluctant-propagandist
72. Haig Patapan and Yi Wang, 'The Hidden Ruler: Wang Huning and the Making of Contemporary China', *Journal of Contemporary China*, 27/109 (2018), pp. 54–5.

第三章　黃種人與漢族的團結

1. Lia Zhu, 'Families Thanked For Opening Homes', *China Daily USA*, 7 December 2015, http://usa.chinadaily.com.cn/us/2015-12/07/content_22653417.htm
2. Yap Jia Hee, 'Chinese Ambassador Visits Petaling Street on Eve of Rally', *MalaysiaKini*, 25 September 2015, https://www.

malaysiakini.com/news/313484; ChinaPress.com.my，「『親望親好，鄰望鄰好』黃惠康：兩國關係良好」，28 September 2015, http://www.chinapress. com.my/20150928/親望親好鄰望鄰好黃惠康兩國關係良好

3. China News Network, 'The Overseas Chinese Affairs Office Will Build 60 "China Aid Centers" Around the World', 19 March 2014.
4. 新華社，「中共中央印發《中國共產黨統一戰線工作條例（試行）》」，二〇一五年九月二十二日，http://www.xinhuanet.com/politics/2015-09/22/c_1116645297_5.htm
5. James Kynge, Lucy Hornby and Jamil Anderlini, 'Inside China's Secret "Magic Weapon" for Worldwide Influence,' *Financial Times*, 26 October 2017, https://www.ft.com/content/ fb2b3934-b004-11e7-beba-5521c713abf4
6. 習近平，「決勝全面建成小康社會 奪取新時代中國特色社會主義偉大勝利」，中國共產黨第十九次全國代表大會，北京，二〇一七年十月十八日，http://www.xinhuanet.com//politics/19cpcnc/2017-10/27/c_1121867529.htm
7. Wang Gungwu, *Community and Nation: Essays on Southeast Asia and the Chinese*, Singapore: Heinemann Educational Books (Asia), 1981, pp. 123–5.
8. Wang Gungwu, 'A Note on the Origins of Hua-ch'iao', in Wang, *Community and Nation*, pp. 118–27.
9. Huang Jianli, 'Chinese Overseas and China's International Relations', in Zheng Yongnian (ed.), *China and International Relations: The Chinese View and the Contribution of Wang Gungwu*, London: Routledge, 2010, p. 147.
10. An Baijie, 'Overseas Chinese Can Help Build Belt, Road', *China Daily*, 13 June 2013, http://www.chinadaily.com.cn/china/2017-06/13/content_29719481.htm
11. Harry J. Lamley, 'Hsieh-Tou: The Pathology of Violence in Southeastern China', *Ch'ing- shih wen-t'I*, 3/7 (1977), pp. 1–39, https://muse.jhu.edu/ (accessed 14 January 2019).
12. May-bo Ching, 'Literary, Ethnic or Territorial? Definitions of Guangdong Culture in the Late Qing and Early Republic', in Tao Tao Liu and David Faure (eds), *Unity and Diversity: Local Cultures and Identities in China*, Hong Kong: Hong Kong University Press, 1996.p. 58; Jessieca Leo, *Global Hakka: Hakka Identity in the Remaking*, Leiden: Brill, 2015, p. 47.

13. Michael Keevak, *Becoming Yellow: A Short History of Racial Thinking*, Princeton, NJ: Princeton University Press, 2011, pp. 57–65.
14. Chow Kai-wing, 'Imagining Boundaries of Blood: Zhang Binglin and the Invention of the Han "Race" in Modern China', in Frank Dikötter (ed.), *The Construction of Racial Identities in China and Japan*, London: Hurst & Co., 1997.
15. Pamela Kyle Crossley, 'The Qianlong Retrospect on the Chinese-martial (*hanjun*) Banners', *Late Imperial China*, 10/1 (June 1989), pp. 63–107.
16. Yang Shao-Yun, 'Becoming Zhongguo, Becoming Han: Tracing and Reconceptualizing Ethnicity in Ancient North China, 770 bc–ad 581', MA thesis, National University of Singapore, 2007.
17. Edward Rhoads, *Manchus and Han: Ethnic Relations and Political Power in Late Qing and Early Republican China, 1861–1928*, Seattle: University of Washington Press, 2000, chapter 1.
18. Herbert Spencer, *The Principles of Biology*, volume 1, London: Williams & Norgate, 1864–7, p. 444.
19. Herbert Spencer, *Social Statics*, New York: D. Appleton & Co., 1865, p. 46.
20. Michio Nagai, 'Herbert Spencer in Early Meiji Japan', *Far Eastern Quarterly*, 14/1 (1954), pp. 55–64. Nagai was later Japan's minister of education.
21. Noriko Kamachi, *Reform in China: Huang Tsun-hsien and the Japanese Model*, Cambridge, MA: Harvard University Press, 1981, pp. 3–29.
22. Frank Dikötter, *The Discourse of Race in Modern China*, Oxford: Oxford University Press, 2015, p. 41.
23. Kamachi, *Reform in China*, p. 300, fn 49.
24. J. D. Schmidt, *Within the Human Realm: The Poetry of Huang Zunxian 1848–1905*, Cambridge: Cambridge University Press, 1994, p. 246.
25. Benjamin I. Schwartz, *In Search of Wealth and Power: Yen Fu and the West*, Cambridge, MA: Harvard University Press, 1964, pp. 22–6.

26. David Pong, *Shen Pao-chen and China's Modernization in the Nineteenth Century*, Cambridge: Cambridge University Press, 2009, pp. 108–28.
27. Benjamin A. Elman, 'Toward a History of Modern Science in Republican China', in Jing Tsu and Benjamin A. Elman (eds), *Science and Technology in Modern China, 1880s–1940s*, Leiden: Brill, 2014, p. 22.
28. Junyu Shao, ' "Chinese Learning for Fundamental Structure, Western Learning for Practical Use?" The Development of Late Nineteenth Century Chinese Steam Navy Revisited', unpublished PhD thesis, King's College, London, 2015, p. 117.
29. Schwartz, *In Search of Wealth and Power*, p. 33.
30. Herbert Spencer, *The Study of Sociology*, London: Henry S. King & Co., 1873, pp. 34–5. 31. Ibid., pp. 193–4.
31. Melissa Mouat, 'The Establishment of the Tongwen Guan and the Fragile Sino-British Peace of the 1860s', *Journal of World History*, 26/4 (2015), p. 745.
32. Schwartz, *In Search of Wealth and Power*, p. 33.
33. James Reeve Pusey, *China and Charles Darwin*, Cambridge, MA: Harvard University Press, 1983, p. 8.
34.
35. Ibid., p. 61.
36. Schmidt, *Within the Human Realm*, p. 17.
37. Schwartz, *In Search of Wealth and Power*, p. 82.
38. Pusey, *China and Charles Darwin*, p. 67.
39. 「澳大利亞華僑華人舉行恭拜軒轅黃帝大典」(Australian overseas Chinese hold a ceremony to worship the Xuanyuan Yellow Emperor), 16 April 2018, http:// www.zytzb.gov.cn/gathwxw/42451.jhtml，原網頁404 Not Found
40. 陳明潔，「祭拜黃帝大典 全球盛大舉行」，中國時報，二〇一八年四月十六日，https://www.chinatimes.com/newspapers/20180416000149-260302?chdtv
41. Dikötter, *Discourse of Race*, p. 101.

42. Chow, 'Imagining Boundaries of Blood'.
43. Dikötter, *Discourse of Race*, p. 70.
44. Schwartz, *In Search of Wealth and Power*, p. 184.
45. May-bo Ching, 'Classifying Peoples: Ethnic Politics in Late Qing Native-place Textbooks and Gazetteers', in Tze-ki Hon and Robert Culp (eds), *The Politics of Historical Production in Late Qing and Republican China*, Leiden: Brill, 2007, pp. 69–70.
46. Ching, 'Literary, Ethnic or Territorial?'; Ching, 'Classifying Peoples', pp. 69–70.
47. Laurence A. Schneider, *Ku Chieh-kang and China's New History: Nationalism and the Quest for Alternative Traditions*, Berkeley, CA: University of California Press, 1971, pp. 34–5.

第四章　五千年優異傳統文明

1. http://www.iqh.net.cn/english/Classlist.asp?column_id=65&column_cat_id=37 (accessed 2 March 2020).
2. Pamela Kyle Crossley, 'Xi's China Is Steamrolling Its Own History', ForeignPolicy.com, 29 January 2019.
3. Zhou Ailian and Hu Zhongliang, 'The Project of Organizing the Qing Archives', *Chinese Studies in History*, 43/2 (2009), pp. 73–84.
4. 〈牢牢把握清史研究話語權〉，《人民日報》，二〇一九年一月十四日，http://opinion.people.com.cn/n1/2019/0114/c1003-30524940.html（擷取日期二〇二〇年三月二十日）
5. Thomas Jansen, *Timothy Richard (1845–1919): Welsh Missionary, Educator and Reformer in China*, Swansea: Confucius Institute at the University of Wales – Trinity Saint David, 2014.
6. Society for the Diffusion of Christian and General Knowledge Among the Chinese, Eleventh Annual Report, Shanghai, 1898.
7. Eunice Johnson, *Timothy Richard's Vision: Education and Reform in China, 1880–1910*, Eugene, OR: Pickwick Publications, 2014, pp. 67–8.
8. Mary Mazur, 'Discontinuous Continuity: New History in 20th Century China', in Tze-ki Hon and Robert Culp (eds), *The*

Politics of Historical Production in Late Qing and Republican China, Leiden: Brill, 2007, p. 116; Johnson, *Timothy Richard's Vision*, p. 65.

9. Xiantao Zhang, *The Origins of the Modern Chinese Press: The Influence of the Protestant Missionary Press in Late Qing China*, London: Routledge, 2007, pp. 67–8.
10. Johnson, *Timothy Richard's Vision*, p. 60.
11. Harriet T. Zurndorfer, 'Wang Zhaoyang (1763–1851) and the Erasure of "Talented Women" by Liang Qichao', in Nanxiu Qian, Grace Fong and Richard Smith (eds), *Different Worlds of Discourse: Transformations of Gender and Genre in Late Qing and Early Republican China*, Leiden: Brill, 2008.
12. Yuntao Zhang, 'Western Missionaries and Origins of the Modern Chinese Press', in Gary D. Rawnsley and Ming-yeh T. Rawnsley (eds), *Routledge Handbook of Chinese Media*, London: Routledge, 2018, pp. 73–4
13. Johnson, *Timothy Richard's Vision*, p. 69.
14. 《時務報》(*Shiwu Bao*), No. 26, 1897.
15. Joseph Richmond Levenson, *Liang Ch'i-ch'ao and the Mind of Modern China*, Cambridge, MA: Harvard University Press, 1953, pp. 31–2.
16. Xiaobing Tang, *Global Space and the Nationalist Discourse of Modernity: The Historical Thinking of Liang Qichao*, Stanford, CA: Stanford University Press, 1996, p. 15.
17. Rebecca E. Karl, *Staging the World: Chinese Nationalism at the Turn of the Twentieth Century*, Durham, NC; London: Duke University Press, 2002, pp. 69–70.
18. Tang, *Global Space*, pp. 34–5.
19. Ibid., p. 33.
20. Xu Jilin, 'Tianxia-ism, the Distinction Between the Civilised and Uncivilised, and Their Variations in Modern China', in Gao Ruiquan and Wu Guanjun (eds), *Chinese History and Literature: New Ways to Examine China's Past*, Singapore: World

Scientific Publishing, 2018, p. 137.

21. Peter Zarrow, 'Old Myth into New History: The Building Blocks of Liang Qichao's "New History" ', *Historiography East and West*, 1/2 (2003), p. 228.
22. Schneider, Julia C., *Nation and Ethnicity: Chinese Discourses on History, Historiography, and Nationalism (1900s–1920s)*, Leiden: Brill, 2017, p. 98.
23. Tang, *Global Space*, pp. 44–5; Rebecca E. Karl, 'Creating Asia: China in the World at the Beginning of the Twentieth Century', *American Historical Review*, 103/4 (1998), p. 1098.
24. Tang, *Global Space*, p. 47.
25. Ibid., p. 62.
26. Zarrow, 'Old Myth into New History', p. 211.
27. Schneider, *Nation and Ethnicity*, p. 106.
28. Tang, *Global Space*, p. 242.
29. Schneider, *Nation and Ethnicity*, pp. 107-8.
30. Ibid., p. 108.
31. Ibid., p. 87.
32. Ibid., p. 90.
33. Ibid., p. 98. 34. Ibid., p. 100. 35. Ibid., p. 121.
36. Tze-ki Hon, 'Educating the Citizens', in Tze-ki Hon and Robert Culp (eds), *The Politics of Historical Production in Late Qing and Republican China*, Leiden: Brill, 2007, p. 83.
37. Lü Junhua, 'Beijing's Old and Dilapidated Housing Renewal', *Cities*, 14/2 (1997), pp. 59~69.
38. Xinhua, 'Over 500 Confucius Institutes Founded in 142 Countries, Regions', *China Daily*, 7 October 2017, http://www.chinadaily.com.cn/china/2017-10/07/content_32950016.htm

39. Office of the Chinese Language Council International, *Common Knowledge About Chinese History*, Beijing: Higher Education Press, 2006, pp. 123, 138.
40. Hidehiro Okada, 'China as a Successor State to the Mongol Empire', in Reuven Amitai-Preiss and David O. Morgan (eds), *The Mongol Empire and Its Legacy*, Leiden: Brill, 1999, pp. 260–72.
41. Naomi Standen (ed.), *Demystifying China: New Understandings of Chinese History*, Lanham, MD: Rowman & Littlefield, 2013.
42. Tim Barrett, 'Chinese History as a Constructed Continuity: The Work of Rao Zongyi', in Peter Lambert and Björn Weiler (eds), *How the Past was Used: Historical Cultures, c. 750–2000*, Oxford: Oxford University Press, 2017, chapter 11.
43. Johnson, *Timothy Richard's Vision*, p. 124.
44. Eleanor Richard, 'A Foster Father of the League of Nations', *Peking and Tientsin Times*, March 1919.
45. Limin Bai, 'Reappraising Modernity after the Great War' (blog post), 17 September 2015, National Library of New Zealand.
46. Tang, *Global Space*, p. 175.
47. Richard, 'A Foster Father'.
48. 許多關於梁啟超到倫敦格德葛林鎮拜訪李提摩太的手稿，藏於國立威爾斯圖書館藏Dr Wyre Lewis典藏。特別感謝Eunice Johnson, Jennifer Peles, Peter Thomas and Meryl Thomas告知檔案收藏。
49. Jonathan D. Spence, *The Gate of Heavenly Peace: The Chinese and Their Revolution*, Harmondsworth: Penguin, 1982, p. 115.
50. Bruce Elleman, *Wilson and China: A Revised History of the Shandong Question*, Armonk, NY:M.E. Sharpe, 2002, pp. 24–9
51. Erez Manela, *The Wilsonian Moment: Self-Determination and the International Origins of Anticolonial Nationalism*, Oxford: Oxford University Press, 2007, pp. 114–17.

第五章　創造大一統的偉大民族

1. 中共西藏自治區委員會統戰工作領導小組辦公室西藏統一戰線，「班禪額爾德尼．確吉傑布在山南考察調研開展佛事活動」，二〇一八年八月二十八日，http://www.xztzb.gov.cn/news/1535419327828.shtml（擷取日期二〇二〇年三月二十日）

2. W.J.F. Jenner, 'Race and History in China', *New Left Review*, 1 September 2001, p. 55.
3. Chiang Kai-shek, Translator-Chung-Hui Wang, *China's Destiny*, Westport, CT: Greenwood Press, 1985, p. 13.
4. Thomas Mullaney, *Coming to Terms with the Nation: Ethnic Classification in Modern China*, Berkeley, CA: University of California Press, 2011.
5. Jenner, 'Race and History in China', p. 77.
6. Lai To Lee and Hock Guan Lee (eds), *Sun Yat-Sen, Nanyang and the 1911 Revolution*, Singapore: Institute of Southeast Asian Studies, 2011, pp. 18–19.
7. Patrick Anderson, *The Lost Book of Sun Yatsen and Edwin Collins*, London: Routledge, 2016, pp. 22–3.
8. *Daily News*, 'The Politics of Sun Yat-sen: Why His Head is in Peril', 26 October 1896, quoted in Anderson, *Lost Book of Sun Yatsen*, p. 15.
9. Harold Schiffrin, *Sun Yat-sen and the Origins of the Chinese Revolution*, Berkeley, CA: University of California Press, 1968, p. 128.
10. Marie-Claire Bergère (trans. Janet Lloyd), *Sun Yat-sen*, Stanford, CA: Stanford University Press, 1998, pp. 65–6.
11. James Leibold, 'Positioning "Minzu" Within Sun Yat-Sen's Discourse Of Minzuzhuyi', *Journal of Asian History*, 38/2 (2004), p. 168.
12. Schiffrin, Sun Yat-sen, p.9-13
13. Ibid., p. 148.
14. Bergère, *Sun Yat-sen*, pp. 77–8.
15. Leibold, 'Positioning "Minzu" ', p. 170.
16. Kenji Shimada, *Pioneer of the Chinese Revolution: Zhang Binglin and Confucianism*, Stanford, CA: Stanford University Press, 1990, p. 28.
17. Julia C. Schneider, *Nation and Ethnicity: Chinese Discourses on History, Historiography, and Nationalism (1900s–1920s)*, Leiden: Brill, 2017, pp. 80–82.

18. Cheng Zhongping, 'Kang Youwei's Activities in Canada and the Reformist Movement Among the Global Chinese Diaspora, 1899–1909', *Twentieth-Century China*, 39/1 (2014).
19. 'Jane Leung Larson, 'Kang Youwei: A Drifting Stranger from 20,000 Li Away', *Baohanghui Scholarship* (blog) 2 June 2013, https://baohuanghui.blogspot.com/2013/06/a-drifting- stranger-from-20000-li-away.html (accessed 2 March 2020).
20. Jonathan D. Spence, *The Gate of Heavenly Peace: The Chinese and Their Revolution*, Harmondsworth: Penguin, 1982, pp. 35–6.
21. Frank Dikötter, *The Discourse of Race in Modern China*. Oxford: Oxford University Press, 2015, p. 56.
22. Marc Andre Matten, *Imagining a Postnational World: Hegemony and Space in Modern China*, Leiden: Brill, 2016, p. 241.
23. 4'Life and Legacy of Kang Tongbi', Barnard, https://barnard.edu/headlines/life-and-legacy- kang-tongbi
24. Xiaobing Tang, *Global Space and the Nationalist Discourse of Modernity: The Historical Thinking of Liang Qichao*, Stanford, CA: Stanford University Press, 1996, p. 139.
25. Zou Rong, *The Revolutionary Army: A Chinese Nationalist Tract of 1903*, Paris: Éditions de l'École des Hautes Études en Sciences Sociales, 1968, p. 58.
26. Leibold, 'Positioning "Minzu" ', p. 174. 27. Ibid., p. 186.
28. So Wai Chor, 'National Identity, Nation and Race: Wang Jingwei's Early Revolutionary Ideas, 1905–1911', *Journal of Modern Chinese History*, 4/1 (2010), pp. 63–7.
29. Leibold, 'Positioning "Minzu" ', p. 176.
30. Ma Mingde, 'Tang Hualong in the 1911 Revolution', in Joseph W. Esherick and C. X. George Wei (eds), *China: How the Empire Fell*, London; New York: Routledge, 2013, p. 141.
31. James Leibold, 'Xinhai Remembered: From Han Racial Revolution to Great Revival of the Chinese Nation', *Asian Ethnicity*, 15/1 (2014), p. 3.
32. Edward Rhoads, *Manchus and Han: Ethnic Relations and Political Power in Late Qing and Early Republican China, 1861–*

1928, Seattle: University of Washington Press, 2000.

33. Ibid., pp. 114–16.
34. Pamela Kyle Crossley, *A Translucent Mirror: History and Identity in Qing Imperial History*, Oakland, CA: University of California Press, 1999.
35. Gray Tuttle, *Tibetan Buddhists in the Making of Modern China*, New York: Columbia University Press, 2007, p. 61.
36. Rhoads, *Manchus and Han*, p. 214.
37. Leibold, 'Positioning "Minzu" ', p. 180.
38. Tuttle, *Tibetan Buddhists*, p. 62.
39. Tjio Kayloe, *The Unfinished Revolution: Sun Yat-Sen and the Struggle for Modern China*, Singapore: Marshall Cavendish International (Asia), 2018.
40. Henrietta Harrison, *The Making of the Republican Citizen: Political Ceremonies and Symbols in China 1911–1929*, Oxford: Oxford University Press, 2000, p. 101.
41. Li Xizhu, 'Provincial Officials in 1911/12', in Joseph W. Esherick and C. X. George Wei (eds), *China: How the Empire Fell*, London; New York: Routledge, 2013.
42. Leibold, 'Positioning "Minzu" ', p. 181.
43. Tuttle, *Tibetan Buddhists*, p. 64.
44. Bergère, *Sun Yat-sen*, p. 228.
45. Leibold, 'Positioning "Minzu" ', pp. 184–6.
46. Bergère, *Sun Yat-sen*, p. 236.
47. Richard Louis Edmonds, 'The Legacy of Sun Yat-Sen's Railway Plans', *China Quarterly*, 421 (1987).
48. Leibold, 'Positioning "Minzu" ', p. 197. 49. Ibid., p. 191.
50. James Leibold, *Reconfiguring Chinese Nationalism: How the Qing Frontier and its Indigenes Became Chinese*, Basingstoke:

Palgrave Macmillan, 2007, p. 58.

51. Edmonds, 'Legacy of Sun Yat-Sen's Railway Plans'.
52. Chien-peng Chung, 'Comparing China's Frontier Politics: How Much Difference Did a Century Make?', *Nationalities Papers*, 46/1 (2018), p. 166.
53. Leibold, 'Positioning "Minzu" ', p. 183.
54. Xinhua, 'Slandering Xinjiang as "No Rights Zone" Against Fact, Chinese Official Told UN Panel', ChinaDaily.com, 14 August 2018, http://www.chinadaily.com.cn/a/201808/14/ WS5b7260a6a310add14f385a92.html
55. James Leibold, 'Hu the Uniter: Hu Lianhe and the Radical Turn in China's Xinjiang Policy', *ChinaBrief*, 18/16 (10 October 2018).
56. James Leibold, 'The Spectre of Insecurity: The CCP's Mass Internment Strategy in Xinjiang',*China Leadership Monitor*, Hoover Institution (1 March 2019).
57. James Leibold, 'A Family Divided: The CCP's Central Ethnic Work Conference', *ChinaBrief*, 14/21, Hoover Institution (7 November 2014).

第六章　中國話就是普通話

1. Xinhua, 'Proposal for News in Mandarin Angers Guangzhou Citizens', 9 July 2010, http:// www.china.org.cn/china/2010-07/09/content_20463001.htm; Sihua Liang, *Language Attitudes and Identities in Multilingual China: A Linguistic Ethnography*, Cham: Springer, 2015, pp. 5–6.
2. Xuesong Gao, ' "Cantonese is Not a Dialect" : Chinese Netizens' Defence of Cantonese as a Regional Lingua Franca', *Journal of Multilingual and Multicultural Development*, 33/5 (2012), p. 459.
3. Ibid., p. 459.
4. Verna Yu and *SCMP* Reporter, 'Hundreds Defy Orders Not to Rally in Defence of Cantonese', *South China Morning Post*, 2 August 2010, https://www.scmp.com/article/ 721128/hundreds-defy-orders-not-rally-defence-cantonese

5. Rona Y. Ji, 'Preserving Cantonese Television & Film in Guangdong: Language as Cultural Heritage in South China's Bidialectal Landscape', *Inquiries Journal*, 8/12 (2016), http:// www.inquiriesjournal.com/articles/1506/3/preserving-cantonese-television-and-film-in- guangdong-language-as-cultural-heritage-in-south-chinas-bidialectal-landscape
6. Mimi Lau, 'Guangdong TV News Channel Quietly Changing from Cantonese to Putonghua', *South China Morning Post*, 11 July 2014, https://www.scmp.com/news/china/ article/1552398/guangdong-tv-news-channel-quietly-changing-cantonese-putonghua
7. Xinhua, 'China to Increase Mandarin Speaking Rate to 80%', 3 April 2017. http://english. gov.cn/state_council/ministries/2017/04/03/content_281475615766970.htm
8. Minglang Zhou and Hongkai Sun (eds), *Language Policy in the People's Republic of China: Theory and Practice Since 1949*, Boston; London: Kluwer Academic Publishers, 2004, p. 30.
9. Dan Xu and Hui Li, 'Introduction', in Dan Xu and Hui Li (eds), *Languages and Genes in Northwestern China and Adjacent Regions*, Singapore: Springer, 2017, p. 3.
10. Stephen Chen, 'Beyond the Yellow River: DNA Tells New Story of the Origins of Han Chinese', *South China Morning Post*, 23 May 2019.
11. Jerry Norman, *Chinese*, Cambridge: Cambridge University Press, 1988, chapter 1.
12. Victor H. Mair, 'What is a Chinese "Dialect/Topolect"?', *Sino-Platonic Papers*, 29 (September 1991).
13. Norman,*Chinese*, pp. 2; 183. 14. Ibid., pp. 15–16.
15. Elisabeth Kaske, *The Politics of Language in Chinese Education: 1895–1919*, Leiden: Brill, 2008, p. 32.
16. Mair, 'What is a Chinese "Dialect/Topolect"?', pp. 11–12.
17. Murata Yujiro, 'The Late Qing "National Language" Issue and Monolingual Systems: Focusing on Political Diplomacy', *Chinese Studies in History*, 49/3 (2016), pp. 108–25.
18. Kaske, *Politics of Language*, pp. 24–6. 19. Ibid., pp. 91–3.

20. John DeFrancis, *Nationalism and Language Reform in China*, Princeton, NJ: Princeton University Press, 1950, p. 33.
21. Yixue Yang, 'Language Reform and Nation Building in Twentieth-Century China', *Sino- Platonic Papers*, 264 (December 2016), pp. 74–6.
22. 倪海曙，「切音」，中國大百科全書，北京／上海：中國大百科全書出版社，一九八八，頁三一五—一七。http://www.chinaknowledge.de/Literature/Script/qieyin.html
23. Jing Tsu, *Sound and Script in Chinese Diaspora*, Cambridge, MA: Harvard University Press, 2010, p. 23.
24. Kaske, *Politics of Language*, p. 146.
25. Quoted in ibid., p. 122. 26. Ibid., p. 366.
27. Ibid., pp. 356–7.
28. Ibid., p. 378.
29. Ibid., p. 292.
30. Ibid., p. 293.
31. Christopher Rea, *The Age of Irreverence: A New History of Laughter in China*, Oakland, CA: University of California Press, 2015, pp. 97–101.
32. Kaske, *Politics of Language*, pp. 407; 410.
33. DeFrancis, *Nationalism and Language Reform*, p. 57.
34. Tsu, *Sound and Script*, p. 194; S. Robert Ramsey, *The Languages of China*, Princeton, NJ: Princeton University Press, 1987, pp. 7–8.
35. DeFrancis, *Nationalism and Language Reform*, p. 66.
36. Kaske, *Politics of Language*, p. 428; Peter Peverelli, *The History of Modern Chinese Grammar Studies*, Berlin: Springer, 2015, p. 28.
37. Kaske, *Politics of Language*, p. 463; Peverelli, *History of Modern Chinese Grammar Studies*, pp. 28–9.
38. Quoted in Tsu, *Sound and Script*, p. 196.
39. David Moser, *A Billion Voices: China's Search for a Common Language*, London: Penguin Books, 2016, p. 27.

40. John DeFrancis, 'Language and Script Reform in China', in Joshua A. Fishman (ed.), *Advances in the Sociology of Language, vol. II: Selected Studies and Applications*, The Hague; Paris: Mouton, 1972, p. 458.
41. Harriet C. Mills, 'Language Reform in China: Some Recent Developments', *Far Eastern Quarterly*, 15/4 (August 1956), pp. 521–7.
42. *People's Daily*, 26 October 1955, quoted in Longsheng Guo, 'The Relationship Between Putonghua and Chinese Dialects', in Minglang Zhou and Hongkai Sun (eds), *Language Policy in the People's Republic of China: Theory and Practice Since 1949*, Boston; London: Kluwer Academic Publishers, 2004, pp. 45–6.
43. Yanyan Li, 'The Teaching of Shanghainese in Kindergartens', PhD dissertation, Benerd School of Education, 2015, pp. 49–52.
44. Qing Shao and Xuesong (Andy) Gao, 'Protecting Language or Promoting Dis-citizenship? A Poststructural Policy Analysis of the Shanghainese Heritage Project', *International Journal of Bilingual Education and Bilingualism*, 22/3 (2019), pp. 352–64.
45. Mark MacKinnon, 'Mandarin Pushing Out Cantonese', *Globe and Mail* (Toronto), 20 November 2009, https://www.theglobeandmail.com/news/world/mandarin-pushing-out- cantonese/article4293285; He Huifeng, 'Why Has Cantonese Fallen Out of Favour with Guangzhou Youngsters?', *South China Morning Post*, 12 March 2018, https://www.scmp. com/news/china/society/article/2136237/why-has-cantonese-fallen-out-favour-guangzhou- youngsters
46. Shao and Gao, 'Protecting Language', p. 357.
47. Moser, *A Billion Voices*, p. 90.
48. Quoted in Natalia Riva 'Putonghua and Language Harmony: China's Resources of Cultural Soft Power', *Critical Arts*, 31/6 (2017), pp. 92–108.

第七章　中國一點都不能少

1. Gap Inc., Gap Inc. Company-Operated Store Count by Country 2017, http://www.gapinc. com/content/dam/gapincsite/documents/Gap%20Inc.%20Company%20Owned%20 Store%20Count%20by%20Country.pdf; Gap Inc., Gap Inc. Factory List April 2019,

https://www.gapincsustainability.com/sites/default/files/Gap%20Inc%20Factory%20List.pdf (accessed 2 March 2020).

2. 'MAC Apologizes for Omitting Taiwan on Map of China in Promotional Email', *Global Times*, 10 March 2019, http://www.globaltimes.cn/content/1141581.shtml
3. Christian Shepherd, 'China Revises Mapping Law to Bolster Territorial Claims', Reuters, 27 April 2017.
4. Zhang Han, 'China Strengthens Map Printing Rules, Forbidding Publications Printed For Overseas Clients From Being Circulated in the Country', *Global Times*, 17 February 2019.
5. Laurie Chen, 'Chinese City Shreds 29,000 Maps Showing Taiwan as a Country', *South China Morning Post*, 25 March 2019, https://www.scmp.com/news/china/society/ article/3003121/about-29000-problematic-world-maps-showing-taiwan-country
6. A. J. Grajdanzev, 'Formosa (Taiwan) Under Japanese Rule', *Pacific Affairs*, 15/3 (September 1942), p. 312; Andrew Morris, 'The Taiwan Republic of 1895 and the Failure of the Qing Modernizing Project', in Stéphane Corcuff and Robert Edmondson (eds), *Memories of the Future: National Identity Issues and the Search for a New Taiwan*, Armonk, NY: M.E. Sharpe, 2002; Harry J. Lamley, 'The 1895 Taiwan Republic: A Significant Episode in Modern Chinese History', *Journal of Asian Studies*, 27/4 (1968), pp. 739–62
7. Alan M. Wachman, *Why Taiwan? Geostrategic Rationales for China's Territorial Integrity*, Stanford, CA: Stanford University Press, 2007, p. 69.
8. Ibid., pp. 50–60.
9. S.C.M. Paine, *Imperial Rivals: China, Russia, and Their Disputed Frontier*, Armonk, NY: M.E. Sharpe, 1996, p. 352.
10. Marie-Claire Bergère (trans. Janet Lloyd), *Sun Yat-sen*, Stanford, CA: Stanford University Press, 1998, pp. 92–6.
11. Shi-Chi Mike Lan, 'The Ambivalence of National Imagination: Defining "The Taiwanese" in China, 1931–1941', *China Journal*, 64 (2010), p. 179.
12. Marc Andre Matten, *Imagining a Postnational World: Hegemony and Space in Modern China*, Leiden: Brill, 2016, p. 126.
13. Jingdong Yu, 'The Concept of "Territory" in Modern China: 1689–1910', *Cultura: International Journal of Philosophy of*

Culture and Axiology, 15/2 (2018), pp. 73–95.

14. So Wai Chor, 'National Identity, Nation and Race: Wang Jingwei's Early Revolutionary Ideas, 1905–1911', *Journal of Modern Chinese History*, 4/1 (2010), p. 73.
15. Matten, *Imagining a Postnational World*, pp. 88–9.
16. Republic of China, 'The Provisional Constitution of the Republic of China', *American Journal of International Law*, 6/3, Supplement: Official Documents (July 1912), pp. 149–54.
17. William L. Tung, *The Political Institutions of Modern China*, The Hague: M. Nijhoff, 1964, p. 326.
18. Matten, *Imagining a Postnational World*, p. 152. But see Tung, *Political Institutions of Modern China*, p. 332, for an alternative translation.
19. Matten, *Imagining a Postnational World*, p. 152; Tung, *Political Institutions of Modern China*, p. 344.
20. Tung, *Political Institutions of Modern China*, p. 350; Matten, *Imagining a Postnational World*, pp. 152–3.
21. James Leibold, *Reconfiguring Chinese Nationalism: How the Qing Frontier and its Indigenes Became Chinese*, Basingstoke: Palgrave Macmillan, 2007, p. 4.
22. Frank Trager, 'Burma and China', *Journal of Southeast Asian History*, 5/1 (1964), pp. 38–9.
23. Ning Chia, 'Lifanyuan and Libu in the Qing Tribute System', in Dittmar Schorkowitz and Ning Chia (eds), *Managing Frontiers in Qing China: The Lifanyuan and Libu Revisited*, Boston: Brill, 2016, p. 168.
24. Yingcong Dai, *The Sichuan Frontier and Tibet: Imperial Strategy in the Early Qing*, Seattle: University of Washington Press, 2011, p. 124.
25. Leibold, *Reconfiguring Chinese Nationalism*, p. 11.
26. Chiao-Min Hsieh and Jean Kan Hsieh, *Race the Rising Sun: A Chinese University's Exodus During the Second World War*, Lanham, MD: University Press of America, 2009, p. 103.
27. Michael H. Hunt, 'The American Remission of the Boxer Indemnity: A Reappraisal', *Journal of Asian Studies*, 31/3 (May 1972).

28. Zhihong Chen, ' "Climate's Moral Economy": Geography, Race, and the Han in Early Republican China', in Thomas S. Mullaney et al. (eds), *Critical Han Studies: The History,Representation, and Identity of China's Majority*, Berkeley, CA: University of California Press, 2012, p. 76–8.
29. Hsieh and Hsieh, *Race the Rising Sun*, p. 104.
30. Chen, ' "Climate's Moral Economy" ', p. 90.
31. Zhihong Chen, 'The Frontier Crisis and the Construction of Modern Chinese Geography in Republican China (1911–1949)', *Asian Geographer*, 33/2 (2016).
32. Timothy Cheek, *The Intellectual in Modern Chinese History*, Cambridge: Cambridge University Press, 2015, p. 134.
33. 例如：張其昀，《初中教科書地理》，第三冊，上海：上海商務出版社，一九二五。
34. Chen, 'Frontier Crisis', p. 156; Zhihong Chen, 'Stretching the Skin of the Nation: Chinese Intellectuals, the State and the Frontiers in the Nanjing Decade (1927–1937)', PhD disser- tation, University of Oregon, 2008, p. 197.
35. Ge Zhaoguang, *What is China? Territory, Ethnicity, Culture and History*, Cambridge, MA: Belknap Press, 2018, pp. 86–93.
36. Chiu-chun Lee, 'Liberalism and Nationalism at a Crossroads: The Guomindang's Educational Policies 1927–1930', in Tze-ki Hon and Robert Culp (eds), *The Politics of Historical Production in Late Qing and Early Republican China*, Leiden: Brill, 2007, p. 303.
37. Hsiang-po Lee, 'Rural-Mass Education Movement In China, 1923–1937, PhD thesis, University of Ohio, 1970, pp. 60–61.
38. Robert Culp, *Articulating Citizenship: Civic Education and Student Politics in Southeastern China, 1912–1940*, Cambridge, MA: Harvard University Press, 2007, pp. 85–7.
39. Fangyu He, 'From Scholar to Bureaucrat: The Political Choice of the Historical Geographer Zhang Qiyun', *Journal of Modern Chinese History*, 10/1 (2016), p. 36.
40. Lan, 'The Ambivalence of National Imagination'.
41. Peter Zarrow, *Educating China: Knowledge, Society and Textbooks in a Modernising World, 1902–1937*, Cambridge:

Cambridge University Press, 2015, p. 239.

42. Culp, *Articulating Citizenship*, p. 81.
43. Chen ' "Climate's Moral Economy" ', pp. 80–81.
44. Zarrow, *Educating China*, p. 242.
45. Culp, *Articulating Citizenship*, chapter 2; Zarrow, *Educating China*, chapter 8.
46. William A. Callahan, 'The Cartography of National Humiliation and the Emergence of China's Geobody', *Public Culture*, 21/1 (2009).
47. Wachman, *Why Taiwan?*, p. 86.
48. Laura Hostetler, *Qing Colonial Enterprise: Ethnography and Cartography in Early Modern China*, Chicago: University of Chicago Press, 2001, pp. 117–20.
49. Diana Lary, 'A Zone of Nebulous Menace: The Guangxi/Indochina Border in the Republican Period', in Diana Lary (ed.), *The Chinese State at the Borders*, Vancouver: University of British Columbia Press, 2007.
50. Chen, 'Stretching the Skin', pp. 196–7.
51. Li Jinming and Li Dexia, 'The Dotted Line on the Chinese Map of the South China Sea: A Note', *Ocean Development & International Law*, 34 (2003), p. 289.
52. *Shenbao, Zhonghua minguo xinditu* (New Maps of the Chinese Republic), Shanghai: *Shenbao,* 1934, preface.
53. Chen, 'Stretching the Skin', p. 205; *Shenbao*, 'New Maps'; Chi-Yun Chang, 'Geographic Research in China', *Annals of the Association of American Geographers*, 34/1 (March 1944), p. 47.
54. Owen Lattimore, 'The Frontier In History' (1955), in Owen Lattimore, *Studies in Frontier History: Collected Papers, 1928–1958*, London: Oxford University Press, 1962, pp. 469–70.
55. James A. Millward, 'New Perspectives on the Qing Frontier', in Gail Hershatter, *Remapping China: Fissures in Historical Terrain*, Stanford, CA: Stanford University Press, 1996, pp. 114–15.
56. Chen, 'Frontier Crisis', p. 153.

57. 另一位創辦人是他在中央大學的同事「胡煥庸」，也是竺可楨的學生。
58. Chen, 'Frontier Crisis'.
59. Dahpon D. Ho, 'Night Thoughts of a Hungry Ghostwriter: Chen Bulei and the Life of Service in Republican China', *Modern Chinese Literature and Culture*, 19/1 (2007), p. 14; Cheek, *Intellectual in Modern Chinese History*, p. 134.
60. He, 'From Scholar to Bureaucrat', pp. 35–51.
61. Zarrow, *Educating China*, p. 221.
62. Chen, 'Stretching the Skin', p. 203.
63. Chen, 'Frontier Crisis, p. 155.
64. Ho, 'Night Thoughts of a Hungry Ghostwriter', p. 14.
65. He, 'From Scholar to Bureaucrat', p. 37.
66. Ibid., p. 41.
67. Li Xiaoqian, 'Predicament and Responses: Discussions of History Education in Early Modern China', *Chinese Studies in History*, 50/2, (2017), p. 161.
68. Chi-Yun Chang, 'Geographic Research in China', pp. 58–9.
69. Chi-Yun Chang, 'Climate and Man in China', *Annals of the Association of American Geographers*, 36/1, 1946, pp. 44–73.
70. Chang Ch'i-yün, 'The Natural Resources of China', No. 1. Sino-international Economic Research Center, 1945.
71. He, 'From Scholar to Bureaucrat', p. 43.
72. Nelson Trusler Johnson, Letter from the Ambassador in China to the Secretary of State, 26 April 1938, *Foreign Relations of the United States Diplomatic Papers, 1938, The Far East, volume III, document 154*, https://history.state.gov/historicaldocuments/frus1938v03/ d15414232
73. Frank S. T. Hsiao and Lawrence R. Sullivan, 'The Chinese Communist Party and the Status of Taiwan, 1928–1943', *Pacific Affairs*, 52/3 (1979), p. 463; Steve Phillips, 'Confronting Colonization and National Identity: The Nationalists and Taiwan,

1941–45', *Journal of Colonialism and Colonial History*, 2/3 (2001); Steve Tsang, 'From Japanese Colony to Sacred Chinese Territory: Putting the Geostrategic Significance of Taiwan to China in Historical Context', unpublished paper, 2019.

74. Hsiao and Sullivan, 'Chinese Communist Party', p. 446.
75. Wachman, *Why Taiwan?*, pp. 88–90.
76. Xiaoyuan Liu, *Partnership for Disorder: China, the United States, and their Policies for the Postwar Disposition of the Japanese Empire, 1941–1945*, Cambridge: Cambridge University Press, 1996, p. 65.
77. J. Bruce Jacobs, 'Taiwanese and the Chinese Nationalists, 1937–1945: The Origins of Taiwan's "Half-Mountain People" (Banshan ren)', *Modern China*, 16/84 (1990).
78. Phillips, 'Confronting Colonization'.
79. Among others who assisted was Tao Xisheng, a former professor who served on several key committees within the government, then defected to Wang Jingwei's pro-Japanese govern- ment and then returned to the GMD in early 1940. Until 1925, he was a relatively unknown legal historian and an editor at the Commercial Press.
80. 在一九四三年三月十日出版。
81. Phillips, 'Confronting Colonization'. NB the Chinese text is different from the English- language version published in 1947.
82. Melvyn C. Goldstein, *A History of Modern Tibet*, Berkeley, CA: University of California Press, 2007, pp. 314–49; Simon L. Chang, 'A "Realist" Hypocrisy? Scripting Sovereignty in Sino-Tibetan Relations and the Changing Posture of Britain and the United States', *Asian Ethnicity*, 26 (2011), pp. 325–6.
83. 陳錦昌，《蔣中正遷台記》（*Record of Chiang Kai-shek's retreat to Taiwan*），台北：向陽文化出版社，二〇〇五，頁五〇。
84. He, 'From Scholar to Bureaucrat', p. 46.
85. LSE Undergraduate and Postgraduate Students Headcount: 2013/14–2017/18, https:// info.lse.ac.uk/staff/divisions/Planning-Division/Assets/Documents/Student-Statistics- 2018.pdf
86. 中央社，〈倫敦政經學院公共藝術將把台灣劃為中國　外交部抗議〉，二〇一九年四月七日，https://www.cna.com.tw/

news/firstnews/201904040021.aspx（擷取日期二〇二〇年三月二日）

87. Isabella Pojuner, 'China-Taiwan Tension Feeds LSE Globe Furore', BeaverOnline, 6 April 2019, https://beaveronline.co.uk/china-taiwan-tension-feeds-lse-globe-furore

88. Keoni Everington, 'LSE ignores Chinese cries, adds asterisk next to Taiwan on globe', Taiwan News, 10 July 2019, https://www.taiwannews.com.tw/en/news/3742226（擷取日期二〇二〇年三月二日）.

第八章　爭奪南中國海的海權

1. James Horsburgh, *India Directory*, vol. 2, London: William H. Allen & Company, 1852, p. 369.
2. Bureau of Navigation, Navy Department, 'A List of the Reported Dangers to Navigation in the Pacific Ocean, Whose Positions are Doubtful, Or Not Found on the Charts in General Use', Washington: Government Printing Office, 1866, p. 71.
3. 1st of the 5th lunar month 1907.
4. Edward S. Krebs, *Shifu, Soul of Chinese Anarchism*, London: Rowman & Littlefield, 1998, p. 44.
5. Edward J. M. Rhoads, *China's Republican Revolution: The Case of Kwangtung, 1895–1913*, volume 81, Cambridge, MA: Harvard University Press, 1975, pp. 111 and 114.
6. Cuthbert Collingwood, *Rambles of a Naturalist on the Shores and Waters of the China Sea: Being Observations in Natural History During a Voyage to China, Formosa, Borneo, Singapore, etc in Her Majesty's Vessels in 1866 and 1867*, London: John Murray, 1868, p. 147.
7. 'US Concern Over Pratas', *Hong Kong Daily Press*, 7 December 1907, p. 2.
8. Wong, Sin-Kiong, 'The Tatsu Maru Incident and the Anti-Japanese Boycott of 1908: A Study of Conflicting Interpretations', *Chinese Culture*, 34/3 (1993), pp. 77–92.
9. Rhoads, *China's Republican Revolution*, pp. 135–7.
10. 'The French in South China', *Singapore Free Press and Mercantile Advertiser*, 20 April 1908,p. 5.

11. 'The Pratas', *China Mail*, 16 March 1909, p. 4; 'The Pratas Island Question', *Japan Weekly Chronicle*, 15 July 1909, p. 106; 'A New Pilot for Lower Yangtze', *North China Daily News*, 28 May 1926, p. 18.
12. *Straits Times*, 23 December 1910, p. 7.
13. Monique Chemillier-Gendreau, *Sovereignty over the Paracel and Spratly Islands*, The Hague; Boston: Kluwer Law International, 2000, pp. 200–203.
14. 'Paracels Islands: Chinese Official Mission Returns', *South China Morning Post*, 10 June 1909, p. 7.
15. 'Local News', *South China Morning Post*, 21 June 1909, p. 2.
16. Rhoads, *China's Republican Revolution*, p. 211; Krebs, *Shifu*, p. 68.
17. 'Li Chun Recovering Rapidly', *Hong Kong Telegraph*, 13 September 1911, p. 4.
18. Mary Man-yue Chan, *Chinese Revolutionaries in Hong Kong, 1895–1911*, MA thesis, University of Hong Kong, 1963, p. 233.
19. Ibid., pp. 230–32.
20. Woodhead, H.G.W., and H. T. Montague, *The China Year Book*, London: G. Routledge & Sons, 1914, p. 575.
21. 'Promotion for Li Chun', *China Mail*, 23 July 1914, p. 7; 'Li Chun', *China Mail*, 7 August 1914.
22. 李準，〈李準巡海記〉，《國聞周報》，十號，三十三號刊（八月份），一九三三，頁二。
23. Gerard Sasges, 'Absent Maps, Marine Science, and the Reimagination of the South China Sea, 1922–1939', *Journal of Asian Studies* (January 2016), pp. 1–24.
24. Chemillier-Gendreau, *Sovereignty over the Paracel and Spratly Islands*, p. 107.
25. Sasges, 'Absent Maps', p. 13.
26. 中華民國外交部，《外交部南海諸島檔案彙編》，台北。一九九五，頁二八。
27. Tze-ki Hon, 'Coming to Terms With Global Competition: The Rise of Historical Geography in Early Twentieth-century China', in Robert Culp, Eddy U, Wen-hsin Yeh (eds), *Knowledge Acts in Modern China: Ideas, Institutions, and Identities*, Berkeley, CA: Institute of East Asian Studies, University of California, 2016.

28. Wu Feng-ming, 'On the new Geographic Perspectives and Sentiment of High Moral Character of Geographer Bai Meichu in Modern China', *Geographical Research (China)*, 30/11, 2011, pp. 2109–14.
29. Ibid., p. 2113.
30. Tsung-Han Tai and Chi-Ting Tsai, 'The Legal Status of the U-shaped Line Revisited from the Perspective of Inter-temporal Law', in Szu-shen Ho and Kuan-Hsiung Wang (eds), *A Bridge Over Troubled Waters: Prospects for Peace in the South and East China Seas*, Taipei: Prospect Foundation, 2014, pp. 177–208.

結論　中華民族偉大復興中國夢

1. https://www.swaen.com/antique-map-of.php?id=22295
2. Marijn Nieuwenhuis, 'Merkel's Geography: Maps and Territory in China', *Antipode*, 11 (June 2014), https://antipodefoundation.org/2014/06/11/maps-and-territory-in-china/
3. Wang Yiwei, 'Economic Interests Attract China to Russia, Not Edgy Policies', *Yale Global*,3 February 2015, https://yaleglobal.yale.edu/content/economic-interests-attract-china- russia-not-edgy-policies
4. 請參見 Dean H. Hamer, *The God Gene: How Faith Is Hardwired into Our Genes*, New York: Doubleday Books, 2004.
5. Zheng Wang, *Never Forget National Humiliation: Historical Memory in Chinese Politics and Foreign Relations*, New York: Columbia University Press, 2014, p. 99.
6. Zheng Wang, 'National Humiliation, History Education, and the Politics of Historical Memory: Patriotic Education Campaign in China', *International Studies Quarterly*, 52 (2008), p. 784.
7. http://www.chinafile.com/library/books/China-Dreams

延伸閱讀

如果沒有這些前人精彩的學術研究，就不會有這本書。若您想要更深入了解任一主題，下列是我寫作時參酌仰賴的作者書目，請參閱。

導論　中國即將成為什麼樣的國家？

Barmé, Geremie R., *The Forbidden City*, Cambridge, MA: Harvard University Press, 2011 Brook, Timothy, *Great State: China and the World*, London: Profile Books, 2019

Mullaney, Thomas S., et al. (eds), *Critical Han Studies: The History, Representation, and Identity of China's Majority*, Berkeley, CA: University of California Press, 2012

Waley-Cohen, Joanna, 'The New Qing History,' *Radical History Review*, 88 (2004)

第一章　製造中國

Bol, Peter K., 'Middle-period Discourse on the Zhong Guo: The Central Country', in *Hanxue Yanjiu (Chinese Studies)*, Taipei: Center for Chinese Studies, 2009, pp. 61–106

Boxer, C. R. (ed.), *South China in the Sixteenth Century: Being the Narratives of Galeote Pereira, Fr. Gaspar de Cruz, O.P., Fr. Martin de Rada, O.E.S.A.*, London: The Hakluyt Society, second series, 106, 1953

Chin, Tamara, 'The Invention of the Silk Road, 1877', *Critical Inquiry*, 40/1 (2013), pp. 194–219, doi:10.1086/673232

Cook, Constance A., and John S. Major, *Defining Chu: Image and Reality in Ancient China*, Honolulu: University of Hawaii Press, 1999

Costa Gomes, Cristina, and Isabel Murta Pina, 'Making Clocks and Musical Instruments: Tomás Pereira as an Artisan at the Court of Kangxi (1673–1708)', *Revisita de Cultura* (International Edition), 51 (2016)

Crossley, Pamela Kyle, 'The Rulerships of China: A Review Article,' *American Historical Review*, 97/5 (1992)

Dikötter, Frank (ed.), *The Construction of Racial Identities in China and Japan*, Hong Kong: Hong Kong University Press, 1997

Dirlik, Arif, 'Born in Translation: "China" in the Making of "Zhongguo" ', *Boundary* (2015)

—— , 'Born in Translation: "China" in the Making of "Zhongguo" ', paper presented at Institute for Social Sciences of the University of California Davis, co-hosted by Kreddha, 22–24 September 2016

Fitzgerald, John, *Awakening China: Politics, Culture, and Class in the Nationalist Revolution*, Stanford, CA: Stanford University Press, 1996, p. 117

Geng, Yunzhi, *An Introductory Study on China's Cultural Transformation in Recent Times*, Berlin: Springer, 2015

Hon, Tze-ki, *Revolution as Restoration: Guocui Xuebao and China's Path to Modernity, 1905– 1911*, Leiden: Brill, 2013

Kaske, Elisabeth, *The Politics of Language in Chinese Education: 1895–1919*, Leiden: Brill, 2008 Kwong, Luke S. K., 'What's In A Name: Zhongguo (Or "Middle Kingdom") Reconsidered',*Historical Journal*, 58/3 (2015)

Liu, Lydia, *The Clash of Empires: The Invention of China in Modern World Making*, Cambridge, MA: Harvard University Press, 2004

Murthy, Viren, *The Political Philosophy of Zhang Taiyan: The Resistance of Consciousness*, Leiden: Brill, 2011

Ricci, Matteo, *China in the Sixteenth Century: The Journals of Matthew Ricci, 1583–1610*, compiled by Nicholas Trigault, translated from the Latin by Louis Gallagher, New York: Random House, 1953

Schiffrin, Harold, *Sun Yat-Sen and the Origins of the Chinese Revolution*, Berkeley, CA: University of California Press, 1968

Schneider, Julia C., *Nation and Ethnicity: Chinese Discourses on History, Historiography, and Nationalism (1900s–1920s)*, Leiden: Brill, 2017

Sebes, Joseph, 'The Jesuits and the Sino-Russian Treaty of Nerchinsk (1689) The Diary of Thomas Pereira, S. J.', *Bibliotheca Instituti Historici*, vol. XVIII (1962)

Shimada, Kenji, *Pioneer of the Chinese Revolution: Zhang Binglin and Confucianism*, Stanford, CA: Stanford University Press, 1990

Smith, Richard J., *Mapping China and Managing the World: Culture, Cartography and Cosmology in Late Imperial Times*, New York: Routledge, 2013

Tackett, Nicolas, *The Origins of the Chinese Nation: Song China and the Forging of an East Asian World Order*, Cambridge: Cambridge University Press, 2017

Twitchett, Denis, John King Fairbank and Michael Loewe, *The Cambridge History of China: Volume 1, The Ch'in and Han Empires, 221 bc–ad 220*, Cambridge: Cambridge University Press, 1987

Ven, Hans van de, *Breaking with the Past: The Maritime Customs Service and the Global Origins of Modernity in China*, New York: Columbia University Press, 2014

Watanabe, Junsei, 'Manchu Manuscripts in the Toyo Bunko', in Luís Saraiva (ed.), *Europe and China: Science and Arts in the 17th and 18th Centuries*, Singapore; Hackensack, NJ: World Scientific, 2013

Zhang, Deyi (trans. Simon Johnstone), *Diary of a Chinese Diplomat*, Beijing: Chinese Literature Press, 1992

——，《隨使法國記》，湖南：人民出版社，一九八二。

第二章　主權，重新創造天下

Alsford, Niki, *Transitions to Modernity in Taiwan: The Spirit of 1895 and the Cession of Formosa to Japan*, London: Routledge, 2017

Berry, Chad Michael, 'Looking for a Friend: Sino-U.S. Relations and Ulysses S. Grant's Mediation in the Ryukyu/Liuqiu 琉球 Dispute of 1879', thesis, University of Ohio, 2014 Biggerstaff, Knight, 'The Secret Correspondence of 1867–1868: Views of Leading Chinese Statesmen Regarding the Further Opening of China to Western Influence', *Journal of Modern History*, 22/2 (June 1950), pp. 122–36

Broder, John M., and Elisabeth Rosenthal, 'Obama Has Goal to Wrest a Deal in Climate Talks',*New York Times*, 17 December 2009

Callahan, William A., *Contingent States: Greater China and Transnational Relations*, Minneapolis; London: University of Minnesota Press, 2004

Cassel, Pär Kristoffer, *Grounds of Judgment: Extraterritoriality and Imperial Power in Nineteenth- Century China and Japan*, Oxford; New York: Oxford University Press, 2012

Chapuis, Oscar, *The Last Emperors of Vietnam: From Tu Duc to Bao Dai*, Westport, CT: Greenwood Press, 2000

China Internet Information Center, 'Opening ceremony of the 19th CPC National Congress' 17 October 2017, http://live.china.org.cn/2017/10/17/opening-ceremony-of-the-19th-cpc-national-congress (accessed 2 March 2020)

Cranmer-Byng, J. L., 'The Chinese Perception of World Order', *International Journal*, 24/1 (Winter 1968–9), pp. 166–71

——, 'The Chinese View of Their Place in the World: An Historical Perspective', *China Quarterly*, 53 (January–March 1973), pp. 67–79

Crossley, Pamela Kyle, *Orphan Warriors: Three Manchu Generations and the End of the Qing World*, Princeton, NJ: Princeton University Press, 1990

Cushman, Jennifer Wayne, *Fields From the Sea: Chinese Junk Trade with Siam During the Late Eighteenth and Early Nineteenth Centuries*, Ithaca, NY: Cornell University Press, 1993

Davis, Bradley Camp, *Imperial Bandits: Outlaws and Rebels in the China-Vietnam Borderlands*. Seattle: University of Washington Press, 2016

Fairbank, J. K. 'Tributary Trade and China's Relations with the West', *Far Eastern Quarterly*, 1/2 (February 1942)

—— , and Merle Goldman, *China: A New History*, Cambridge, MA: Harvard University Press, 2006

Falkner, Robert, 'The Paris Agreement and the New Logic of International Climate Politics', *International Affairs*, 92/5, pp. 1107–25 (2016)

Feige, Chris, and Jeffrey A. Miron, 'The Opium Wars, Opium Legalization and Opium Consumption in China', *Applied Economics Letters*, 15/12 (2008), pp. 911–13

Godement, François, *Expanded Ambitions, Shrinking Achievements: How China Sees the Global Order*, London: European Council on Foreign Relations, 2017

Hamashita, Takeshi, 'Tribute and Treaties: East Asian Treaty Ports Networks in the Era of Negotiation, 1834–1894', *European Journal of East Asian Studies*, 1/1 (2001), p. 61

—— , 'The Tribute Trade System and Modern Asia', chapter 6 in Kenneth Pomeranz (ed.), *The Pacific in the Age of Early Industrialization*, Farnham: Ashgate, 2009

Hunt, Michael H., *The Making of a Special Relationship: The United States and China to 1914*, New York: Columbia University Press, 1983

Irigoin, Alejandra, 'A Trojan Horse in Daoguang China? Explaining the Flows of Silver In and Out of China', LSE Working Paper No. 173/13, London School of Economics, 2013

Kublin, Hyman, 'The Attitude of China during the Liu-ch'iu Controversy, 1871–1881', *Pacific Historical Review*, 18/2 (May 1949), pp. 213–31

Little, Alicia E. Neve, *Li Hung-Chang: His Life and Times* [1903], Cambridge: Cambridge University Press, 2010

Liu, Kwang-ching, 'The Confucian as Patriot and Pragmatist: Li Hung-chang's Formative Years, 1823–1866', *Harvard Journal of Asiatic Studies*, vol. 30 (1970), pp. 5–45

Liu, Lydia, *The Clash of Empires: The Invention of China in Modern World Making*, Cambridge, MA: Harvard University Press, 2004

Loehr, George R., 'A. E. van Braam Houckgeest: The First American at the Court of China', *Princeton University Library Chronicle*, 15/4 (Summer 1954), pp. 179–93

Lynas, Mark, 'How do I know China wrecked the Copenhagen deal? I was in the room', *The Guardian*, 22 December 2009

Meyer-Fong, Tobie, 'Urban Space and Civil War: Hefei, 1853–1854', *Frontiers of History in China*, 8/4 (2013), pp. 469–92

Miller, Robert Hopkins, *The United States and Vietnam 1787–1941*, Forest Grove, OR: University Press of the Pacific, 2005

Mouat, Melissa, 'The Establishment of the Tongwen Guan and the Fragile Sino-British Peace of the 1860s', *Journal of World History*, 26/4 (2015), p. 741

Paine, S.C.M., *The Sino-Japanese War of 1894–1895: Perceptions, Power, and Primacy*, Cambridge: Cambridge University Press, 2005

Patapan, Haig, and Yi Wang, 'The Hidden Ruler: Wang Huning and the Making of Contemporary China', *Journal of Contemporary China*, 27/109 (2018), pp. 54–5

Paullin, Charles Oscar, 'The Opening of Korea by Commodore Shufeldt', *Political Science Quarterly*, 25/3 (September 1910), pp. 470–99

Polachek, James M., *The Inner Opium War*, Cambridge, MA: Harvard University Press, 1992 Pong, David, *Shen Pao-chen and China's Modernization in the Nineteenth Century*, Cambridge:Cambridge University Press, 2009

Rudolph, Jennifer, *Negotiated Power in Late Imperial China: The Zongli Yamen and the Politics of Reform*, Ithaca, NY: Cornell University East Asia Program, 2008

Smith, Richard J., *Robert Hart and China's Early Modernization: His Journals, 1863–1866*, Cambridge, MA: Harvard University Press, 1991

—— , 'Li Hung-chang's Use of Foreign Military Talent: The Formative Period, 1862–1874', in Samuel C. Chu and Kwang-ching Liu (eds), *Li Hung-chang and China's Early Modernization*, London: M.E. Sharpe, 1994

Spence, Jonathan, *Chinese Roundabout: Essays in History and Culture*, New York: W. W. Norton, 1992

—— , *The Search for Modern China*, New York: W.W. Norton & Co., 2001

Svarverud, Rune, *International Law as World Order in Late Imperial China: Translation, Reception and Discourse 1847–1911*, Leiden: Brill, 2007

Syatauw, J.J.G., *Some Newly Established Asian States and the Development of International Law*, The Hague: Martinus Nijhoff, 1961

Taylor, K. W., *A History of the Vietnamese*, Cambridge: Cambridge University Press, 2013 Teng, Ssu-yü, and John King Fairbank, *China's Response to the West: A Documentary Survey,1839–1923*, Cambridge, MA: Harvard University Press, 1979

Trager, Frank, 'Burma and China', *Journal of Southeast Asian History*, 5/1 (1964)

Vidal, John, and Jonathan Watts, 'Agreement Finally Reached: Copenhagen 9.30 a.m., Saturday 19 December 2009', *The Observer*, 20 December 2009

Wang, Dong, *China's Unequal Treaties: Narrating National History*, Lanham, MD: Lexington Books, 2005

Wang, Yi, 'Wang Huning: Xi Jinping's Reluctant Propagandist', www.limesonline.com, 4 April 2019

Wooldridge, William Charles, 'Building and State Building in Nanjing after the Taiping Rebellion', *Late Imperial China*, 30/2 (2009), pp. 84–126

Yin, Zhiguang, 'Heavenly Principles? The Translation of International Law in 19th-century China and the Constitution of Universality', *European Journal of International Law*, 27/4 (1 November 2016), pp. 1005–23

第三章　黃種人與漢族的團結

Ching, May-bo, 'Literary, Ethnic or Territorial? Definitions of Guangdong Culture in the Late Qing and Early Republic', in Tao Tao Liu and David Faure (eds), *Unity and Diversity: Local Cultures and Identities in China*, Hong Kong: Hong Kong University Press, 1996

—— , 'Classifying Peoples: Ethnic Politics in Late Qing Native-place Textbooks and Gazetteers', in Tze-ki Hon and Robert Culp (eds), *The Politics of Historical Production in Late Qing and Republican China*, Leiden: Brill, 2007

Chow, Kai-wing, 'Imagining Boundaries of Blood: Zhang Binglin and the Invention of the Han "Race" in Modern China', in Frank Dikötter (ed.), *The Construction of Racial Identities in China and Japan*, London: Hurst & Co., 1997

Crossley, Pamela Kyle, 'The Qianlong Retrospect on the Chinese-martial (hanjun) Banners', *Late Imperial China*, 10/1 (June 1989), pp. 63–107

Dikötter, Frank, *The Discourse of Race in Modern China*, Oxford: Oxford University Press, 2015

Elman, Benjamin A., 'Toward a History of Modern Science in Republican China', in Jing Tsu and Benjamin A. Elman (eds), *Science and Technology in Modern China, 1880s–1940s*, Leiden: Brill, 2014

Huang, Jianli, 'Chinese Overseas and China's International Relations', in Zheng Yongnian (ed.), *China and International Relations: The Chinese View and the Contribution of Wang Gungwu*, London: Routledge, 2010

Kamachi, Noriko, *Reform in China: Huang Tsun-hsien and the Japanese Model*, Cambridge, MA: Harvard University Press, 1981, pp. 3–29

Keevak, Michael, *Becoming Yellow: A Short History of Racial Thinking*, Princeton, NJ: Princeton University Press, 2011

Kynge, James, Lucy Hornby and Jamil Anderlini, 'Inside China's Secret "Magic Weapon" for Worldwide Influence', *Financial Times*, 26 October 2017, https://www.ft.com/content/ fb2b3934-b004-11e7-beba-5521c713abf4

Lamley, Harry J., 'Hsieh-Tou: The Pathology of Violence in Southeastern China', *Ch'ing-shih wen-t'I*, 3/7 (1977)

Leo, Jessieca, *Global Hakka: Hakka Identity in the Remaking*, Leiden: Brill, 2015

Mouat, Melissa, 'The Establishment of the Tongwen Guan and the Fragile Sino-British Peace of the 1860s' in *Journal of World History*, 26/4 (2015)

Nagai, Michio, 'Herbert Spencer in Early Meiji Japan', *Far Eastern Quarterly*, 14/1 (1954) Pong, David, *Shen Pao-chen and China's Modernization in the Nineteenth Century*, Cambridge: Cambridge University Press, 2009

Pusey, James Reeve, *China and Charles Darwin*, Cambridge, MA: Harvard University Press, 1983

Rhoads, Edward, *Manchus and Han: Ethnic Relations and Political Power in Late Qing and Early Republican China, 1861–1928*,

Seattle: University of Washington Press, 2000

Schmidt, J. D., *Within the Human Realm: The Poetry of Huang Zunxian 1848–1905*, Cambridge: Cambridge University Press, 1994

Schneider, Laurence A., *Ku Chieh-kang and China's New History: Nationalism and the Quest for Alternative Traditions*, Berkeley, CA: University of California Press, 1971

Schwartz, Benjamin I., *In Search of Wealth and Power: Yen Fu and the West*, Cambridge, MA: Harvard University Press, 1964

Spencer, Herbert, *The Principles of Biology*, London: Williams & Norgate, 1864–7

—— , *Social Statics*, New York: D. Appleton & Co., 1865

—— , *The Study of Sociology*, London: Henry S. King & Co., 1873

Wang, Gungwu, *Community and Nation: Essays on Southeast Asia and the Chinese*, Singapore: Heinemann Educational Books (Asia), 1981

Yang, Shao-Yun, 'Becoming Zhongguo, Becoming Han: Tracing and Reconceptualizing Ethnicity in Ancient North China, 770 bc–ad 581', MA thesis, National University of Singapore, 2007

第四章　五千年優異傳統文明

Bai, Limin, 'Reappraising Modernity after the Great War' (blog post), 17 September 2015, National Library of New Zealand

Barrett, Tim, 'Chinese History as a Constructed Continuity: The Work of Rao Zongyi', in Peter Lambert and Björn Weiler (eds), *How the Past was Used: Historical Cultures, c. 750–2000*, Oxford: Oxford University Press, 2017

Crossley, Pamela Kyle, 'Xi's China Is Steamrolling Its Own History', ForeignPolicy.com, 29 January 2019

Elleman, Bruce, *Wilson and China: A Revised History of the Shandong Question*, London; New York: M.E. Sharpe, 2002

Handwritten page from Dr Wyre Lewis's box at the National Library of Wales relating to Liang Qichao's visit to Timothy Richard at Golders Green in London

Hon, Tze-ki, 'Educating the Citizens', in Tze-ki Hon and Robert Culp (eds), *The Politics of Historical Production in Late Qing and Republican China*, Leiden: Brill, 2007

Jansen, Thomas, *Timothy Richard (1845–1919): Welsh Missionary, Educator and Reformer in China*, Swansea: Confucius Institute at the University of Wales – Trinity Saint David, 2014

Johnson, Eunice, *Timothy Richard's Vision: Education and Reform in China, 1880–1910*, Eugene, OR: Pickwick Publications, 2014

Karl, Rebecca E., 'Creating Asia: China in the World at the Beginning of the Twentieth Century',*American Historical Review*, 103/4 (1998)

—— , *Staging the World: Chinese Nationalism at the Turn of the Twentieth Century*, Durham, NC; London: Duke University Press, 2002

Levenson, Joseph Richmond, *Liang Ch'i-ch'ao and the Mind of Modern China*, Cambridge, MA: Harvard University Press, 1953

Lü, Junhua, 'Beijing's Old and Dilapidated Housing Renewal', *Cities*, Vol. 14, No. 2, pp. 59–69, 1997

Manela, Erez, *The Wilsonian Moment: Self-Determination and the International Origins of Anticolonial Nationalism*, Oxford: Oxford University Press, 2007

Mazur, Mary, 'Discontinuous Continuity: New History in 20th Century China', in Tze-ki Hon and Robert Culp (eds), *The Politics of Historical Production in Late Qing and Republican China*, Leiden: Brill, 2007

Office of the Chinese Language Council International, *Common Knowledge About Chinese History*, Beijing: Higher Education Press, 2006

Okada, Hidehiro, 'China as a Successor State to the Mongol Empire', in Reuven Amitai-Preiss and David O. Morgan (eds), *The Mongol Empire and Its Legacy*, Leiden: Brill, 1999

Richard, Eleanor, 'A Foster Father of the League of Nations', *Peking and Tientsin Times*, March 1919 Schneider, Julia C., *Nation and Ethnicity: Chinese Discourses on History, Historiography, and Nationalism (1900s–1920s)*, Leiden: Brill, 2017

Society for the Diffusion of Christian and General Knowledge Among the Chinese, Eleventh Annual Report, Shanghai, 1898

Spence, Jonathan D., *The Gate of Heavenly Peace: The Chinese and Their Revolution*, Harmondsworth: Penguin, 1982

Standen, Naomi (ed.), *Demystifying China: New Understandings of Chinese History*, Lanham, MD: Rowman & Littlefield, 2013

Tang, Xiaobing, *Global Space and the Nationalist Discourse of Modernity: The Historical Thinking of Liang Qichao*, Stanford, CA: Stanford University Press, 1996

Xu, Jilin, 'Tianxia-ism, the Distinction Between the Civilised and Uncivilised, and Their Variations in Modern China', in Gao Ruiquan and Wu Guanjun (eds), *Chinese History and Literature: New Ways to Examine China's Past*, Singapore: World Scientific Publishing, 2018

Zarrow, Peter, 'Old Myth into New History: The Building Blocks of Liang Qichao's "New History" ', *Historiography East and West*, 1/2 (2003)

Zhang, Xiantao, *The Origins of the Modern Chinese Press: The Influence of the Protestant Missionary Press in Late Qing China*, London: Routledge, 2007

Zhang, Yuntao, 'Western Missionaries and Origins of the Modern Chinese Press', in Gary D. Rawnsley and Ming-yeh T. Rawnsley (eds), *Routledge Handbook of Chinese Media*, London: Routledge, 2018

Zhou, Ailian, and Zhongliang Hu, 'The Project of Organizing the Qing Archives', *Chinese Studies in History*, 43/2 (2009)

Zurndorfer, Harriet T., 'Wang Zhaoyang (1763–1851) and the Erasure of "Talented Women" by Liang Qichao', in Nanxiu Qian, Grace Fong and Richard Smith (eds), *Different Worlds of Discourse: Transformations of Gender and Genre in Late Qing and Early Republican China*, Leiden: Brill, 2008

第五章　創造大一統的偉大民族

Anderson, Patrick, *The Lost Book of Sun Yatsen and Edwin Collins*, London: Routledge, 2016 Barnard College, 'Life and Legacy of Kang Tongbi', 1 April 2009 https://barnard.edu/headlines/life-and-legacy-kang-tongbi (accessed 2 March 2020)

Bergère, Marie-Claire (trans. Janet Lloyd), *Sun Yat-sen*, Stanford, CA: Stanford University Press, 1998

Cheng, Zhongping, 'Kang Youwei's Activities in Canada and the Reformist Movement Among the Global Chinese Diaspora, 1899–1909', *Twentieth-Century China*, 39/1 (2014)

Chiang, Kai-shek, *China's Destiny*, Westport, CT: Greenwood Press, 1985

Chung, Chien-peng, 'Comparing China's Frontier Politics: How Much Difference Did a Century Make?', *Nationalities Papers*, 46/1 (2018)

Crossley, Pamela Kyle, *A Translucent Mirror: History and Identity in Qing Imperial History*, Oakland, CA: University of California Press, 1999

Dikötter, Frank, *The Discourse of Race in Modern China*, Oxford: Oxford University Press, 2015

Edmonds, Richard Louis, 'The Legacy of Sun Yat-Sen's Railway Plans', *China Quarterly*, 421(1987)

Harrison, Henrietta, *The Making of the Republican Citizen: Political Ceremonies and Symbols in China 1911–1929*, Oxford: Oxford University Press, 2000

Jenner, W.J.F., 'Race and History in China', *New Left Review*, 1 September 2001

Kayloe, Tjio, *The Unfinished Revolution: Sun Yat-Sen and the Struggle for Modern China*, Singapore: Marshall Cavendish International (Asia), 2018

Larson, Jane Leung, 'Kang Youwei: A Drifting Stranger from 20,000 Li Away', *Baohanghui Scholarship* (blog) 2 June 2013 https://baohuanghui.blogspot.com/2013/06/a-drifting-stranger-

from-20000-li-away.html (accessed 2 March 2020)

Lee, Lai To, and Hock Guan Lee (eds), *Sun Yat-Sen, Nanyang and the 1911 Revolution*, Singapore: Institute of Southeast Asian Studies, 2011

Leibold, James, 'Positioning "Minzu" Within Sun Yat-Sen's Discourse Of Minzuzhuyi', *Journal of Asian History*, 38/2 (2004)

—— , *Reconfiguring Chinese Nationalism: How the Qing Frontier and its Indigenes Became Chinese*, Basingstoke: Palgrave Macmillan, 2007

—— , 'A Family Divided: The CCP's Central Ethnic Work Conference', *ChinaBrief*, 14/21, Hoover Institution (7 November 2014)

—— , 'Xinhai Remembered: From Han Racial Revolution to Great Revival of the Chinese Nation', *Asian Ethnicity*, 15/1 (2014)

—— , 'Hu the Uniter: Hu Lianhe and the Radical Turn in China's Xinjiang Policy', *ChinaBrief*, 18/16 (10 October 2018)

—— , 'The Spectre of Insecurity: The CCP's Mass Internment Strategy in Xinjiang', *China Leadership Monitor*, Hoover Institution (1 March 2019)

Li, Xizhu, 'Provincial Officials in 1911/12', in Joseph W. Esherick and C. X. George Wei (eds),*China: How the Empire Fell*, London; New York: Routledge, 2013

Ma, Mingde, 'Tang Hualong in the 1911 Revolution', in Joseph W. Esherick and C. X. George Wei (eds), *China: How the Empire Fell*, London; New York: Routledge, 2013

Matten, Marc Andre, *Imagining a Postnational World: Hegemony and Space in Modern China*, Leiden: Brill, 2016

Mullaney, Thomas, *Coming to Terms with the Nation: Ethnic Classification in Modern China*, Berkeley, CA: University of California Press, 2011

Rhoads, Edward, *Manchus and Han: Ethnic Relations and Political Power in Late Qing and Early Republican China, 1861–1928*, Seattle: University of Washington Press, 2000

Schiffrin, Harold, *Sun Yat-sen and the Origins of the Chinese Revolution*, Berkeley, CA: University of California Press, 1968

Schneider, Julia C., *Nation and Ethnicity: Chinese Discourses on History, Historiography, and Nationalism (1900s–1920s)*, Leiden: Brill, 2017

Shimada, Kenji, *Pioneer of the Chinese Revolution: Zhang Binglin and Confucianism*, Stanford, CA: Stanford University Press, 1990

So, Wai Chor, 'National Identity, Nation and Race: Wang Jingwei's Early Revolutionary Ideas, 1905–1911', *Journal of Modern Chinese History*, 4/1 (2010)

Spence, Jonathan D., *The Gate of Heavenly Peace: The Chinese and Their Revolution*, Harmondsworth: Penguin, 1982

Tang, Xiaobing, *Global Space and the Nationalist Discourse of Modernity: The Historical Thinking of Liang Qichao*, Stanford, CA: Stanford University Press, 1996

Tuttle, Gray, *Tibetan Buddhists in the Making of Modern China*, New York: Columbia University Press, 2007

Zou, Rong, *The Revolutionary Army: A Chinese Nationalist Tract of 1903*, Paris: Éditions de l'École des Hautes Études en Sciences Sociales, 1968

第六章　中國話就是普通話

Chen, Stephen, 'Beyond the Yellow River: DNA Tells New Story of the Origins of Han Chinese',*South China Morning Post*, 23 May 2019

DeFrancis, John, *Nationalism and Language Reform in China*, Princeton, NJ: Princeton University Press, 1950

——, 'Language and Script Reform in China', in Joshua A. Fishman (ed.), *Advances in the Sociology of Language, vol. II: Selected Studies and Applications*, The Hague; Paris: Mouton, 1972

Gao, Xuesong, ' "Cantonese is Not a Dialect": Chinese Netizens' Defence of Cantonese as a Regional Lingua Franca', *Journal of Multilingual and Multicultural Development*, 33/5 (2012) He, Huifeng, 'Why Has Cantonese Fallen Out of Favour with Guangzhou Youngsters?', *South China Morning Post*, 12 March 2018, https://www.scmp.com/news/china/society/article/2136237/why-has-cantonese-fallen-out-favour-guangzhou-youngsters

Ji, Rona Y., 'Preserving Cantonese Television & Film in Guangdong: Language as Cultural Heritage in South China's Bidialectal Landscape', *Inquiries Journal*, 8/12 (2016), http://www. inquiriesjournal.com/articles/1506/3/preserving-cantonese-television-and-film-inguangdong- language-as-cultural-heritage-in-south-chinas-bidialectal-landscape

Kaske, Elisabeth, *The Politics of Language in Chinese Education: 1895–1919*, Leiden: Brill, 2008 Lau, Mimi, 'Guangdong TV News Channel Quietly Changing from Cantonese to Putonghua',*South China Morning Post*, 11 July 2014, https://www.scmp.

com/news/china/article/1552398/ guangdong-tv-news-channel-quietly-changing-cantonese-putonghua

Li, Yanyan, 'The Teaching of Shanghainese in Kindergartens', PhD dissertation, Benerd School of Education, 2015

Liang, Sihua, *Language Attitudes and Identities in Multilingual China: A Linguistic Ethnography*, Cham: Springer, 2015

MacKinnon, Mark, 'Mandarin Pushing Out Cantonese', *Globe and Mail* (Toronto), 20 November 2009, https://www.theglobeandmail.com/news/world/mandarin-pushing-out- cantonese/article4293285

Mair, Victor H., 'What is a Chinese "Dialect/Topolect"?', *Sino-Platonic Papers*, 29 (September 1991) Mills, Harriet C., 'Language Reform in China: Some Recent Developments', *Far EasternQuarterly*, 15/4 (August 1956)

Moser, David, *A Billion Voices: China's Search For a Common Language*, London: Penguin Books, 2016

Norman, Jerry, *Chinese*, Cambridge: Cambridge University Press, 1988

People's Daily, 26 October 1955, quoted in Longsheng Guo, 'The Relationship Between Putonghua and Chinese Dialects', in Minglang Zhou and Hongkai Sun (eds), *Language Policy in the People's Republic of China: Theory and Practice Since 1949*, Boston; London: Kluwer Academic Publishers, 2004

Peverelli, Peter, *The History of Modern Chinese Grammar Studies*, Berlin: Springer, 2015 Ramsey, S. Robert, *The Languages of China*, Princeton, NJ: Princeton University Press, 1987 Rea, Christopher, *The Age of Irreverence: A New History of Laughter in China*, Oakland, CA:University of California Press, 2015

Riva, Natalia, 'Putonghua and Language Harmony: China's Resources of Cultural Soft Power',*Critical Arts*, 31/6 (2017)

Shao, Qing, and Xuesong (Andy) Gao, 'Protecting Language or Promoting Dis-citizenship? A Poststructural Policy Analysis of the Shanghainese Heritage Project', *International Journal of Bilingual Education and Bilingualism*, 22/3 (2019)

Theobald, Ulrich, 'The qieyin 切音 Transcription Systems', *ChinaKnowledge.de* (blog), 5 April 2011, http://www.chinaknowledge.de/Literature/Script/qieyin.html (accessed 2 March 2020)Tsu, Jing, *Sound and Script in Chinese Diaspora*, Cambridge, MA: Harvard University Press, 2010 Xinhua, 'Proposal For News in Mandarin Angers Guangzhou Citizens', 9 July 2010, http://www.china.org.cn/china/2010-7/09/content_20463001.htm

—— , 'China to Increase Mandarin Speaking Rate to 80%', 3 April 2017, http://english.gov.cn/state_council/ministries/2017/04/03/content_281475615766970.htm

Xu, Dan, and Hui Li, 'Introduction', in Dan Xu and Hui Li (eds), *Languages and Genes in Northwestern China and Adjacent Regions*, Singapore: Springer, 2017

Yang, Yixue, 'Language Reform and Nation Building in Twentieth-Century China', *Sino- Platonic Papers*, 264 (December 2016)

Yu, Verna, and *SCMP* Reporter, 'Hundreds Defy Orders Not to Rally in Defence of Cantonese', *South China Morning Post*, 2 August 2010, https://www.scmp.com/article/721128/hundreds-defy-orders-not-rally-defence-cantonese

Yujiro, Murata, 'The Late Qing "National Language" Issue and Monolingual Systems: Focusing on Political Diplomacy', *Chinese Studies in History*, 49/3 (2016), pp. 108–25

Zhou, Minglang, and Hongkai Sun (eds), *Language Policy in the People's Republic of China: Theory and Practice Since 1949*, Boston; London: Kluwer Academic Publishers, 2004

第七章　中國一點都不能少

Bergère, Marie-Claire (trans. Janet Lloyd), *Sun Yat-sen*, Stanford, CA: Stanford University Press, 1998

Callahan, William A., 'The Cartography of National Humiliation and the Emergence of China's Geobody', *Public Culture*, 21/1 (2009)

Chang, Chi-Yun, 'Geographic Research in China', *Annals of the Association of American Geographers*, 34/1 (March 1944)

—— , 'Climate and Man in China', *Annals of the Association of American Geographers*, 36/1 (1946), pp. 44–73

Chang, Ch'i-yün, 'The Natural Resources of China', No. 1. Sino-international Economic Research Center, 1945

Chang, Simon L., 'A "Realist" Hypocrisy? Scripting Sovereignty in Sino-Tibetan Relations and the Changing Posture of Britain and the United States', *Asian Ethnicity*, 26 (2011)

Cheek, Timothy, *The Intellectual in Modern Chinese History*, Cambridge: Cambridge University Press, 2015

Chen, Laurie ‘Chinese City Shreds 29,000 Maps Showing Taiwan as a Country’, *South China Morning Post*, 25 March 2019, https://www.scmp.com/news/china/society/article/3003121/ about-29000-problematic-world-maps-showing-taiwan-country

Chen, Zhihong, ‘Stretching the Skin of the Nation: Chinese Intellectuals, the State and the Frontiers in the Nanjing Decade (1927–1937)’, PhD dissertation, University of Oregon, 2008

—— , ‘ “Climate’s Moral Economy”: Geography, Race, and the Han in Early Republican China’, in Thomas S. Mullaney et al. (eds), *Critical Han Studies: The History, Representation, and Identity of China’s Majority*, Berkeley, CA: University of California Press, 2012

—— , ‘The Frontier Crisis and the Construction of Modern Chinese Geography in Republican China (1911–1949)’, *Asian Geographer*, 33/2 (2016)

Chor, So Wai, ‘National Identity, Nation and Race: Wang Jingwei’s Early Revolutionary Ideas, 1905–1911’, *Journal of Modern Chinese History*, 4/1 (2010)

Culp, Robert, *Articulating Citizenship: Civic Education and Student Politics in Southeastern China, 1912–1940*, Cambridge, MA: Harvard University Press, 2007

Dai, Yingcong, *The Sichuan Frontier and Tibet: Imperial Strategy in the Early Qing*, Seattle: University of Washington Press, 2011

Gap Inc., Gap Inc. Company-Operated Store Count by Country 2017, https://web.archive. org/web/20180913040043/http://www.gapinc.com/content/dam/gapincsite/documents/ Gap%20Inc.%20Company%20Owned%20Store%20Count%20by%20Country.pdf (accessed 2 March 2020)

—— , Gap Inc. Factory List April 2019, https://web.archive.org/web/20190425140918/ ､ https://www.gapincsustainability.com/sites/default/files/Gap%20Inc%20Factory%20List.pdf (accessed 2 March 2020)

Ge, Zhaoguang, *What is China? Territory, Ethnicity, Culture and History*, Cambridge, MA: Belknap Press, 2018

Goldstein, Melvyn C., *A History of Modern Tibet*, Berkeley, CA: University of California Press, 2007 Grajdanzev, A. J., ‘Formosa (Taiwan) Under Japanese Rule’, *Pacific Affairs*, 15/3 (September 1942)

Han, Zhang, 'China Strengthens Map Printing Rules, Forbidding Publications Printed For Overseas Clients From Being Circulated in the Country', *Global Times*, 17 February 2019

He, Fangyu, 'From Scholar to Bureaucrat: The Political Choice of the Historical Geographer Zhang Qiyun', *Journal of Modern Chinese History*, 10/1 (2016)

Ho, Dahpon D., 'Night Thoughts of a Hungry Ghostwriter: Chen Bulei and the Life of Service in Republican China', *Modern Chinese Literature and Culture*, 19/1 (2007)

Hostetler, Laura, *Qing Colonial Enterprise: Ethnography and Cartography in Early Modern China*, Chicago: University of Chicago Press, 2001

Hsiao, Frank S. T., and Lawrence R. Sullivan, 'The Chinese Communist Party and the Status of Taiwan, 1928–1943', *Pacific Affairs*, 52/3 (1979)

Hsieh, Chiao-Min, and Jean Kan Hsieh, *Race the Rising Sun: A Chinese University's Exodus During the Second World War*, Lanham, MD: University Press of America, 2009

Hunt, Michael H., 'The American Remission of the Boxer Indemnity: A Reappraisal', *Journal of Asian Studies*, 31/3 (May 1972)

Jacobs, J. Bruce, 'Taiwanese and the Chinese Nationalists, 1937–1945: The Origins of Taiwan's "Half-Mountain People" (Banshan ren)', *Modern China*, 16/84 (1990)

Johnson, Nelson Trusler, Letter from the Ambassador in China to the Secretary of State, 26 April 1938, *Foreign Relations of the United States Diplomatic Papers, 1938, The Far East, volume III, document 154*, https://history.state.gov/historicaldocuments/frus1938v03/d15414232

Lamley, Harry J., 'The 1895 Taiwan Republic: A Significant Episode in Modern Chinese History', *Journal of Asian Studies*, 27/4 (1968)

Lan, Shi-Chi Mike, 'The Ambivalence of National Imagination: Defining "The Taiwanese" in China, 1931–1941', *China Journal*, 64 (2010)

Lary, Diana, 'A Zone of Nebulous Menace: The Guangxi/Indochina Border in the Republican Period', in Diana Lary (ed.), *The Chinese State at the Borders*, Vancouver: University of British Columbia Press, 2007

Lattimore, Owen, *Studies in Frontier History: Collected Papers, 1928–1958*, London: Oxford University Press, 1962

Lee, Chiu-chun, 'Liberalism and Nationalism at a Crossroads: The Guomindang's Educational Policies 1927–1930', in Tze-ki Hon and Robert Culp (eds), *The Politics of Historical Production in Late Qing and Early Republican China*, Leiden: Brill 2007, p. 303

Lee, Hsiang-po, 'Rural-Mass Education Movement In China, 1923–1937', PhD thesis, University of Ohio, 1970, pp. 60–61

Leibold, James, *Reconfiguring Chinese Nationalism: How the Qing Frontier and its Indigenes Became Chinese*, Basingstoke: Palgrave Macmillan, 2007

Li, Jinming, and Li Dexia, 'The Dotted Line on the Chinese Map of the South China Sea: A Note', *Ocean Development & International Law*, 34 (2003)

Li, Xiaoqian, 'Predicament and Responses: Discussions of History Education in Early Modern China', *Chinese Studies in History*, 50/2 (2017)

Liu, Xiaoyuan, *Partnership for Disorder: China, the United States, and their Policies for the Postwar Disposition of the Japanese Empire, 1941–1945*, Cambridge: Cambridge University Press, 1996

LSE Undergraduate and Postgraduate Students Headcount: 2013/14–2017/18, https://info.lse.ac.uk/staff/divisions/Planning-Division/Assets/Documents/Student-Statistics-2018.pdf

'MAC Apologizes for Omitting Taiwan on Map of China in Promotional Email', *Global Times*, 10 March 2019, http://www.globaltimes.cn/content/1141581.shtml

Matten, Marc Andre, *Imagining a Postnational World: Hegemony and Space in Modern China*, Leiden: Brill, 2016

Millward, James A., 'New Perspectives on the Qing Frontier', in Gail Hershatter, *Remapping China: Fissures in Historical Terrain*, Stanford, CA: Stanford University Press, 1996, pp. 114–15

Morris, Andrew, 'The Taiwan Republic of 1895 and the Failure of the Qing Modernizing Project', in Stéphane Corcuff and Robert Edmondson (eds), *Memories of the Future: National Identity Issues and the Search for a New Taiwan*, Armonk, NY: M.E. Sharpe, 2002

Ning, Chia, 'Lifanyuan and Libu in the Qing Tribute System', in Dittmar Schorkowitz and Ning Chia (eds), *Managing Frontiers in Qing China: The Lifanyuan and Libu Revisited*, Boston: Brill, 2016

Paine, S.C.M., *Imperial Rivals: China, Russia, and Their Disputed Frontier*, Armonk, NY: M.E. Sharpe, 1996

Phillips, Steve, 'Confronting Colonization and National Identity: The Nationalists and Taiwan, 1941–45', *Journal of Colonialism and Colonial History*, 2/3 (2001)

Pojuner, Isabella, 'China-Taiwan Tension Feeds LSE Globe Furore', BeaverOnline, 6 April 2019, https://beaveronline.co.uk/china-taiwan-tension-feeds-lse-globe-furore

Republic of China, 'The Provisional Constitution of the Republic of China', *American Journal of International Law*, 6/3, Supplement: Official Documents (July 1912), pp. 149–54

申報，《中華民國新地圖》，上海：申報，一九三四。

Shepherd, Christian, 'China Revises Mapping Law to Bolster Territorial Claims', Reuters, 27 April 2017

Trager, Frank, 'Burma and China', *Journal of Southeast Asian History*, 5/1 (1964)

Tsang, Steve, 'From Japanese Colony to Sacred Chinese Territory: Putting the Geostrategic Significance of Taiwan to China in Historical Context', unpublished paper, 2019

Tung, William L., *The Political Institutions of Modern China*, The Hague: M. Nijhoff, 1964 Wachman, Alan M., *Why Taiwan? Geostrategic Rationales for China's Territorial Integrity*,Stanford, CA: Stanford University Press, 2007

Yu, Jingdong, 'The Concept of "Territory" in Modern China: 1689–1910', *Cultura: International Journal of Philosophy of Culture and Axiology*, 15/2 (2018)

Zarrow, Peter, *Educating China: Knowledge, Society and Textbooks in a Modernising World, 1902– 1937*, Cambridge: Cambridge

University Press, 2015

第八章　爭奪南中國海的海權

Bureau of Navigation, Navy Department, 'A List of the Reported Dangers to Navigation in the Pacific Ocean, Whose Positions are Doubtful, Or Not Found on the Charts in General Use', Washington: Government Printing Office, 1866, p. 71

Chan, Mary Man-yue, *Chinese Revolutionaries in Hong Kong, 1895–1911*, MA thesis, University of Hong Kong, 1963

Chemillier-Gendreau, Monique, *Sovereignty over the Paracel and Spratly Islands*, The Hague; Boston: Kluwer Law International, 2000

Collingwood, Cuthbert, *Rambles of a Naturalist on the Shores and Waters of the China Sea: Being Observations in Natural History During a Voyage to China, Formosa, Borneo, Singapore, etc in Her Majesty's Vessels in 1866 and 1867*, London: John Murray, 1868

Hayton, Bill, 'The Modern Origins of China's South China Sea Claims: Maps, Misunderstandings, and the Maritime Geobody', *Modern China*, 45/2, March 2019, pp. 127–70, doi:10.1177/ 0097700418771678

Hon, Tze-ki, 'Coming to Terms With Global Competition: The Rise of Historical Geography in Early Twentieth-century China', in Robert Culp, Eddy U, Wen-hsin Yeh (eds), *Knowledge Acts in Modern China: Ideas, Institutions, and Identities*, Berkeley, CA: Institute of East Asian Studies, University of California, 2016

Horsburgh, James, *India Directory*, vol. 2, London: William H. Allen & Company, 1852

Krebs, Edward S., *Shifu: Soul of Chinese Anarchism*, London: Rowman & Littlefield, 1998 'Li Chun Recovering Rapidly', *Hong Kong Telegraph*, 13 September 1911, p. 4

中華民國外交部，《外交部南海諸島檔案彙編》，台北，一九九五，頁二八。

Rhoads, Edward J. M., *China's Republican Revolution: The Case of Kwangtung, 1895–1913*, Cambridge, MA: Harvard University Press, 1975

Sasges, Gerard, 'Absent Maps, Marine Science, and the Reimagination of the South China Sea, 1922–1939', *Journal of Asian Studies* (January 2016)

Tai, Tsung-Han, and Chi-Ting Tsai, 'The Legal Status of the U-shaped Line Revisited from the Perspective of Inter-temporal Law', in Szu-shen Ho and Kuan-Hsiung Wang (eds), *A Bridge Over Troubled Waters: Prospects for Peace in the South and East China Seas*, Taipei: Prospect Foundation, 2014

Wong, Sin-Kiong, 'The Tatsu Maru Incident and the Anti-Japanese Boycott of 1908: A Study of Conflicting Interpretations', *Chinese Culture*, 34/3 (1993)

Woodhead, H.G.W., and H. T. Montague, *The China Year Book*, London: G. Routledge & Sons, 1914

Wu, Feng-ming, 'On the New Geographic Perspectives and Sentiment of High Moral Character of Geographer Bai Meichu in Modern China', *Geographical Research (China)*, 30/11, 2011.

國家圖書館出版品預行編目資料

製造中國：近代中國如何煉成的九個關鍵詞／比爾．海頓（Bill Hayton）著；林添貴譯. -- 初版. -- 臺北市：麥田出版，城邦文化事業股份有限公司出版：英屬蓋曼群島商家庭傳媒股份有限公司城邦分公司發行，民110.08
面；　公分. --（麥田國際；7）
譯自：The invention of China
ISBN 978-626-310-032-9（平裝）

1.近代史　2.中國史

627.6　　　110008564

麥田國際 07

製造中國

近代中國如何煉成的九個關鍵詞

The Invention of China

作　　者／比爾．海頓（Bill Hayton）
譯　　者／林添貴
協力編輯／劉懷興
責任編輯／許月苓
主　　編／林怡君

國際版權／吳玲緯
行　　銷／巫維珍　何維民　吳宇軒　陳欣岑　林欣平
業　　務／李再星　陳紫晴　陳美燕　葉晉源
編輯總監／劉麗真
總 經 理／陳逸瑛
發 行 人／凃玉雲
出　　版／麥田出版
10483臺北市民生東路二段141號5樓
電話：(886)2-2500-7696　傳真：(886)2-2500-1967
發　　行／英屬蓋曼群島商家庭傳媒股份有限公司城邦分公司
10483臺北市民生東路二段141號11樓
客服服務專線：(886) 2-2500-7718、2500-7719
24小時傳真服務：(886) 2-2500-1990、2500-1991
服務時間：週一至週五09:30-12:00．13:30-17:00
郵撥帳號：19863813　戶名：書虫股份有限公司
讀者服務信箱E-mail：service@readingclub.com.tw
麥田網址／https://www.facebook.com/RyeField.Cite/
香港發行所／城邦（香港）出版集團有限公司
香港灣仔駱克道193號東超商業中心1/F
電話：(852)2508-6231　傳真：(852)2578-9337
馬新發行所／城邦（馬新）出版集團Cite (M) Sdn Bhd.
41-3, Jalan Radin Anum, Bandar Baru Sri Petaling, 57000 Kuala Lumpur, Malaysia.
電話：(603)9056-3833　傳真：(603)9057-6622
讀者服務信箱：services@cite.my

封面設計／盧卡斯工作室
印　　刷／前進彩藝有限公司

■2021年7月27日　初版一刷　　Printed in Taiwan.

定價：499元

ISBN 978-626-310-032-9